FIVE THOUSAND YEARS OF SLAVERY

노예의 역사

FIVE THOUSAND YEARS OF SLAVERY

노예의 역사

마조리 간·재닛 윌렛 지음 | 전광철 옮김

스마트인

추천의 글

'역사는 노예제와 반노예제 간의 투쟁의 역사다. 노예제도는 과거형이 아니라 현재형이며, 노예제 철폐를 위한 투쟁은 지금도 계속되고 있다.' 《노예의 역사(FIVE THOUSAND YEARS OF SLAVERY)》가 담고 있는 메시지다. 이 책은 노예제도가 인류 역사에 얼마나 뿌리 깊게 박혀 있었는지, 이를 철폐하기 위한 고난과 저항의 역사가 어떻게 진행되어 왔는지를 간결하면서도 세심한 필치로 서술하고 있다. 책을 읽고 나면 '인간은 누구나 평등하게 태어난다'는 평범한 진리가 받아들여지기까지 왜 그리도 오랜 역사가 필요했는지 쉽게 납득이 가지 않는다. 아마도 인간사가 모순과 야만의 역사이기 때문이리라.

1492년 인도로 향하는 서쪽 항로를 개척하기 위해 항해에 나섰던, 신대륙의 발견자로 역사에 기록된 크리스토퍼 콜럼버스에게도, 인도로 착각하고 발을 들여 놓은 아메리카대륙에서 만난 원주민은 한갓 '노예' 금광일 뿐이었다. 콜럼버스가 스페인의 페르디난트 왕과 이사벨라 여왕에게 보낸 편지는 이를 말해준다. '전하께서 하명만 하시면 언제라도 저들을 카스티야로 데려가거나 이곳 섬에 잡아 둘 수 있습니다. 50인의 남자들 모두를 제압해서 원하는 것은 무엇이든 하게 시킬 수 있습니다.' 국왕 부부의 반대에도 불구하고 콜럼버스는 500명의 남녀를 매매를 목적으로 스페인으로 데리고 갔다. 그들 중 절반은 도중에 죽거나 병에 걸렸고 생존자들은 노예로 팔린 뒤 얼마 못 가서 대부분 목숨을 잃었다.

이 책은 역사에 흔적을 남긴 그 어떤 사람도 노예제도의 가해자의 '혐의'에서 자유롭지 못함을 고발한다. 탐험가도 사상가도 혁명가도 말이다. 고대 그리스인에게 노예는 '인간의 발을 가진 가축'을 의미하는 안드

라포다andrapoda로 불렸다. 수천 년 동안 노예는 '천성적으로 예속되어 살 수밖에 없는 존재'로 규정한 아리스토텔레스의 '낙인'을 운명처럼 짊어지고 살아야 했다. 그 '낙인'을 지우려는 노예들의 저항은 무자비한 탄압과 살육으로 끝났다. 역사상 수없이 많은 혁명이 일어났지만 1863년 새해 첫날 에이브러햄 링컨의 노예해방령이 있기까지 노예제도 철폐를 부르짖은 혁명가는 없었다.

노예제도가 존속해 온 그 긴 시간 동안 노예제도에 결정적인 균열을 낸 이는 위대한 사상가도 혁명가도 아니었다. 노예들의 처절한 몸부림에 손을 잡아 준 이는 그들의 처지를 외면할 수 없었던 이름 없는 이웃들이었다. 인종과 피부색이 다르다는 이유만으로 상품처럼 매매되고, 생명권이 유린당하는 노예들을 똑같은 '인간'으로 끌어안아 준 평범한 시민들이었다. 링컨에 앞서 라스 카사스 신부, '해방자'를 창간한 언론인 윌리엄 로이드 게리슨, 노예제 폐지론자 존 브라운이 있었기에 노예해방은 현실이 되었던 것이다. 1859년 10월 미국 버지니아 주에서 노예제 철폐운동을 주도한 혐의로 반역죄로 기소된 존 브라운은 처형되기 전 이렇게 썼다. '이 죄악의 땅에서 벌어진 범죄는 결코 씻을 수 없을 것이다. 피로써가 아니고서는.'

18세기 프랑스 정치사상가 장 자크 루소는 '인간은 본래 자유인으로 태어나지만 어디에서나 인간은 쇠사슬에 얽매여 있다'고 설파했다. 자신을 다른 사람의 지배자라 믿고 있는 자도 실상은 노예상태에 처해 있다고 경고했다. 이웃의 고통을 외면하고 자유인을 선언할 수 있는 자 그 어디에 있으며, 쇠사슬을 끊어 자유인이 되지 않고 행복을 운운할 자 그 어디에 있을까. 이 책은 역사에 이름을 남기려거든 노예상태에 처해 있는 세상 모든 약자들의 자유를 위해 바치는 한 송이 이름 모를 꽃이 되라는 울림을 가슴 깊이 파고들도록 할 것이다.

(사)국제앰네스티 한국지부 사무국장·정치학박사 김성돈

차 례

"만약 노예제도가 잘못된 것이 아니라면, 잘못된 것은 아무것도 없다."

– 미국 대통령 에이브러햄 링컨, 1864년 4월 4일

프롤로그 · 노예로 산다는 것

프랜시스는 약간의 설레임과 함께 자부심을 느꼈다. 엄마가 동네의 형과 시장에 나가 삶은 달걀과 땅콩을 팔라고 하셨기 때문이다. 프랜시스는 이제 겨우 여덟 살이었지만, 엄마가 자기한테 아주 큰 역할을 맡겼다는 걸 알았다. 그는 엄마의 기대를 저버리지 않으리라 다짐했다. 엄마는 음식을 담은 들통 두 개를 형한테 맡겼지만, 프랜시스는 그것을 뺏어 자기가 들고 갔다. '어른들 없이 시장에 갈 수 있을 만큼 내가 컸으니, 들통 두 개쯤이야 혼자서도 들고 갈 수 있어야지.' 프랜시스는 생각했다.

시장은 사람들로 붐볐고 신선한 고기와 생선, 과일, 야채, 담배 냄새가 함께 뒤섞여 온통 코를 자극했다. 사람들은 이런저런 말들로 흥정하며 물건을 사고팔았고 간혹 농담도 주고받았다. 그때 갑자기 근처 마을에서 연기가 피어오르기 시작했다. 시장의 분위기는 순식간에 바뀌었다. 상인들은 급히 물건들을 챙겼다. 프랜시스와 다른 아이들이 어찌할 바를 몰라 주춤거리고 있을 때 말 탄 남자들이 시장으로 달려들어 왔다. 그들이 들고 온 총에서는 불이 내뿜었고, 칼은 허공을 갈랐다. 순식간에 시장은 아수라장이 되었고 그 자리에 있던 사람들은 모두 공포에 떨었다.

해가 질 무렵에야 이 끔찍한 소동은 끝이 났다. 갑자기 한 사내가 프랜시스를 강제로 붙잡아 당나귀 등에 매달린 바구니에 집어넣고는 어디론가 향해 떠났다. 한참을 걷던 그들이 어느 빈터에 멈춰 섰을 때 비로소 프랜시스는 시장에서 붙잡혀 온 아이들이 서로 부둥켜 안고 울고 있다는 것을 깨달았다. 그러나 생각할 틈도 없이 프랜시스는 턱수염을 기른 몸집이 커다란 남자에게 붙들렸다. 그는 그 아이들 중에서 프랜시스를 자기 말에 따로 태웠다. 그리고는 다시 밤의 어둠 속으로 길을 떠났다. '이 남자는 대체 누구일까? 어디로 가려는 걸까?' 프랜시스는 말할 수 없는 공포와 혼란에 사로잡혔다.

얼마의 시간이 흘렀을까? 끝 모를 어둠과 공포 속에서 프랜시스와 남자가 도착한 곳은 한 농장이었다. 농장에 도착하자 한 여자가 상기된 얼굴로 뛰어나와 남자를 맞이했다. 무척이나 반갑게 그들을 맞이한 그녀는 그 남자를 '지엠마'라고 불렀다. 이들은 부부였다. 프랜시스가 어찌된 영문인지 알 수가 없었다. '도대체 나는 여기에 왜 오게 된 것일까? 저들은 왜 나를 여기로 데리고 온 것일까?' 혼란에 휩싸여 있는 프랜시스에게 부부는 다가왔다. 그러더니 다짜고짜로 그곳에 있던 아이들에게 막대기를 주며 프랜시스를 때리게 하는 것이 아닌가? 살갗이 찢기도록 얻어맞는 그를 보며 그들 모두는 아무렇지 않다는 듯이 킬킬대며 웃었다.

그 날 이후 프랜시스는 지엠마의 노예가 되었다. 이제 주인이 되어 버린 그 커다란 남자는 프랜시스에게 가축을 돌보는 일을 시켰다. 프랜시스가 가축과 함께 숲에 있을 때 지엠마는 때때로 말 탄 남자들을 보내 프랜시스를 감시하게 했다. 뭔가 허튼 짓을 했다는 보고를 받으면 그는 지체 없이 매질을 했다. 공포 속에서 살아나가던 프랜시스는 서서히 그들의 말을 배워나가기 시작했다. 지엠마가 하는 말을 알아듣지 못했던 프랜시스는 주의 깊게 들으며 그의 말을 배워 나가기 시작했다.

"왜 아무도 날 좋아하지 않는 거죠?" 프랜시스가 그들의 말을 겨우 익혀 내뱉은 말이었다.

그는 대답하지 않았다. 프랜시스는 다시 질문했다.

"왜 나를 가축우리에서 자게 하는 건가요?" 이틀이 지나서야 지엠마는 대답을 했다.

"그건 네가 가축과 다름없기 때문이야."

세월은 무심하게 흘러갔다. 그 속에서 프랜시스는 아무런 관심과 호의도 받지 못한 채 외롭게 자라났다. 후에 프랜시스는 이렇게 자신의 삶을 회고했다.

"나는 너무도 사람이 그리웠어요. 나를 보고 웃어주고, 진심으로 '안녕'하며 인사해 주거나 '잘 잤니?' 하고 물어봐주는 사람 말이에요. 하지만 그런 사람은 한 명도 만나지 못했어요."

하지만 고통의 시간 속에서도 프랜시스는 자신만이 간직하고 있던 기억들이 있었다. 아빠가 자신을 뮈차코muycharko, 즉 '열두 사람'이라 불렀던 것이었다. 작은 아이지만 늘 열심히 일했기 때문에 얻은 기분 좋은 별명이었다. "아빠는 내가 크면 열두 사람이 하는 일을 할 수 있을 거라 말하셨어요." 아빠가 프랜시스에게 주었던 이 또 다른 이름은 그를 끊임없이 강인하게 하였다. 또한 그는 상냥했던 엄마를 생각하며 마음을 달래기도 했다. "네가 혼자 있을 때도 넌 혼자 있는 게 아냐. 신이 항상 너를 보살펴 주실 테니까." 엄마가 말씀 또한 되뇌이며 그는 참을 수 없는 그리움의 눈물을 되삼키곤 했다.

노예제도, 누군가 다른 사람을 소유하거나 절대적으로 지배하는 이 제도는 5천 년이 넘는 역사 속에서 프랜시스와 같은 수백만 명의 사람들 운명을 좌지우지했던 제도였다. 이 책에서 여러분은 전쟁터에서 잡아온 노예들에게 호화스러운 왕궁을 짓게 하고는 그 업적을 자랑스럽게 떠벌렸던 호전적인 왕들의 이야기나 새 옷을 마련하기 위해 자신의 여자 노예를 팔아버린 평범한 이집트 양치기의 이야기를 읽을 수 있다. 또한 고대 그리스 은광에서 죽어간 노예들이나 고대 로마 시대에 반란을 일으키다 실패해 죽어간 노예들의 이야기, 노예를 추악한 불구의 존재로 묘사한 바이킹의 시나 르네상스 시대, 이탈리아에서 코와 입술을 잘렸던 반항적인 노예의 이야기도 읽을 것이다. 중세의 아랍인 여행가들은 유럽인이 아프리카에 발을 딛기 이전부터 그곳에 인신 약탈이 있었음을 들려준다. 유럽인 탐험가들 역시 아메리카 원주민이 어떻게 노예가 되었는지, 또 그들 중 일부가 어떻게 신들에게 제물로 바쳐졌는지 이야기한다. 이 이야기 속에는 아메리카 노예들이 1700년대에 아프리카에서 노예선을 타고 바다 건너 끌려온 경험이 어떤 것이었는지, 노예주는 그들을 사탕수수 농장에서 어떻게 일을 시키며 다루었는지도 함께 담겨 있다. 또한 미국의 노예제도가 어떻게 폐지되었는지에 대한 설명도 자세하게 기록되어 있다.

하지만 그보다 더 중요한 것은 세계 곳곳에 여전히 노예제도가 존재하고 있다는 사실에 대한 것이다. 중국의 공장이나 수단의 농장, 플로리다의 토마토 재배지 등 곳곳에서 벌어지고 있는 노동 착취는 예전 노예들의 노동과 크게 다르지 않다. 자유인임에도 불구하고 고향과 가족들로부터 멀리 떨어져 살 수 밖에 없는 열악한 노동 환경과 그들이 받는 학대는 현실에서도 여전히 노예제도가 존재하고 있음을 알려준다.

노예제도가 언제 어디서 행해지든 그 모습은 별반 다르지 않다. 그것은 사람들에게서 소중한 모든 것들, 고향과 언어와 가족과 친구들을 모두 앗아가 버린다. 일을 선택할 권리와 즐거움, 옷과 음식, 심지어는 이름마저도 빼앗아 버린다. 무엇보다도 모든 인간은 사랑하고 사랑받고 싶은 감정이 있다는 사실조차 부정한다. 이렇듯 절대로 존재해서는 안 될 노예제도를 이 세상에서 완전히 뿌리뽑고자 한다면 우선 그에 대해 아는 것부터 시작해야 할 것이다. 이것이 이 책의 출발점이다.

CHAPTER 1

왕과 파라오, 예언자들 : 고대 서아시아

글로 쓰인 인류 최초의 문학은 수메르의 길가메시 서사시로 알려져 있다. 이 서사시는 신과 왕, 사랑과 노예에 대한 4천 년 전의 이야기를 담고 있다.

> 그는 왕이다. 원하는 건 무엇이든 할 수 있지
> 아버지로부터 아들을 빼앗아 그를 파괴할 수도 있고
> 어머니로부터 딸을 빼앗아 그를 맘껏 부릴 수도 있지
> 전사의 딸이든, 젊은이의 신부든 마음대로 할 수 있지
> 하지만 아무도 감히 그에게 대항할 수 없다네

이 고대 서사시에서 우리는 노예제도에 항의하는 사람들의 목소리도 들을 수 있다.

> 하늘에 계신 아버지시여
> 스스로 드높고 찬란한 길가메시가
> 모든 장벽을 뛰어넘어 사람들 위에 군림하니
> 사람들은 폭군에게 시달리며
> 비탄으로 울부짖나이다
> 그들의 처절한 울음소리가
> 하늘을 온통 뒤덮어버리기 전에
> 아버지시여, 어서 도와주소서

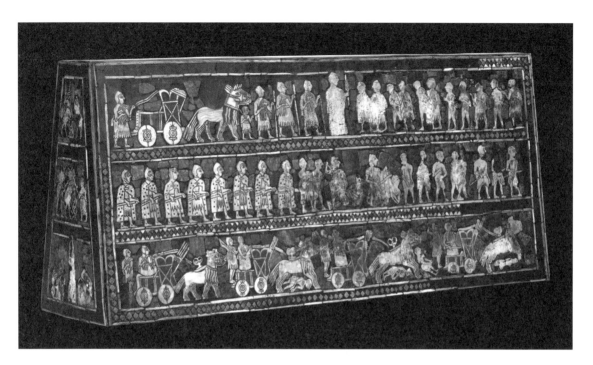

우르의 전승기념비로 알려진 이 수메르 시대의 패널은 고대도시 우르에 있는 왕실 묘지에서 발견되었다. 승리하고 돌아온 군대가 사로잡은 포로병들을 벌거벗긴 채 창을 든 왕을 향해 행진하게 하는 모습을 담고 있다. 세련된 전차가 눈에 띈다.

아들과 딸들이 강제로 어떤 일들을 하게 되었는지 자세히 알 수는 없지만 그들이 겪었을 아픔과 고통은 선명하게 눈에 보이는 듯하다.

노예로 산다는 것은 어떤 것일까? 자기 자신에 대해 아무런 권리도 갖지 못한 채, 시간을 어떻게 보낼지, 어디서 살지, 누구와 함께 살지도 스스로 결정하지 못하는 삶이란 어떤 것일까? 노예제도는 어디서 누가 실행했는지에 따라 그 모습이 조금씩 달랐다. 하지만 그런 다양한 형태와는 전혀 상관없이 아주 오래 전부터 인류 역사를 구성하는 데 빠질 수 없는 일부분이 되어 왔다.

노예제도는 메소포타미아 지역에서 삶의 중요한 단면이었다. 메소포타미아는 현재의 이라크에 해당하는 지역으로 역사적 기록이 처음으로 시작된 의미있는 곳이다. 1,500년이 넘는 세월 동안 이곳에서는 커다란 왕국들이 흥망성쇠를 반복했다. 초기에는 수메르와 아카드, 나중에는 북쪽에 아시리아, 남쪽에 바빌로니아가 들어섰다. 그 왕국들은 강성했고, 통치자들은 호전적이어서 노예를 부려 제국을 건설했다.

수메르 왕들은 외국에서 점점 더 많은 노예를 들여와 왕궁의 작업장에서 일하게 했고 심지어는 자신의 군대에 들여보내기도 했다. 비록 수천 년 전에 수메르가 사라지기는 했지만, 전쟁을 하며 잡아온 수많은 남녀 노예의 명단이 새겨진 점토판이 지금까지 전해져 내려오고 있다.

아시리아와 바빌로니아 대제국

몇 세기가 지나면서 수메르와 아카드는 멸망하고 아시리아와 바빌로니아가 들어섰다. 이전의 왕국처럼 그들도 자주 전쟁을 벌였고 그때마다 포로를 끌고 왔기 때문에 나라 안은 곧 수많은 노예로 가득 찼다. 아시리아 왕 아슈르나시르팔 2세는 자신의 잔인성을 알리는 내용을 커다란 점토판에 새겨 널리 공표했다. 그 점토판에는 그가 전쟁에서 승리한 뒤 말 460마리, 소 2,000마리, 양 5,000마리와 자신이 물리친 왕의 남매, 부유한 귀족들의 딸들, 그리고 15,000명의 사람들을 함께 끌고 왔다고 새겨져 있다.

이 포로들은 아시리아에 님루드라는 전설의 도시를 건설했는데, 도시 주위를 8km나 되는 담으로 둘러싸고 그 안에 거대한 궁전은 물론 식물원과 동물원을 세웠다고 한다. 아시리아의 노예들은 단순한 노동만 하는 게 아니었다. 음악가, 집안의 하인, 신전이나 도서관 일꾼, 해마다 벌어지는 전쟁에 함께 나서는 항해사나 군인, 전차몰이꾼, 기병대 마부 같은 역할을 맡은 노예도 있었다. 심지어는 치료사나 학자로 일하는 노예도 있었다. 아시리아 제국이 쇠퇴해갈 무렵에는 노예시장이 지중해나 페르시아만 연안에 널리 퍼져 있었다.

바빌론의 함무라비 법전

바빌론의 통치자 함무라비는 주변의 많은 도시국가들을 자신의 세력 안으로 흡수시켰다. 그는 역사상 가장 오래 되고 거의 완벽한 형태로 남아 있는 고대 법전인 함무라비 법전을 검은 돌기둥에 새겨 모든 백성이 보게 하였다.

> 의사가 부러진 뼈나 병든 신체 부위를 치료하면 환자는 의사에게 은화 5세켈을 지불한다. …… 만약 환자가 노예라면 노예 주인이 의사에게 은화 2세켈을 지불한다.

이런 법들은 노예에 대한 소유주의 권한을 제한하는 역할을 했다. 소유주는 반역한 노예를 죽일 수 없었다. 그들이 노예에게 내릴 수 있는 최대의 벌은 노예의 귀를 자르는 것이었다. 이것은 노예의 존엄성을 지켜주기 위해서라기보다 노예가 지닌 사회적 가치 때문이었을 것이다. 같은 이유로, 노예의 탈출을 돕거나 도망친 노예를 숨겨주는 사람은 사형에 처해지기도 했다.

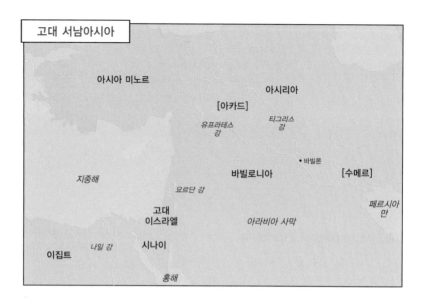

고대 서남아시아

아시아 미노르

아시리아

[아카드]

유프라테스 강

티그리스 강

• 바빌론

바빌로니아

[수메르]

지중해

요르단 강

페르시아 만

고대 이스라엘

아라비아 사막

이집트

나일 강

시나이

홍해

　아주 오래 전부터 많은 이들이 노예를 부리며 살았던 만큼, 반대로 노예들은 자신의 처지에서 탈출하기 위해 온갖 위험을 무릅쓰며 새로운 역사를 만들어왔다. 바빌로니아에서는 노예 봉기나 노예들의 탈출에 관한 이야기가 자신의 재산(노예)을 지키기 위해 무슨 일이든 마다하지 않았던 노예주 이야기와 함께 전해져 오고 있다. 노예주는 노예에게 사슬로 이은 점토나 금속판을 입히거나 맨살에 이름, 상징 등의 낙인을 찍기도 했다고 한다.

파라오의 땅, 이집트

고왕국으로 알려진 초기 이집트에서는 코르베corvee라는 일종의 강제노동이 실시되었다. 나라의 모든 땅을 파라오가 소유했기 때문에 그 땅에서 농사를 짓는 개인은 모두 그의 소작인이었다. 파라오의 땅에서 농사를 지을 수 없게 된 경우에 그들은 음식과 옷을 얻기 위해 건설 작업장에 가서 일해야 했다. 거대한 피라미드를 축조한 것이 바로 이들 노동자다. 그들은 일에 대한 선택권이 거의 없었지만 그렇다고 노예는 아니었다. 그들은 가정을 꾸릴 수 있었으며 아무도 그들을 팔 수 없었다. 그러나 시간이 지나면서 자유노동과 강제노동 사이를 가르는 선이 더욱 분명해져 갔다. 코르베를 회피하는 노동자는 가족과 함께 노예가 되는 벌을 받았다. 다음의 공식 기록은 수천 년이 지난 지금까지도 간담을 서늘하게 만든다.

대형무소의 명령서. 31년 여름의 세 번째 달 다섯 번째 날.
법원의 결정에 따라 그는 그의 모든 가족과 함께 국유지에서 평생 동안 노동할 것을 선고한다.

외국인 노예

이전의 제국들과 마찬가지로 이집트 역시 아주 많은 전쟁을 벌였다. 전쟁에서 승리한 군인들은 외국의 포로들을 데려와 자신의 노예로 삼았다. 한 전사는 이렇게 거드름을 피웠다.

나는 내 칼이 목숨만은 살려둔 자들을 엄청나게 많이 데려왔다. 그들의 손을 뒤로 묶고 수만 명이나 되는 그 식솔과 수십만 마리의 가축을 끌고 왔다. 나는 그들의 지도자들을 내 이름을 새긴 요새에 감금시켰고, 최고 궁수와 족장들에게 내 이름으로 노예표식의 낙인을 찍어 함께 집어넣었을 뿐 아니라 그들의 아내와 아이들도 똑같은 방식으로 처리했다.

이집트인은 전쟁을 통해서만 노예를 획득한 것은 아니었다. 아시리아인, 바빌로니아인과 마찬가지로 빚 때문에 궁핍해진 사람들을 사들였다. 또한 카라반 대열을 이끌고 사막을 건너온 유목민 상인들에

노예의 얼굴을 새긴 이 돌 조각은 이집트 군대가 아프리카인 포로를 잡아 노예로 삼았음을 보여준다. 약 2,500년 전의 조각이다.

게서 대추야자나무 열매나 향료와 함께 노예도 사들였다.

이렇듯 누구라도 돈만 있으면 노예를 살 수 있었다. 그 중에는 얼마간의 돈을 받고 노예를 빌려주는 이들도 있었다. 오래된 어떤 문서에는 옷이 부족하여 불평하던 한 양치기가 다른 양치기에게 이틀 동안 자신의 노예를 빌려주고 대신 의복을 받는 이야기가 나온다.

노예 소유가 이렇게 매우 흔한 일상이었기 때문에 이집트인은 심지어 자신이 죽은 후에 노예가 될지도 모른다는 두려움에 시달렸다. 그들은 사후의 삶도 현세와 비슷할 것이라 믿었기 때문에, 죽어서 노예로 부릴 일꾼을 상징하는 조각상을 나무나 도자기에 새겨 무덤에 함께 묻었다.

2,400여년 전 무렵 이집트가 몰락하면서 노예제도 역시 제국과 함께 쇠퇴해갔다.

고대 이스라엘의 노예제도

유대인도 이웃 나라들처럼 노예를 부렸다. 성경에는 몇몇 노예의 이름이 나오는데, 그들은 가족의 일부로 서술되어 있다. 최초의 유대인 아브라함에게는 아내 사라와 아들 이삭이 있었다. 사라에게는 하가르라는 이집트인 노예가 있었는데, 아브라함은 하가르와의 사이에서 아들 이스마엘을 낳았다. 이스마엘이 아들 이삭의 유산을 나누어 가질 것을 염려한 사라는 이스마엘과 하가르를 빵 몇 조각과 물 두 부대만 주어 황무지로 내쫓았다. 곧 먹을 것과 물이 바닥났고, 애정 깊은 어머니 하가르는 아이를 구할 어떤 방법도 찾지 못한 채 무력해져만 갔다. 그러나 곧 신이 그녀의 절규를 듣고 그들을 구했다.

성경에는 사라의 노예 하가르와 그 아들이 사막에 외로이 버려져 절망할 때 신이 천사를 보내 그들을 돕는 이야기가 나온다.

성경에는 새로운 세대들이 계속 등장하지만 노예 이야기는 변함없이 계속된다. 아브라함의 증손자 요셉은 시기심 많은 형제들에 의해 이집트에 노예로 팔려갔다. 그러나 요셉은 파라오의 법원에서 높은 관직에 올라 이집트인을 기근에서 구해냈다. 몇 세대가 더 지나고 요셉을 알지 못하는 새로운 파라오의 통치 하에서 히브리인은 이집트인의 노예가 되었다.

파라오는 유대인이 자신의 권력에 위협이 될 것이라 믿고, 새로 태어나는 유대인 아기들을 모조리 죽이라고 명령한다. 그러나 모세라는 아기의 어머니가 아기를 바구니에 넣어 몰래 나일강에 띄워 보낸다. 한 이집트 왕자가 그 아기를 건져서는 왕궁에서 키우기로 결정한다. 왕궁에서 자라난 모세는 성장하여 자기 민족이 노예로 고통받는 모습을 보고는 분노한다. 신은 모세를 선택하여 파라오에게 나아가 "내 백성들을 풀어주어라."

성경에는 사라의 노예 하가르와 그 아들이 사막에 외로이 버려져 절망할 때 신이 천사를 보내 그들을 돕는 이야기가 나온다.

라는 말을 대신 전하게 하지만 파라오는 거듭 거부한다. 마침내 신은 바다를 갈라 유대인이 자유를 향한 긴 여정을 시작할 수 있도록 하여 그들을 해방시킨다.

이 이집트 탈출 이야기, 즉 출애굽기는 구약성서의 핵심이다. 나중에 신이 사막에서 유대인에게 십계명을 내릴 때 신은 그들이 이집트의 노예였음을 상기시킨다.

엿새 동안은 힘써 네 모든 일을 행하라. 그러나 일곱째 날은 너의 하나님 여호와의 안식일이니, 너나 네 아들이나 딸이나, 네 소나 나귀 같은 가축이나, 네 문 안에서 지내는 객이라도 아무 일도 하지 말고, 네 남자 노예나 여자 노예도 너같이 안식하게 할지니라. 너는 에굽 땅에서 노예였으나 너의 하나님 여호와가 거기서 풀어주셨음을 기억하라.

성경의 노예법

성경에는 이스라엘 사람들이 한때 노예였음을 신이 상기시키는 모습이 반복해서 나온다. 그들의 쓰디쓴 삶을 기억시켜 학대받는 것이 어떤 것인지를 깨닫게 하고 짓밟힌 사람들에게 인자하게 대해야 함을 가르친다.

유대인의 이웃 민족들은 복종하지 않는 노예는 주인이 그의 코와 귀를 자르고, 무례한 노예는 정해진 양의 소금으로 그의 입술을 문질러 없애라는 식의 가혹한 법을 가지고 있었다. 그러나 구약성경에서는 노예도 소유물이 아니라 인간이라 말한다. "주인이 자기 노예의 눈을 때려 실명시키면 주인은 그 노예가 남자든 여자든 눈의 대가로 그를 풀어줘야 한다. 주인이 자기 노예의 이를 때려 못쓰게 만들면 주인은 그 노예가 남자든 여자든 이의 대가로 그를 풀어줘야 한다." 주인이라도 노예를 죽여서는 안 되며, 노예로 삼거나 팔기 위해 포로를 잡는 것도 금지되었다.

성경의 법은 유대인이 빚을 갚기 위해 자신을 팔아야 한다 할지라도, 그것을 오래 지속할 수 없도록 했다. "남자든 여자든 네 동족이 너에게 자신을 팔았을지라도 그는 6년까지만 너를 섬길 수 있다. 7년째 되는 해에 너는 그를 자유롭게 놓아주어야 한다." 성경에서는 외국인 노예는 영원히 소유할 수 있었지만, 도망노예는 그가 유대인이든 아니든 주인에게 넘겨주는 것을 금지했다. "그는 네가 사는 곳 중 어느 곳이라도 자신이 선택하는 곳에서 살 수 있다. 너는 그를 학대해서는 안 된다."

현실의 노예제도

성경 속의 법과 노예 이야기에 대해 알았다 하더라도, 우리는 노예가 실제로 어떤 취급을 받았는지 알기 힘들다. 다만 성경에 나오는 예언자들이 성경이 말하는 규범을 무시하는 이들을 꾸짖었던 것은 알 수 있다. 한 예언자는 이렇게 말하고 있다. "억압받는 이들을 자유롭게 해주지 못하면서 단식 같은 의식을 행하며 신앙심이 깊은 체하는 것이 대체 무어란 말인가?"

아니, 이것이 내가 바라는 단식이다
사악함의 족쇄를 끊어버리고 / 속박의 끈들을 풀어버리고
억압받는 자들을 자유롭게 놓아주어 / 모든 압제를 끝내는 것

이런 고대의 가르침들은 그 후로 수천 년 동안 노예제도와 싸워온 이들에게 영감을 주었을 것이다.

최초의 폐지론자들

유대교 두 종파의 삶의 방식은 노예 소유가 팽배했던 고대 세계에서는 매우 독특한 모습을 보여준다.

금욕·신비주의를 주장한 고대 종파인 에세네파(Essene)는 노예를 소유하지 않았음은 물론 노예제도를 질책했다. 또한 치유자라는 뜻을 갖고 있는 테라페우테파(Therapeutae)는 하인을 소유하는 제도는 자연의 이치를 거스르는 것으로 생각했다. 당시 이 두 종파는 소수였고, 많은 세월이 지나서야 다른 폐지론자들이 등장하게 된다.

CHAPTER 2

반란과 복수 : 고대 그리스와 로마

기원전 73년 이탈리아의 카푸아 지방에서는 부엌칼로 무장한 노예 70명이 필사적으로 탈출하여 베수비우스산의 분화구로 피신했다.

이들은 로마의 검투사로 평범한 노예가 아니었다. 말하자면 특별한 기능을 가진 연예인으로 노천 경기장에서 수천 명의 관중이 보는 앞에서 강제로 목숨을 걸고 결투를 벌여야 했던 이들이다. 그 중에는 명성을 얻거나 사치스러운 하사품을 받거나 노예의 신분에서 벗어나 자유를 얻는 자들도 있었지만 매우 소수에 불과했다. 대부분의 검투사는 관중의 즐거움을 위해 고통스럽고 굴욕적인 죽음을 맞이해야 했다.

탈출한 검투사들은 사회에 버림받은 부랑자들과 도망 노예들을 규합하였는데 금세 그 수가 4천 명으로 늘었다. 그들은 스파르타쿠스를 지도자로 따랐다. 그 시대에 스파르타쿠스는 반란으로 악명이 높았지만 오늘날에는 자유를 위해 싸운 영웅으로 기억되고 있다.

로마 검투사들은 경기장에서 때때로 사자나 곰, 코끼리 같은 맹수들과 싸워야만 했다. 이 모자이크는 표범과 맞붙어 싸우는 검투사를 그리고 있다.

스파르타쿠스는 원래 로마군단 예하 보병부대의 군인이었는데, 탈영을 시도했다 붙잡혀 노예로 팔리는 신세가 되었다. 그런데 그의 전투기술이 주인의 눈에 들어 검투사로 훈련받게 된 것이다. 스파르타쿠스와 그 일행이 베수비우스산으로 피신한 후에야 로마 정부는 그들을 진압하기 위해 군대를 소집했다. 아마도 변변치 않게 무장한 노예와 부랑자들의 반란을 쉽게 진정시킬 수 있으리라 생각했거나, 당시에 두 곳에서 전쟁을 치르느라 반란 진압을 위해 보낼 군대가 부족했기 때문이었을 것이다. 이유가 무엇이든 스파르타쿠스와 그의 추종자들은 몇 달 동안 로마인을 압도하며 잇달아 격퇴할 수 있었다.

로마 군대가 처음으로 베수비우스산에 도착했을 때, 그 지휘관은 산꼭대기와 이어진 외길을 따라 병사들을 배치하고는 반란 노예들이 스스로 내려오기를 기다렸다. 그러나 그러는 사이에 스파르타쿠스 측은 야생 덩굴나무로 솜씨 좋게 사다리를 만들어 그것을 타고 산의 반대쪽 경사면으로 내려왔다. 그들은 로마군의 배후에서 의표를 찌르는 기습으로 기선을 제압하고 잇따른 몇 번의 전투에서도 승리하여 로마군은 불명예를 안고 로마로 귀환해야 했다.

그러나 스파르타쿠스가 대적하기에 로마 군대의 수는 너무 많았다. 로마군은 전투에서 대부분의 반란자들을 사살하고 6천 명을 생포하여 십자가에 못 박는 형벌을 내렸다. 로마 정부는 카푸아에서 로마로 이어지는 길을 따라 반란자들을 나무 십자가에 못 박아 세워 다른 노예들에게 권위에 대항하는 자에게 닥칠 끔찍한 운명을 경고했다. 스파르타쿠스가 전투에서 살해당했는지 아니면 십자가에서 고통 받으며 서서히 죽어갔는지는 전해지지 않고 있다.

스파르타쿠스의 죽음을 보여주는 그림. 이 영웅적 노예는 자신의 말을 죽임으로써 반란군에 대한 자신의 충성을 증명했다. 그들이 이기면 적의 훌륭한 말들을 많이 얻을 수 있을 것이고, 반대로 지면 더 이상 말이 필요치 않을 것이라 말했다고 한다. 우리가 아는 대로 그는 말이 필요치 않았다.

많은 수의 노예들

기원전 800년부터 기원후 500년경까지 고대 그리스나 로마에 살았던 사람이라면 아마도 노예나 노예주 둘 중 하나에 속했을 것이다. 노예제도는 그만큼 일상을 지배하고 있었다. 고대 그리스에 얼마나 많은 노예가 있었는지는 모르지만, 기원전 1세기 말의 로마제국은 이탈리아 지역에만 전체 인구 6백만 명 중 2백만 명이 노예였을 것이라고 역사가들은 말하고 있다.

고대 그리스 초기에는 노예와 주인이 함께 살고 함께 일했다. 물론 노예의 삶과 죽음에 대한 결정권이 주인에게 있었지만 노예의 일상이 그렇게 가혹하지는 않았다.

로마는 그리스를 정복하고 난 후 거의 유럽 전역으로까지 지배력을 넓혀갔다. 최고 절정기의 로마제국은 서쪽으로는 프랑스, 스페인, 영국까지 동쪽으로는 알바니아, 남쪽으로는 지중해를 건너 아프리카 북부 연안 지역까지 판도를 넓혔다.

그리스와 로마는 유럽 대륙 깊숙이 들어가 정복 전쟁을 수행하면서 새로 획득한 땅을 자신의 영토로 선언했고, 그 땅의 거주자들을 노예로 삼았다. "전쟁으로 한 도시가 함락되면 그곳 사람들과 재산은 승리자의 것이 된다는 것이 시대를 넘어 모든 사람들에게 통용되는 법이었다." 한 그리스 역사가는 이렇게 쓰고 있다.

노예 매매

돈만 있다면 노예를 사들이는 것은 그리 힘든 일이 아니었다. 그리스 노예는 고기, 채소, 치즈 같은 음식들과 함께 시장이나 아고라에 전시되었다. 상인들은 미리 노예 판매를 예고하여 사람들이 특정한 노예의 판매에 대해 이의를 제기할 수 있도록 했다. 또한 상인들은 판매할 노예에게 폭력적 기질 같은 결점이 전혀 없음을 보증해야 했다. 만약 거짓말을 하면 노예를 돌려받고 돈을 되돌려 주어야 했다.

노예상인들은 로마 군대와 함께 옮겨 다니며 포로들을 즉석에서 샀다. 승리한 군대의 지휘관은 국가에 귀속시킬 노예, 병사들에게 나눠줄 노예, 즉시 판결하여 죽일 노예, 바로 판매할 노예들을 직접 결정했다.

상인들은 판매할 포로들을 사슬로 함께 이어 묶은 채로 열린 시장에 내놓고 팔았다. 구매자들은 가축을 살 때처럼 포로들의 몸을 살펴보고 근육을 만져보며 평가했다. 로마의 노예상인들은 판매를 하기 위해 노예의 나이와 신체 특성 등을 기록한 목록을 작성했다. 그들은 그리스에서와 마찬가지로 종교나 예술, 사랑에 대한 지나친 관심은 '결점'으로 여겨 구매자들에게 경고했다. 그런 것에 관심이 많은

강력한 도시국가 스파르타

그리스의 도시국가 스파르타인도 정복한 지역의 거주자들을 노예로 삼았다. 하지만 스파르타인은 포로들이 먼 곳으로 떠나가도록 시장에 내다 팔지 않았다. 오히려 그들의 도시 가까운 곳에 거주시켜 노예로 삼았다.

그들이 가장 처음 주민을 노예로 삼았던 곳은 그리스 남쪽의 도시 헬로스이다. 그래서 헬로스 주민을 뜻하는 헬로트(helot)란 단어는 노예나 농노를 일컫는 말로 변화해 갔다. 스파르타인은 헬로트들을 헬로스 주변의 땅에서 일하도록 시키고, 그들이 생산한 농산물의 일정량을 스파르타의 가정에 바치도록 강요했다. 그리고 전쟁이 일어날 경우에는 스파르타인의 종복으로 전쟁터에 데려갔다. 비록 주인이기는 했지만 헬로트의 인구가 더 많았기 때문에 스파르타인은 그 노예들이 자신에 대항해 음모를 꾸미고 반란을 일으킬까 항상 두려워했다. 그래서 그들이 노예의 처지임을 잊지 않도록 하기 위해 거의 매년 한 명씩 저명한 헬로트인을 죽였다.

노예는 감정이 풍부하다는 것을 의미했고, 그런 기질의 노예는 다루기가 힘들기 때문이었다. 만약 노예상인이 잘못된 정보를 제공했다면 그는 구매자에게 노예 가격의 두 배를 물어주어야 했다.

그리스 아고라이든 승리한 전장 가까운 곳에 선 로마의 임시 시장이든 여자나 아이보다는 남자가, 비숙련자보다는 숙련된 기술을 가진 자가 값이 더 나갔다. 어린 노예의 값어치가 덜 나갔던 것은 양육비와 불확실한 그들의 미래 때문이었다. 아이가 건강하게 클지, 아니면 병치레를 하며 허약하고 왜소하게 클지 상인들에겐 불안한 일 아니었겠는가?

인신 약탈자와 해적들도 노예무역에 한 자리를 맡았다. 그들은 뭍이나 바다에서 사람들을 제압하여 끌고 가 시장에 내놓았다. 부유한 가정은 때때로 사랑했던 연고자를 시장의 경매대에서 보는 뜻밖의 행운을 만나 돈을 주고 데려오기도 했다. 가난으로 절망에 빠진 이들은 굶주림을 모면하기 위해 자신이나 자식들을 노예로 팔았다. 버려진 아기를 데려간 노예상인은 그 역시 판매할 수 있는 권리를 갖게 되었다.

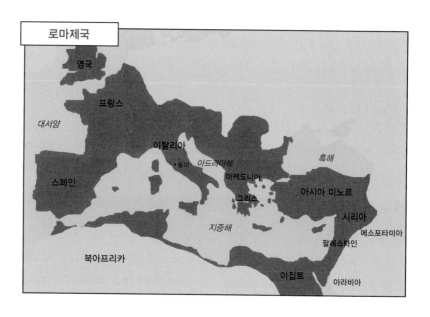

26

인간 이하의 존재

성경에서는 노예를 인간으로 보았지만 그리스와 로마는 그렇지 않았다. 그리스인은 노예를 '인간의 발을 가진 가축andrapoda'으로, 로마인은 나이와 상관없이 어린 것들little ones 또는 어린놈들little boys이라 불렀다. 주인들은 노예에게 마치 애완동물처럼 이름을 지어주거나 아니면 노예가 지닌 좋은 점을 홍보하기 위해 상인이 경매대에 붙여놓은 이름, 이를테면 '쾌활한cheerful'이나 '기민한swift' 같은 표현을 그대로 썼다. 노예주는 벌겋게 달아오른 인두로 자신의 소유를 표시하는 낙인을 찍거나 노예를 마치 어린애처럼 취급하는 등의 모욕적인 언행을 그치지 않았다.

노예주들은 노예라는 사실 자체만으로 그들을 열등한 존재로 여겼다. 노예가 무슨 생각을 하고, 무엇을 느끼고, 노예가 되기 전에 무슨 일을 했는지는 전혀 상관이 없었다. 대부분의 사람은 그리스의 저명한 철학자 아리스토텔레스의 견해를 따랐다. 아리스토텔레스는 이렇게 썼다. '타인에게 예속될 수 있는 사람은 천성이 노예이다(그래서 그는 다른 누군가에게 예속될 수 있는 것이다).'

아주 소수의 견해도 있기는 했다. 그리스의 극작가 필레몬은 자신의 희곡에 등장하는 인물을 통해 이렇게 발언했다. "누군가 노예라 하더라도 주인인 당신보다 못한 존재는 아니다. 그도 같은 살로 이루어진 사람이다. 천성이 노예인 사람은 아무도 없다. 그저 몸을 예속 당한 이들의 운명일 뿐이다." 그러나 노예제도가 인간의 천성에서 비롯된 것인지에 의문을 제기하는 몇몇 사람들을 제외하고는 그 제도를 종식시키려고 노력한 사람은 아무도 없었다.

포로가 된 율리우스 카이사르

로마의 유명한 정치가이자 정복자이자 황제였던 카이사르는 25세의 나이에 집정관으로 있을 때 해적에게 붙잡혀 포로가 된 적이 있었다. 이 해적들은 대부분의 포로를 로마에 팔았지만 부유한 포로는 몸값을 받고 풀어주기도 했다.

카이사르가 누구인지 몰랐던 해적들은 그가 부유하다는 사실을 알자 몸값으로 은화 20달란트를 요구했다. 카이사르는 그들을 비웃으며 50달란트를 제안하고는 자기 사람들을 로마로 보내 돈을 모으게 했다. 그들이 돌아오기까지 38일 동안 카이사르는 해적의 포로가 아니라 마치 보호자처럼 행동했다. 그는 해적들과 함께 게임과 운동을 했고, 시와 연설문을 써서 그들에게 들려주기도 했다. 해적들이 자신을 칭찬하지 않는 경우에는 그들에게 창피를 주고 목을 매달겠다고 위협했다.

몸값을 지불하여 풀려난 후 카이사르는 함대를 조직하여 해적들을 잡아 감옥에 가두었다. 그는 해적들을 처형하기를 원했지만 정부는 노예로 팔기를 원했다. 로마에서 감옥으로 돌아온 카이사르는 해적들을 자신이 처리하겠다고 강력히 주장했고, 포로로 함께 지낼 때 협박한 대로 끝내는 그들을 십자가에 못 박았다.

27

노예 소유주는 노예가 맡은 일에 전념하고, 자신에게 충성하며 명령에 복종하고, 나아가 주인을 우월하다고 느끼길 기대했다. 많은 노예가 인간적 애정에 굶주려 있었기 때문에 그들은 주인이 원하는 대로 충실한 종이 되었다. 한때 40년 동안 로마인의 노예였던 한 남자는 이렇게 말했다.

고결하고 명예로운 주인님을 만족시키기 위해 나는 내가 할 수 있는 모든 일을 했다. 당시에 나는 나를 헐뜯기를 무엇보다도 좋아하는 사람들과 함께 지냈다. 하지만 결국 나는 그들 모두를 제치고 가장 높은 위치에 올라설 수 있었고 그것은 모두 주인님 덕분이다. 봐라, 정말 멋지지 않은가! 자유인으로 다시 태어나는 것이 전혀 어려운 일이 아니니 말이다.

하지만 대부분의 노예는 이보다는 훨씬 어려운 상태에 놓여 있었다. 그들은 자신이 하는 일이나 주인이 시키는 일에 대해 아무런 통제권도 갖지 못했다. 아주 사소한 실수로 아니면 전혀 잘못이 없어도 주인은 노예에게 낙인을 찍고 불로 지져 고문하고 매질하여 벌 줄 수 있었고, 끝내는 불구로 만들어 버리기도 했다.

무슨 일이라도 해야 하는 도구

어떤 노예들은 특정한 개인이 아니라 국가가 소유했다. 예를 들어, 아테네에는 도량형 감독관이나 회계원, 전령관, 사형집행인, 문서필경사로 일하는 도시노예가 있었다. 그러나 대부분의 노예는 특정 개인의 소유로 간주되었다. 그리스의 평균적 가정은 3명, 부유한 가정은 약 50명의 노예를 거느렸다. 그리고 부유한 가정의 노예들 중 10~20명 정도는 여자 노예로 물 길어 오기, 바느질, 아이 돌보기, 청소 같은 집안의 허드렛일을 맡아 했다. 식사 준비 같은 평범한 일조차 노예에게는 굴욕적일 수 있었는데, 어떤 노예에게는 목구멍 마개 같은 장치를 달아 주인의 음식을 슬쩍 훔쳐 먹는 것을 방지하기도 했기 때문이다.

로마는 가구 수가 훨씬 더 많았고 모든 종류의 육체노동을 천시했기 때문에 더 많은 노예가 필요했다. 평범한 로마 가정에는 2~3인의 노예가 있었지만 웬만큼 부유한 가정은 400명 이상의 노예를 소유했다. 로마의 한 노예 소유주는 전쟁에 나갈 때 800명에 달하는 개인 노예와 양치기를 데리고 가기도 했다. 그리고 스파르타쿠스 반란군을 진압하기 위해 나섰던 장군은 거의 2만 명에 가까운 노예를 소유했다.

노예를 어떻게 선택하고 다룰지 정보가 필요했다면 아마도 고대의 노예주들은 사용설명서를 참조했을 것이다. 한 저술가는 도둑질을 방지하기 위해 노예를 잘 먹이라고 충고했다. 고된 일을 했을 때에는 더 많은 음식을 주고, 노예가 병들어 일을 잘 못할 때에는 적은 음식을 주고, 노예가 늙었을 때는 팔아버리든가 아니면 2년마다 셔츠와 소매 없는 옷 한 벌씩과 나무신발 한 켤레만을 줄 것을 권했다. 또 다른 저술가는 노예들이 서로 잡담하고 그러다가 싸우는 것을 방지하기 위해 같은 국적의 노예들은 따로 떨어뜨려 놓으라고 충고하기도 했다.

많은 노예들이 숙련도가 매우 높았기 때문에 그 주인들은 그들의 작업을 신뢰했다. 예를 들어, 한 부유한 그리스 정치가는 기원전 416년에 열렸던 올림픽에 노예를 출전시켰다. 그는 일곱 대의 이륜전차를 출전시켰는데 정작 자신은 한 것이 거의 없었다. 노예들이 전차를 만들어 관리하고, 말을 훈련시켰으며, 심지어는 경기장을 짓기도 했다. 게다가 그들은 목숨을 잃을 수도 있는 위험한 전차경주에도 참가했다. 하지만 경주에서 우승하여 받은 메달과 상금은 출전한 노예들이 아니라 모두 그 주인의 차지가 되었다.

보석이나 사교계 의복처럼 단지 신분이나 지위의 상징을 위해 거느리는 노부유한 여성은 목욕을 하거나 옷을 입거나 머리를 가꿀 때 노예의 도움을 받았다. 외출할 때도 노예를 거느리고 나갔다. 이탈리아의 폼페이에 남아 있는 이 벽화는 노예 미용사와 함께 있는 부인들을 묘사하고 있다.

예도 간혹 있었다. 자유인은 이웃 마을을 방문하는 등 공공장소에 갈 때 노예를 거느려 자신의 부를 과시했다.

대부분의 노예는 신분의 상징이 아니라 너무도 힘들고 위험한 일을 도맡아 하는 노동자였다. 가장 일하기 힘든 곳 중의 하나는 광산이었다. 그리스 아테네 근처 라우리온에 있는 은광산에서는 3만 명이 넘는 남녀 노예들이 갱과 작업장에서 혹사당했다. 노동 조건은 너무도 끔찍했다.

역사가 디오도로스 시켈로스는 당시 사람으로서는 드물게도 그 비참함에 대해 매우 예리하게 묘사했다.

이들 광산에서 일하는 일꾼들은 광산주에게 엄청난 이익을 남겨준다. 하지만 그 일꾼들은 땅 밑에서 밤낮으로 몸을 혹사하며 자신의 생명을 고갈시킨다. 이루 말할 수 없는 고통을 겪으며 많은 사람들이 죽어간다. 그들의 노동에는 휴식도 위안거리도 없다. 감독관의 채찍이 그들에게 강요하는 고초는 너무도 끔찍해서 꽤 긴 시간을 강인한 육체와 용감한 정신으로 버텨 오던 몇 안 되는 이들마저도 마침내는 삶을 포기하게 만든다. 차라리 죽는 게 더 낫기 때문이다. …… 병자건 불구자건 노인이건 아니면 연약한 여자이건 그들에게는 어떤 종류의 관용이나 유예도 허락되지 않는다. 아무런 예외도 없이 모두 매질을 당하며 강요된 노동을 지속해야만 한다. 그들은 그렇게 혹사하며 일하다가 끝내는 고통 속에서 죽는 것이다.

인간 세놓기

그리스와 로마에서는 수 세기 전의 메소포타미아와 마찬가지로 노예를 돈을 받고 빌려줄 수 있었다. 예를 들어, 광산노예는 다른 노예주에게 임대되어 가혹한 노동을 해야 했다. 처지가 좀 나은 노예들도 있었다. 그리스 도시에서 임대된 노예들은 자기 주인과 떨어져 사는 경우가 있었다. 주인의 집이 그들을 수용하기에 충분한 공간이 없었기 때문이다. 이런 노예들은 그 주인에게 임대료 수입을 가져다주었기 때문에 때때로 품삯노예paybringer라 불렸다. 지금까지 전해 내려오는 건물이나 모자이크, 가죽제품, 화병 등에서 품삯노예의 아름다운 수공예 솜씨를 감상할 수 있다. 품삯노예는 자신이 벌어들인 금액 중에서 일부분을 갖는 것이 가능했다. 아테네 아크로폴리스에서 자기 노예와 함께 일했던 한 석공은 받은 보수 중 일부를 노예에게도 나눠주었다. 품삯노예 중에는 은행원, 상점이나 공장의 관리인, 무역선의 선장 역할을 맡은 이들도 있었다.

샌들을 들고 있는 그리스 노예(오른쪽에 앉은 인물)가 그려진 도자기. 왼쪽에는 한때는 역시 노예였을 구두 제조인이 한 여자 고객의 발에 맞춰 가죽을 자르고 있다.

법의 지배

오늘날의 노동자는 법을 통해 권리를 보호받을 수 있다. 하지만 그 당시 노예가 가질 수 있는 권리는 주인이 허락한 것에 한해서였다. 그것마저도 주인의 변덕으로 쉽게 바뀔 수 있었다. 주인이 약속을 깨더라도 노예는 아무것도 할 수 없었다. 법은 완전히 주인 편이었던 것이다.

로마의 지도자인 집정관들은 나라의 기본적인 법률을 담은 12표법을 제정했는데, 여기에는 빚진 자들을 노예로 삼거나 타인의 뼈를 부러뜨린 자에게 벌금을 물리는 등의 처벌 조항이 포함되어 있다. 이 조항은 자유인의 뼈를 부러뜨리면 노예의 뼈를 부러뜨렸을 때보다 두 배의 벌금을 물리도록 하고 있다. 또한 죄를 범한 노예에 대한 처벌에 대해서도 규정하고 있다. 주인은 처벌의 종류를 선택할 수는 있지만 자신의 판단에 따라 더 심한 처벌을 할 수는 없었다.

스파르타쿠스의 영웅적인 탈출은 책이나 영화들에서 칭송되어 왔다. 후세에 이름이 남겨지지 않은 무수한 다른 노예들도 낙인이 찍히거나 십자가에 못 박힐 위험을 무릅쓰고 함께 탈출을 시도했다. 그들이 도망쳤을 때 로마의 노예주들은 현상금을 내걸고, 사제나 점성가, 해몽가에게 청해 앞날을 점치고, 권력기관에 도움을 요청했다. 심지어는 전문적 노예사냥꾼을 고용해 탈출 노예들을 추적하기도 했다. 전쟁터에서 탈영했던 이들이 자유를 얻느냐 그렇지 못하느냐는 어느 편이 이기느냐에 달려 있었다. 때때로 평화조약을 체결할 때에는 도망치거나 탈영한 자는 원래 소속되어 있던 군대로 송환해야 한다는 조항을 넣기도 했다.

주인을 살해한 노예에게는 가장 가혹한 처벌이 기다리고 있었다. 2천 년 전쯤 한 노예가 로마의 고위관리를 죽였다. 법은 주인을 살해한 노예는 물론 관리의 다른 노예 400명도 함께 죽이라고 선고했다. 노예 신분에서 해방된 자유민들은 그런 처벌에 항의했고 로마 원로원은 그 문제에 대해 심의했다. 대부분의 원로원 의원은 그 노예들 모두를 죽여야 한다고 투표했고, 네로 황제는 그 가혹한 형벌을 집행하라고 명령했다.

자유를 향한 길

동료 노예가 노예 신분에서 해방되었다는 사실을 알게 된 다른 노예들의 느낌은 어떨까. 노예주가 자신의 노예에게 자유를 준 이유는 다양할 테지만, 대체로 노예들이 열심히 일하도록 만들기 위해 자유의 가능성을 이용하는 경우가 많았다. 노예 해방은 주인이 동의할 때만 가능했다. 하지만 어떤 노예는 돈을 모아 자유를 사기도 했다. 팁이나 선물을 받을 수 있거나 자신이 직접 만든 물건을 팔 수 있는 상점과 작업장 등에서 일했던 노예들은 그럴 수 있었다. 자유를 살 만큼 돈을 충분히 모으지 못한 그리스 노예들은 그들이 직접 조직한 대출 공제회에서 모자라는 돈을 빌리기도 했다. 로마의 노예 중에는 주인의 사업에 투자하여 시간이 지나 땅이나 집을 소유하게 되고 심지어는 자신이 직접 사업을 벌인 이들도 있었다.

로마의 일부 노예주들은 자신의 노예를 위해 돈을 모은 후 해방시키기도 했다. 주인에게 금전적 후원을 받고 해방된 노예는 옛 주인과 관계를 유지하며 그 은혜에 대해 보상했다. 매일 옛 주인을 찾아가 일손이 되어주거나 때로는 직접 번 돈으로 보상하기도 했다. 어떤 해방노예는 예전에 노예였을 때와 거의 비슷한 방식으로 옛 주인에게 봉사했다. 로마에서는 해방노예에게 시민의 자격이 주어졌지만 그리스에서는 그렇지 않았다. 그들은 노예도 시민도 아닌 독특한 신분이 되었다.

드문 경우지만, 소수의 특출한 노예들에게는 그가 이룬 업적에 대한 감사의 뜻으로 자유가 주어지기도 했다. 이들 중 한 명인 파시온이라는 해방노예는 그리스에서 몇 손가락 안에 드는 부자가 되었다. 그는 두 명의 은행가의 일을 도왔는데 너무 일을 잘해 사무장으로 승진했다. 나중에 자유의 몸이 되어서도 계속해서 여러 은행가들을 위해 일했다. 크게 성공한 파시온은 정부에도 돈을 댔다. 이에 대한 보상으로 정부는 그에게 시민권을 부여했다. 그는 은퇴하면서 은행의 경영을 자신의 노예에게 맡겼는데, 그에게도 역시 자유를 주었다.

노예주들은 때때로 임종에 가까운 노예에게도 자유를 주었는데, 자유인으로서의 존엄성을 가지고 죽을 수 있도록 하기 위해서였다. 또 어떤 노예주는 자신이 죽을 때 원하는 노예에게는 자유를 허락한다고 유언을 남겼는데, 이는 자신이 좋은 주인으로 기억되도록 하기 위해서였다.

해방노예가 낳은 자식들은 자유인이 될 수 있었지만, 해방되기 전에 태어난 아이는 부모가 자유를 사주지 않는 한 노예 신분을 벗어날 수 없었다. 물론 그런 경우는 드물었다. 그리스와 로마 노예주 대부분은 자신의 노예를 포기하지 않았고 그 노예들도 자유를 얻지 못했다.

CHAPTER 3

성자와 바이킹 : 중세 유럽

대부분의 노예는 표식 없는 무덤에 묻혔고 그들의 이름은 역사에서 영원히 사라졌다. 그러나 한 노예는 매년 3월 17일에 성 패트릭의 날 축제를 통해 기억되고 있다.

그는 390년 경 영국에서 파트리키우스란 이름으로 태어났다. 그가 태어난 지역은 당시에 로마 제국의 영토였고, 공식 언어는 라틴어였다. 패트릭이라고 불렸던 그는 부유한 부모의 사유지에서 노예들에 둘러싸여 성장했다. 그가 열여섯 살이 되기 직전, 아일랜드 해적이 그 고장을 침입하여 그를 붙잡아 아일랜드로 데려갔다. 특권계급의 아들로서 안락한 삶을 살다가 양을 돌보는 노예로 전락했던 것이다. 패트릭은 쓸쓸한 언덕에서 양들을 벗 삼아 추위와 배고픔에 시달리며 무력한 나날을 보냈다. 영국 출신인 그의 가족은 크리스트교도였지만 별로 독실하지는 않았다. 하지만 아일랜드에서 지내며 패트릭은 기도를 하기 시작했다.

한때 양치는 노예였던 성 패트릭 동상. 아일랜드 메이오 주의 웨스트포트에 있다. 어린 양은 크리스트교도를 상징하고, 지팡이를 휘감은 뱀은 성 패트릭이 모든 냉혈한들을 아일랜드에서 쫓아냈다는 믿음을 표현한다.

패트릭은 스물한 살이 되어서야 그곳을 탈출할 수 있었다. 그는 300km가 넘는 거리를 이동한 끝에 간신히 배를 탈 수 있었다. 처음에 배의 선장은 패트릭을 고향으로 데려다주길 거부했지만, 나중에는 동정심으로 마음을 바꿔 먹었다. 영국으로 돌아온 패트릭은 신앙생활에 열중했고 결국 주교가 되었다. 430년 무렵 그가 속한 교파는 그를 아일랜드로 돌려보냈다. 패트릭은 수천 명을 크리스트교로 개종시키고, 자신의 경험에서 우러나온 열정으로 크리스트교도를 노예로 만드는 세상에 대항해 싸웠다. (비록 그의 교파가 모든 노예제도에 대해 반대했던 것은 아니지만 비크리스트교도에 의한 크리스트교도의 노예화에 대해서는 반대했다.) 그는 특히 '테러와 늘 존재하는 위협'을 감내해야 하는 '가장 고통 받는' 존재라고 말하면서 여성을 노예로 만드는 것을 비난했다.

오늘날 가톨릭 교회는 성 패트릭을 아일랜드 최초의 전도자로서 공경하고 있다. 또한 많은 나라의 사람들이 가톨릭 신도든 아니든, 아일랜드인이든 아니든 상관없이 한때 노예였던 성 패트릭을 기리기 위해 성 패트릭의 날에는 녹색 옷을 입는다.

북방의 침입자들

패트릭이 죽고 1천 년이 지난 중세시대에도 노예제도는 계속 유지되었다. 크리스트교도라 해도 제외 대상이 되지 않았다. 이런 속박의 위협은 19세기에도 사라지지 않았다.

패트릭이 아일랜드인에게 잡혀갔던 때로부터 3백 년이 지나고, 바이킹이라는 다른 약탈자가 아일랜드와 영국의 해안 지역을 휩쓸었다. 바이킹은 노르웨이, 스웨덴, 덴마크 지역을 일컫는 스칸디나비아에서 왔다. 그들 중에는 숙련된 항해사, 무역상인, 탐험가, 개척자들뿐 아니라 사람들을 공포에 떨게 만드는 강도, 납치꾼, 살인자들도 있었다.

바이킹의 시대는 793년 봄에 린디스판 수도원에 대한 잔인한 공격과 함께 시작되었다. 이 수도원은 영국 북동부 해안에 떨어져 있는 바위투성이 작은 섬 꼭대기에 자리 잡고 있었다. 그들의 포악한 침입 광경을 목격한 한 성직자는 그 목격담을 다음과 같이 기록했다.

…… 우리가 지금 이교도에게 당하고 있는 그대로인 바, 영국에서 이토록 끔찍한 잔인함은 예전엔 경험할 수 없었다. 저들이 바다 건너 이렇게

침입하리라는 것도 상상힐 수 없는 일이었다. 성 커스버드 교회는 하니님 사제의 피로 물들었고 교회 안의 물건들은 이교도의 약탈로 모두 사라지고 말았다.

바이킹은 교회의 금과 함께 보석으로 장식된 보물을 노렸다. 그 중에는 아름답게 장식된 린디스판 복음서도 포함되어 있었다. 그들은 노예로 삼기 위해 포로를 잡아 약탈품과 함께 끌고 갔다.

자신들과 같은 민족이 거주하는 스칸디나비아인 마을에 침입해서도 바이킹은 어떤 자비도 보여주지 않았으며, 그들을 노예로 만들어 버렸다. 그리고 기세를 멈추지 않고 곧바로 바다 건너 유럽 대륙과 러시아로 사납게 쳐들어갔다. 이런 만행을 저지르는 이들이 그들만 있는 것이 아니었다. 웨일즈에서도 상인들이 자신의 고향 사람들을 바이킹에게 팔아 넘겼다. 돈을 벌기 위해 동포를 배신하는 이들은 아마도 더 있었을 것이다.

바이킹에게 잡히면 어땠을까? 11세기의 독일 역사가는 바이킹이 현재의 네덜란드와 독일에 걸쳐 있는 지역을 침입했을 때를 이렇게 묘사했다.

그 당시 우리가 아스코마니(Ascomanni)라고 불렀던 해적 함대는 색스니에 상륙해서 프리지아와 하델른 연안 지역을 온통 유린했다. 그리고 엘베강 어귀를 거슬러 오르며 곳곳을 습격했다. …… 그 의기양양한 스웨덴과 덴마크 사람들은 색슨족 군대를 괴멸시키고 귀족이자 통치자인 지크프리트와 디트리히 백작과 다른 귀족들을 잡아 손을 뒤로 묶고 발목엔 족쇄를 채워 배로 끌고 갔다. 그러고 나서 그 야만인들은 어느 한 곳도 빠뜨리지 않고 그 지방 전체를 약탈해 갔다.

바이킹은 몸값을 받고 포로를 풀어주기도 했다. 프랑스의 생드니 대수도원은 대수도원장을 구하기 위해 엄청난 몸값을 지불해야 했다. 그것은 일찍이 파리의 파괴를 모면하기 위해 바이킹에게 지불했던 것보다 더 큰 액수였다.

노예의 이미지

역사 이래로 사람들은 노예를 부리면서 그들을 온전한 인간으로 치부하지 않았다. 바이킹은 노예를 매우 혐오스러운 말로 묘사하며 그들을 가혹하게 취급하는 구실로 삼았다.

스칸디나비아인 노예들은 그들이 어떻게 살았건 어디서 왔건 상관없이 영원한 이방인이었다. 그들이 자신의 삶에 대해 어떻게 느꼈는지 전해오는 바는 없다. 그러나 지금까지 전해오는 북유럽 서사시나 신화edda에는 자유인들이 그들 노예에 대해 어떻게 생각했는지 보여주는 생생한 묘사가 담겨 있다.

《리그의 노래The Lay of Rig》라는 고대 시에는 리그 신이 세 곳의 가정집을 방문해 각각의 부인에게서 아들 하나씩을 얻는 이야기가 나온다. 거기서 그의 첫째 아들 트랄träl(노예라는 뜻)과 그의 가족은 흉측한 모습으로 묘사된다.

에다가 까무잡잡한 사내아이를 낳았다네
그녀는 아기에게 물을 끼얹고 트랄이라 불렀다네
검은 손톱에 얼굴은 추하도다
울퉁불퉁한 뼈마디에 굽은 등짝하며
뭉퉁한 손가락에 발은 또 어찌나 길쭉한지

트랄은 성장해서 거무스름한 발과 '매부리코'를 가진 한 소녀를 만난다. 둘은 21명의 자식을 낳았는데 모두에게 모욕적인 이름을 지어준다. 아들들에게는 귀찮은 녀석Brat, 얼간이Clod, 게으름뱅이Sluggard, 딸들에게는 추녀Clumsy-girl, 하녀Servant-girl 같은 식이었다. 이 혐오스러운 가족은 모든 노예들의 조상으로 생각되었다.

스칸디나비아 지역의 노예들도 자유인과 별반 다르지 않은 모습이었다. 물론 그 중에는 별난 용모를 가진 이들도 있었겠지만, 그 때문에 인간 이하의 존재로 치부되었다는 건 가슴 아픈 일이다. 그러나 시에서는 노예의 모습을 추하고, 불결하고, 비겁하게 묘사한 반면 자유인은 잘 생기고, 용감하고, 고상하게 그리고 있다.

모든 서사시가 노예를 혐오스럽게 묘사한 것은 아니다. 그 중에는 충실한 노예를 높이 평가하는 이야기가 나오는 것도 있다. 예를 들면, 아스가우트라는 노예를 균형 잡힌 몸을 가진 호방한 인물로 묘사한 것과 같다. '그는 노예이지만 자유인 가운데 그를 따라올 만한 이가 없다. 그리고 그는 주인을 어떻게 섬길지를 잘 알고 있다.' 이렇게 노예를 크게 칭찬했던 경우가 드물긴 하지만 전해져 오고 있다.

바이킹의 노예법

스칸디나비아에는 많은 왕국이 있었는데, 그들은 각기 노예제도에 관한 법을 가지고 있었다. 덴마크에서는 노예의 범죄에 대해 주인이 책임을 져야 했다. 만약 주인이 노예의 범행을 부인하면 자백을 받기 위해 뜨거운 인두로 노예를 고문하기도 했다. 아이슬란드의 법은 도둑질 혐의가 있는 노예의 주인에게 노예를 대신하여 선서할 것을 요구했다. 거부하면 노예를 매질하거나 팔다리를 자르거나 목을 벨 수 있었다. 그러나 때때로 그 법은 노예에게 좀 더 관용적인 경우도 있었다. 주인의 지시로 노예가 범행을 저지른 경우 대개는 노예를 석방시켰다. 어떤 노예가 다른 노예를 죽였을 경우에는 그 노예주가 죽은 노예의 주인에게 배상해야 했다. 이때 배상은 재산 피해에 대한 것이지 인명 존중 같은 것과는 전혀 관계가 없었다. 노르웨이에서는 주인이 노예를 마음대로 처분할 수 있었다. 원하면 죽일 수도 있었다.

자유

고대 그리스나 로마와 마찬가지로 스칸디나비아에서도 주인이 감사의 뜻으로 노예를 해방시키거나, 주인이 죽었을 때 노예는 자유를 얻을 수 있었다. 또한 그들에게 허용된 돈벌이로 모은 돈을 지불하고 스스로 자유를 얻을 수도 있었다. 그러나 자유인이 된 뒤에도 그들은 처음부터 자유롭게 태어난 사람들과 똑같은 권리를 누리지는 못했다. 그들은 결혼할 수도, 자기만의 가정을 꾸릴 수도 없었다. 사업을 할 수도 없었고 심지어는 재산 상속인에 대한 결정권도 갖지 못했는데, 예전의 주인이 그 상속인이 되었다.

매 장

노예는 주인이 죽은 후에 사후 세계에서도 그에게 봉사하기 위해 죽임을 당하기도 했다. 아랍의 여행가 이븐 파들란은 921년에 사망자를 실은 배에 산 사람을 순장시키는 것을 목격하고 그 장면을 기록했다.

> 족장이 죽자 그 가족이 노예들을 바라보며 "너희 중에 누가 그와 함께 죽을 테냐?" 하고 물었다. "제가 하겠습니다." 그들 중 하나가 말했다. 그러자 그들은 다른 노예소녀 둘을 붙여주어 그녀가 어디를 가든 따라다니며 시중들게 했다. 심지어는 발도 그 노예들이 씻겨주었다. 그들은 죽은 자에게 입힐 옷과 더불어 필요한 모든 것을 챙기며 그녀가 동행하기 위한 준비에 착수했다. 이 노예소녀는 매일 술을 마시며 즐겁고 쾌활하게 노래할 것이다.

사람들은 장례 준비를 했고 족장과 노예소녀가 탈 배를 마련했다. 그 배에는 음식과 술, 과일, 허브, 무기를 포함해 죽은 이에게 필요하리라 생각되는 물건들을 실었다. 그들은 또한 노예소녀가 죽음을 맞이할 채비를 시켰다. 한 통역인이 이븐 파들란에게 이 의식에 대해 설명했다.

맨 처음에 사람들이 그녀를 들어 올리자 그녀가 "보라, 내 아버지와 어머니가 보인다." 하고 말했다. 그 다음에 "보라, 죽은 나의 모든 혈족이 앉아 있는 모습이 보인다." 하고 말했다. 이어서 "보라, 나의 주인님이 천국에 앉아 있는 모습이 보인다. 천국은 푸르고 아름답다. 주인님은 그의 부하들과 남자 노예들과 함께 있다. 주인님이 함께 데려가려고 나를 부르고 있다." 하고 말했다. 그러자 사람들이 그녀를 배로 데려갔고 그녀는 차고 있던 팔찌 두 개를 풀어 '죽음의 천사'라 불리는 여자에게 건네주었다. 그 여자가 그녀를 죽일 것이다.

그 여자가 노예를 찌르고는 죽은 주인 곁에 눕혔다. 족장의 친척들이 배에 불을 붙이자 곧 불길이 배를 휘감았고 그렇게 장례는 끝이 났다. 사람들은 족장의 이름을 자작나무 조각에 새겨 표식으로 삼았지만 소녀의 이름은 그렇게 하지 않았다.

바이킹 노예제도의 종식

바이킹이 여러 싸움에서 쉽게 승리할 수 있었던 이유는 불시에 습격을 했기 때문이었다. 하지만 시간이 흐르자 도시와 마을들은 더 이상 쉽게 공략당하지 않았다. 그들은 군사력을 길러 바이킹을 격퇴할 만반의 준비를 갖췄다. 상황이 이렇게 되자 바이킹의 침략 행위도 점점 줄어들었다.

이후로도 몇백 년 동안 바이킹은 자신의 영토에서 노예제도를 계속 유지했지만 그 정도는 점점 약화되었다. 그곳에서 노예제도가 정확히 언제 그리고 왜 종식되었는지는 알 수 없지만, 전문가들은 크리스트교의 전파가 영향을 미쳤을 것이라 보고 있다. 교회가 노예에게 잘 대해줄 것과 그들에게 자유를 줄 것을 노예주들에게 권했던 것이다. 스웨덴은 크리스트교 부모를 둔 사람을 노예로 삼는 것을 1335년에 법으로 금지시켰다.

노예무역의 번성

반면 다른 나라들에서는 노예제도가 계속되었다. 이탈리아 북부 지역에서는 거의 모든 가정에서 노예를 두었다. 원래 그곳은 2백 년 동안 노예가 생활에서 별로 중요한 몫을 담당하지 않았다. 그러나 전염병이 돌면서 모든 것을 바꿔 놓기 시작했다.

흑사병, 즉 공포의 페스트가 1348년부터 1350년까지 유럽과 북아프리카, 시리아와 이라크를 휩쓸었다. 그 전염병의 확산을 목격한 사람들은 마치 세상에 종말이 오는 것처럼 느꼈다. 어떤 환자들은 거무스름하고 커다란 종기와 치솟는 열, 설사로 고생하다 극심한 고통 속에서 죽어갔다. 또 어떤 환자들은 자신이 병에 걸렸는지도 모른 채 갑자기 죽어버렸다. 시체가 넘쳐나서 더 이상 내다버릴 곳을 찾지 못하는 지경이 되었다. 마을 전체가 폐허가 되었고, 누군가 살아서 죽은 이를 묻어줄 사람이 어느 하나 남지 않게 되었다. 얼마나 많은 사람이 죽었는지 정확히 알 수 없지만, 아마도 전체 인구의 3분의 1이 넘는 7천5백만 명이 죽었을 것이라 추정되고 있다.

이탈리아의 도시 피렌체에서는 인구의 반이 사망했다. 페스트는 부유한 자와 가난한 자를 가리지 않았지만 여럿이 함께 북적거리며 살았던 가난한 사람들에게 더 큰 타격을 주었다. 부자들은 전염병으로 죽은 하인들을 대신할 사람들을 찾기 위해 무척 애를 썼다. 하지만 살아남은 사람들은 자기에게 맞는 일거리를 찾았기 때문에 하인으로 일할 사람은 그리 많지 않았다. 피렌체의 지도자들은 다른 해결책을 찾았다. 노예제도를 부활시킨 것이다.

1363년에 그들은 크리스트교도가 아닌 한에서 외국인 노예를 수입할 수 있다는 규칙을 정했다. 그리고 실제로도 노예를 수입했다. 그들은 어린 노예 특히 소녀를 선호했다. 주로 8세 정도의 어린아이들이었고 많아도 18세를 넘지 않았다.

이 그림은 1350년경 한 프랑스인이 손으로 직접 쓴 책에 삽입되어 있는데, 페스트가 가져온 비참함과 절망을 보여주고 있다. 사람들이 전염된 도시를 피해 나오면서 전염병은 더욱 확산되었다.

어린 노예들

1393년에 프란체스코 다티니라는 부유한 사업가는 이렇게 썼다. "어린 노예소녀를 살 수 있기를 간절히 바란다. 어리지만 튼튼하고 믿을 수 있는, 힘세고 일도 열심히 잘하는…… 그러면 내가 잘 키우면서 빨리 잘 가르쳐서 내 시중을 들게 할 텐데. 그저 설거지를 시키거나 오븐으로 나무와 빵을 나르게 하거나 다른 소소한 일을 시키고 싶을 뿐이다. …… 말 잘 듣고 요리 잘하고 심부름 잘하는 노예 하나가 더 있으면 좋겠다."

수입하는 노예는 주로 그리스, 러시아, 터키, 슬라브, 크레타, 아랍, 에티오피아의 아이들이었다. 그들은 마치 옷뭉치나 올리브기름통 같은 화물과 함께 짐짝처럼 배에 실렸다. 1396년에 루마니아를 출발한 어떤 배는 '순례자 의복 17뭉치, 납 191조각, 그리고 노예 80명'이라는 물표를 갖고 있었다.

고향을 떠나오는 항해 길은 아이들에게 엄청 가혹했을 것이다. 이렇게 끌려온 아이들은 제노바, 베네치아, 피사 등지의 대형 노예시장에서 도매

노예가 된 십자군

독일 소년 니콜라스는 1212년 열두 살의 나이에 수천 명의 십자군을 이끌고 예루살렘을 향해 나아갔다. 그들 대부분은 어린이였다. 같은 해에 프랑스의 열두 살 소년 스테판 역시 "하나님께 가자"며 수천 명의 어린이를 고무하여 함께 길을 나섰다. 이들은 어린이 십자군으로 알려진 원정군이었다.

이미 수만 명의 성인 크리스트교도가 네 차례나 십자군을 조직해서 서유럽을 출발하여 산을 넘고 사막을 건너 행군했지만 이슬람교도로부터 성지 예루살렘을 탈환하려는 목적을 달성하지 못했다. 어른들이 실패한 일을 어린이들이 하려고 했던 것이다.

하지만 그 끝은 비극이었다. 해적이 그들을 꾀어내어 배에 태우고는 노예로 팔아버렸던 것이다. 독일을 떠났던 어린이 중에 아주 적은 수만이 다시 집으로 돌아올 수 있었다. 많은 역사가들은 프랑스에서 스테판을 따라갔던 어린이들은 굶주리고 지쳐 왕이 명령하여 집으로 돌아갔다고 말한다. 돌아오지 못한 어린이들은 성인이 된 후에도 노예로 살아가고 있다고 말했다.

상인에게 팔렸다. 그리고 손이나 얼굴에는 노예임을 나타내는 표식이 새겨졌다. 이 과정에서 아이들이 겪었을 고통과 공포, 앞으로 벌어질 일들에 대한 불안감은 어떠했을까?

노예는 그가 어떤 종교를 갖고 있는지와 상관없이 매매되었다. 하지만 새 노예주가 데려오자마자 그들은 곧바로 교회로 이끌려갔다. 신부가 그들에게 크리스트교로 개종시키는 세례를 하고 새로운 이름을 붙여주었다. 어떤 노예주는 이런 세례식을 꺼려했다. 크리스트교도 노예를 수입하는 것을 법으로 금지했기 때문이다. 세례를 받은 노예에게는 바로 자유를 주어야만 하는가? 종교 지도자들은 그렇지 않다고 안심시켰다. 그들 중 하나는 노예에게 세례를 하는 것은 아무 의미가 없으며 "그런 자들을 세례하는 것은 황소를 세례하는 것과 같다"고 말했다.

노예상인들은 각 노예의 출생지와 용모를 설명한 판매 증서를 작성하기도 했다. 하지만 그 내용은 매우 인색해서 피렌체에 등록된 357명의 노예 목록 중에 단 한 명만이 용모가 준수하다고 기재되어 있었다. 대부분은 '펑퍼짐한 얼굴, 뭉뚝한 들창코에 얼굴은 검은 점투성이인 17세 소녀'라는 식으로 묘사하고 있다. 다만 과거에 그랬듯이 판매자는 노예의 건강과 유순한 성격 등을 보증해야 했다.

어린 노예에게는 험난한 앞날이 기다리고 있었다. 일상생활에서도 엄격한 제한이 가해졌다. 예를 들면, 자유인 여성과 소녀들은 화려한 색과 부드러운 천으로 옷을 해 입을 수 있었는데, 여자 노예들은 털실로 만든 우중충한 옷이나 검은 케이프(소매 없는 망토식의 겉옷)를 입어야 했다. 보라색이나 빨간색 계통의 옷과 비단옷, 금실로 된 벨트 같은 것들은 법으로 착용이 금지되었다. 머리에는 검은 줄무늬가 있는 아바포 수건만을 두를 수 있었고, 신발은 섬은 가죽끈을 두른 나막신만 신도록 되어 있었다.

프란체스코 다티니가 '그저 설거지를 시키거나 오븐으로 나무와 빵을 나르게 하거나 다른 소소한 일을 시키고 싶을 뿐'이라고 썼지만 그 일들이 말처럼 쉬운 것은 아니었다. 가사 일은 넘쳐날 만큼 많았고 때로는 위험하기까지 했다. 설거지물은 델 정도로 뜨거웠고, 나무는 무거웠으며, 빵 굽는 오븐 역시 너무도 뜨거워 위험했다.

노예주의 권리

공식 계약문서에서 노예상인들은 일반적으로 노예주에게 '소유하고, 잡아두고, 팔고, 양도하고, 교환하고, 즐기고, 빌려주거나 또는 마음대로 처분하거나 몸과 마음 모두를 평가할 수 있다'고 승인했다. 간단히 말해 노예주 기분 내키는 대로 무슨 일이든 할 수 있다는 것이다.

노예주는 노예들이 자주, 몹시 비참해하고 원망하는 마음을 갖고 분개한다는 점을 알았기 때문에 노예를 절대 신뢰하지 않았다. 프란체스코 다티니의 아내 마르게리타는 여자 노예를 암컷짐승이라 부르며 "당신은 절대로 그들에게 집을 맡겨서는 안 된다. 그들은 언제라도 반항하며 들고 일어날 수 있기 때문이다"라고 말했다고 한다.

노예주는 노예들이 음식에 마법의 약이나 독을 넣을까 항상 두려워했다. 그래서 법은 그런 반역행위가 의심되는 노예를 철저히 벌하라고 경고했다. 여주인에게 독을 쓴 베네치아의 한 여자 노예는 낙인을 찍히고 매질을 당한 것은 물론 코와 입술이 잘렸고, 주인의 음식에 독을 탄 베네치아의 한 남자 노예는 눈이 뽑히는 일도 있었다.

노예는 누구나 탈출하고 싶은 마음이 굴뚝같았지만 그것은 거의 불가능한 일이었다. 노예 표식은 어떻게 할 것인가? 옷은 어떻게 바꿔 입을 것인가? 도

유명화가 알브레히트 뒤러의 1521년 초상화. 한 포르투갈인이 소유했던 혼혈 노예 여성. 그녀의 이름이 카트린이라는 것만 전해지고 있다.

망은 불법이어서 도망치다 잡힌 노예는 주인의 재산을 훔친 도둑과 마찬가지로 간주되었다. 노예 역시 주인의 재산 아니던가.

운이 좋아 탈출에 성공하더라도 대체 어디로 갈 것인가? 모두가 도망노예를 잡아들이려고 혈안이 되어 있을 것이고 누군가 도움을 주려다 발각되면 무거운 벌금이나 다른 처벌을 받을 것이다. 시 당국은 다음과 같은 포고문을 발표하곤 했다.

피에로 디 다토의 소유이며, 갈색 가운과 검정 외투를 입은 베르나르디나라는 이름의 16세 노예를 붙잡았거나 보호하고 있는 자, 아니면 누군가 붙잡았거나 보호하고 있는 사실을 알고 있는 자로서, 그 노예를 앞서 말한 피에로에게 돌려주지 않거나 이 포고가 발표된 지 3일 안에 시 치안청에 그 사실을 알리지 않는 자는 그 누구라도 절도범으로 간주하여 체포할 것이며 관련법에 따라 소송이 진행될 것이다.

도망노예는 복장이나 절단된 신체 부위, 낙인, 나아가 행동 때문에 들통이 나서 거의 모두 붙잡혀 돌려보내졌다. 하지만 예외도 있었다. 유대인이 주인이되 그 자신은 크리스트교도인 노예는 교회로 피신하여 안전을 확보할 수 있었다.

노예가 자유를 얻을 수 있는 현실적인 방법은 딱 하나뿐이었다. 주인에게 선물로 받는 것이었다. 유언을 통해 노예를 해방시켜 주는 주인이 종종 있었는데, 그럼으로써 속죄할 수 있다고 믿었기 때문이었다. 프란체스코 다티니는 "하나님의 사랑으로, 이 세상에 존재하는 내 소유의 모든 노예를 풀어주어 그들이 애초에 지녔던 자유를 되돌려준다"고 유언했다고 한다.

한 불행한 노예는 해방될 예정이었지만 그 주인이 완전히 매듭을 짓지 못한 상태에서 죽어버렸다. 그가 남긴 문서에는 '선의와 염려하는 마음으로 충직하게 자신을 섬긴 점을 고려하여' 러시아 노예 마르케리타를 풀어주려고 한다고 분명히 적혀 있었다. 하지만 그가 죽자 그의 모친은 9년이 지나도록 마르게리타를 노예로 부렸음은 물론, 심지어는 그녀를 다른 가족에게 4년간 임대했다. 결국에는 "자비심에 이끌렸다"고 말하며 마르게리타를 풀어주긴 했다.

노예는 해방되더라도 계속 곤경에 처했다. 돈도 없고 특별한 기술도 없는 이들은 어쩔 수 없이 구걸을 하거나 도둑질을 하는 경우가 흔했다.

이탈리아의 노예제도는 약 600년 전부터 쇠퇴하기 시작했다. 전쟁으로 이탈리아 노예무역선의 항로가 차단되어 노예를 수입하기가 힘들어졌다. 그래도 아주 큰 부자들은 그리스와 슬라브인 지역, 아프리카 등지에서 계속 노예를 들여왔다. 그리고 이 노예들은 대개가 일보다는 신분의 상징으로 이용되는 경우가 많았다. 교회 고위 관리인 카르디날 이폴리토 데메디치는 아랍과 터키의 노예는 마부로, 아프리카 노예는 레슬링 선수로, 인도 노예는 잠수부로 이용했는데 그가 죽자 노예들은 주인의 시신을 로마로 옮겨 갔다. 자신이 살았던 곳에서 멀리 떨어진 그곳에서도 그들은 계속 노예 신분을 벗어나지 못했다. 이렇듯 큰 부자들은 1800년대까지 노예를 소유했다.

노예 아닌 노예 농노

러시아에서 노예제도는 오랫동안 유지되다가 1802년에 폐지되었고 그 대신 농노제가 들어섰다. 10세기 무렵 시작된 농노제는 프랑스, 영국, 독일, 폴란드를 포함해 유럽 전역에서 서서히 노예제를 대체해 갔다. 농노를 통제하는 법은 각 나라에서 다양하게 생겨나 세월이 지나면서 변화했다. 농노는 일반적으로 농부였는데, 대부분이 귀족인 지주의 땅에서 일하는 대가로 그들에게 지대를 바쳐야 했다. 많은 지역에서 지주는 농노와 땅을 분리해서 따로 어느 것 하나만 팔 수 없었다. 농노와 땅은 단단히 묶여 있었던 것이다.

니콜라이와 그의 아버지는 농노였다. 가축 상인이었고 부업으로 모피와 가죽, 동물 지방을 팔았다. 그들의 사업은 번창했지만 생각만큼 충분한 수입을 가져가지는 못했다. 그들의 주인 살티코프와 관리인 라구진의 요구가 너무나 컸기 때문이었다. 니콜라이의 아버지는 살티코프에게 해마다 5천 루블을 바쳐야 했다.

니콜라이는 어떤 법 조항을 발견하여 해방의 희망을 가질 수 있었다. 그 법에는 '산적에게 잡혔다가 탈출한 농노는 그의 가족 모두와 함께 해방된다'고 적혀 있었다. 니콜라이는 카프카스 산맥으로 도망쳤고 곧 산적에게 잡힌다. 그의 계획이 성공했던 것이다. 니콜라이가 잡힌 지 8개월 만에, 그가 태어난 지 43년 만에 그와 가족은 자유를 얻게 된다.

러시아인은 가죽 채찍으로 매질하여 노예와 농노를 벌했다. 긴 손잡이에 생가죽 끈을 매달아 만든 러시아 특유의 채찍인데 그 끈은 금속처럼 단단했다. 이 채찍은 맞는 사람에게 엄청난 고통을 주는데, 매질을 견디지 못하고 죽는 경우도 있었다.

J.B. le Prince del   J.B.Tilliard Sculp.

SUPPLICE DU GRAND KNOUT.

CHAPTER 4
코란의 왕국 : 이슬람의 노예제도

잔지Zanj로 불리는 아프리카 동부에서 건너온 검은 피부를 가진 사람들은 이라크에서 노예로 전락하는 신세가 되었다. 타오르는 태양 아래서 그들은 습지에서 소금 층을 제거하고, 수로를 파고, 사탕수수와 목화를 심는 등 몹시도 힘든 일을 해야 했다. 또한 지저분한 야영지에서 5백~5천 명씩 모여 살아야 했다. 그 노예들이 694년에 첫 반란을 일으켰지만 이내 진압되었다. 정열적인 지도자가 나타나 폭정에 시달리던 노예를 지도하여 다시 반란을 일으키게 한 것은 그로부터 2백 년이 지나서이다. 그 지도자의 이름은 알리 이븐 무하마드였다.

869년, 알리 이븐 무하마드가 바스라 시에 찾아왔다. 그는 노예가 아니었지만 노예들에게 땅과 돈과 심지어는 노예까지 소유할 수 있는 더 나은 삶을 약속했다. 그는 1만5천 명의 잔지 노예와 농부와 도시 하층민을 모집해 군대를 만들었다. 알리 이븐 무하마드는 예언자였을까 아니면 권력에 굶주린 자였을까? 잔지 반란이 일어난 뒤 얼마 지나지 않아 한 역사가가 그 반란에 대해 서술하면서, 그를 '가증스러운 자'라고 부르며 알라의 적으로 규정했다. 다른 연대기 작자는 잔지 반란자들이 어린아이와 노인, 여자 남자 가리지 않고 학살했으며, 어느 한 곳 남기지 않고 방화하고 파괴했다고 기록했다.

그러나 알리 이븐 무하마드는 적에게 자비를 베푼 사람으로 칭송되기도 했다. 그는 노예주를 불러 모아 이렇게 말했다고 한다. "나는 그대들이 노예에게 했던 것과 똑같이 그대들을 참수하고 싶었다. 알라께서 금하고 있는 그런 오만하고 가혹한 방식으로. 하지만 나의 동지들이 설득했기에 그대들을 그냥 보내주기로 결정했다."

이라크에서 아랍인에 대항해 반란을 일으킨 검은 피부의 잔지 노예들은 노예주들만큼 잘 무장한 것으로 보인다. 이것은 16세기의 필사본으로 인도에서 전해진 것이다.

노예주들은 알리 이븐 무하마드에게 노예들이 그를 버릴 것이라 경고하며, 노예들을 되돌려주면 사례하겠다고 제안했지만 그는 거부했다. 대신에 그는 노예들에게 이렇게 말하며 안심시켰다. "여러분 중 일부가 나를 감시하시오. 내가 조금이라도 배신하는 기색이 보인다면 나를 죽여도 좋소." 그는 잔지들에게 끝까지 신의를 지켰던 것이다.

그러나 끝내 그를 따르던 잔지와 아랍인 추종자들 상당수가 그를 배반했다. 어떤 이들은 그때부터 알리 이븐 무하마드가 예전의 노예주들과 비슷하게 행동하기 시작했다고 말한다. 재산을 약탈하여 자신의 측근과 나눠 갖고 그때까지 자신의 영향력 아래 있던 이들에게 무거운 세금을 거두어 들였다고 한다.

883년에 이슬람 종교 지도자인 칼리프의 군대가 잔지의 반란을 진압했고, 알리 이븐 무하마드는 전투 중에 사살되었다.

잔지의 반란 이후 이슬람 세계의 토지소유자들은 많은 수의 노예를 집단으로 부리지 않았다. 노예들이 집단으로 반란을 일으키기가 쉬울 것이라 우려하게 됐기 때문이다. 그로 인해 그들의 농장은 상대적으로 작은 규모가 되었고 집단으로 노예를 부리는 일은 거의 사라지게 되었다. 하지만 이 때문에 노예제도가 사라진 것은 아니었다. 이슬람 세계에서는 노예제도가 19세기까지 계속 유지되었고, 현재까지 유지되어 오는 곳도 간혹 있다.

유대교, 크리스트교, 이슬람교의 3대 세계 종교는 유일신 신앙에 기초

하고 있다. 그리고 노예제도는 유대교도, 크리스트교도, 이슬람교도들 모두에서 실행되어 왔다. 구약성서는 노예제도를 금지하지 않았지만 출애굽기에서는 이집트인이 유대인을 노예로 삼은 것에 대해서 재난으로 묘사하고 있다. 신약성서에서는 노예를 공동체의 정상적인 요소로 받아들이고 있다. 하지만 교회의 창시자 바울은 "예속도 자유도 없다"고 말하며 모든 크리스트교도는 평등하다고 가르쳤다. 예언자 마호메트는 7세기 초에 아라비아에서 이슬람교를 창시했다. 그 후 1백 년 동안 이슬람교는 시리아, 이라크, 페르시아는 물론 동쪽으로는 인도의 인더스 계곡, 서쪽으로는 아프리카 북부를 지나 스페인 남부까지 퍼져 나갔다. 유대교, 크리스트교와 마찬가지로 이슬람교 역시 노예를 일상생활의 일부분으로 받아들였다.

노예제도와 이슬람 율법

마호메트 자신도 노예를 소유하면서 노예제도를 금하지 않았지만, 신의 견지에서는 자유인과 노예가 평등하다고 가르쳤다. 그는 노예가 단순한 재산이 아니라 그들에게도 얼마간 권리가 있고 노예주는 그들을 다른 사람들과 똑같이 대해야 한다고 믿었다.

주인은 노예를 멸시하거나 얕보며 행동해서는 안 된다.
주인은 노예에게 자기 음식을 나누어주고 자기 옷 입듯이 옷을 입혀야 한다.
노예를 혹사시키거나 지나치게 벌주어서는 안 된다.
노예가 잘못을 저지른 경우에도 용서해야 한다.
노예와 사이좋게 지낼 수 없으면 다른 주인에게 노예를 팔아야 한다.
여자 노예에게 친절하게 대해야 하고 엄마에게서 어린 자식을 떨어뜨려서는 안 된다.

마호메트는 "신은 이슬람교도 노예를 해방시킨 사람을 지옥으로 보내지 않는다"고 말하며 노예주에게 노예를 풀어주라고 강조했다. 그리고 만약 노예가 자유를 원하면 주인은 노예가 자유를 살 수 있도록 허락해야 한다고 말했다. "만약 노예에게 무언가 장점이 있다면…… 노예가 그대에게 안겨주었던 신의 부를 주어라. 해방된 노예는 자신을 풀어준 주인을 존경해야 하고, 옛 주인은 해방된 노예와 그 가족이 가난을 겪지 않도록 돌봐주어야 한다."

이슬람의 율법에 따르면 노예로 삼아서는 안 되는 사람이 있었다. 부모가 노예라 출생부터 노예가 된 사람이나 지하드, 즉 이슬람교의 전파를 목적으로 하는 성스러운 전쟁에서 포로가 된 사람은 노예로 삼을 수 있었다. 그러나 이슬람교도는 다른 이슬람교도는 물론 딤미dhimmis, 즉 유대교도, 크리스트교도, 조로아스터교도를 노예로 삼을 수 없었다. 이런 신앙들 역시 이슬람교와 같은 하나의 신을 믿기 때문에 그 신자도 노예제도로부터 보호되어야 했다. 그러나 그 율법이 항상 지켜지지는 않았다.

노예제도와 이슬람 율법

이슬람 세계의 노예들은 다양한 지역에서 다양한 방법을 통해 공급되었다. 흰 피부의 노예는 스페인 북부나 중부와 동부 유럽과 아시아에서, 검은 피부의 노예는 아프리카에서 들여왔다. 일부는 바다에서 해적 약탈로 잡아오거나 또 일부는 지하드에서 포로로 잡아왔고, 나머지는 다른 약탈자나 무역 상인에게서 사왔다.

노예의 이송은 항상 위험했다. 특히나 광대한 사하라 사막을 걸어서 강제로 이동해야 하는 아프리카 노예들은 상상하기조차 힘든 고난을

이슬람 세계

유럽
슬라브 지역
중앙아시아
코카서스
흑해 ·이스탄불
그리스
스페인
터키
시칠리아
바르바리 해안
알지에
지중해
시리아
이라크
페르시아
트리폴리·
카이로 ·
·바그다드
·바스라
페르시아만
사하라 사막
[베르베르족과 베드윈족]
홍해
아라비아
오만
인도
인도양
아프리카

겪었을 것이다. 아주 오랜 옛날부터 사막의 유목민족만이 사막을 낙타를 타
고 건너는 법을 터득했다. 그러니 노예들이 사막을 건너다 가까스로 오아시
스를 만나 시원한 물을 마실 때 느꼈을 안도감은 얼마나 컸을 것인가!

사막 길은 너무도 가혹했지만 바닷길 역시 크게 다르지 않았다. 노예 중 일
부는 배를 타고 지중해를 건넌 후 아랍 지역의 해안을 타고 끌려왔다. 또 일
부는 아프리카 동부에서 홍해나 걸프만, 인도양을 거쳐 끌려왔다. 그들은 아
라비아, 이라크, 페르시아, 터키, 인도 등지에서 노예로 팔렸다. 아랍 노예무
역선의 상태는 끔찍했고 많은 이들이 항해 도중에 생을 마감했다.

지중해 해안지역을 휩쓸며 약탈을 일삼은 해적들은 화려한 옷을 입고 귀
걸이를 단 여느 해적의 모습과는 딴판이었다. 그들은 죄 없는 여행자를 희생
양으로 삼는 잔인하고 무시무시한 악당들이었다. 중세에 스페인, 시칠리아,
북아프리카에 근거지를 둔 이슬람 약탈자들은 크리스트교 왕국에서 포로
로 잡은 사람들을 지중해를 통해 끌고 갔다. 반대로 크리스트교 해적들 역
시 이슬람 해안 지역을 침입하여 그들의 적이 한 것처럼 포로를 잡아 노예로
삼거나 몸값을 받고 팔았다.

이슬람과 인종

이슬람교의 성서인 코란은 예언자 마호메트가 "하늘과 땅, 다양한 언어와 피부색을 가진 인간을 창조하신 것은 신께서 보이고자 했던 뜻이다"라고 말하며 신이 일부러 다양한 언어와 피부색으로 사람을 창조했음을 가르쳤다고 전한다. 마호메트는 알라신이 사람을 평가할 때 그가 속한 민족이나 종족 집단이 아니라 그들의 의로움에 따라 평가한다고 말했다. 사실 이슬람교 초기 마호메트의 추종자들 중에는 제2대 칼리프 우마르를 포함하여 에티오피아계 사람이나 검은 피부를 가진 이들도 있었다.

마호메트는 자신의 마지막 설법에서 "의로움을 제쳐둔다면 어떤 아랍인도 비아랍인보다, 또는 어떤 백인도 흑인보다 우선하지 않는다"고 말했다. 그런데 마호메트는 왜 이런 설법을 한 것일까? 아마도 그가 인종적, 민족적 편견의 징후에 대해 깨닫기 시작했기 때문으로 보인다. 우리는 그런 징후를 660년경의 아랍 시에서 발견할 수 있다. 예를 들어, 한 아프리카 노예 시인은 다음과 같이 썼다. '만일 내 피부가 분홍색이라면 여자들이 나를 사랑할 텐데/ 하지만 조물주는 나를 검정색으로 망쳐 놓았네.'

기진맥진하도록 걸어서 사하라 사막을 건너온 후 또는 북적북적하는 배에 몸을 싣고 비참한 항해를 견디고 난 후에 노예들은 그림에서 보듯 1840년대의 이집트 시장 같은 곳에서 팔려나갔다.

16세기부터 18세기까지 유럽과 아메리카에서 북아프리카로 끌려온 수천 명의 노예들은 긴 세월 동안 고된 노동을 해야 했다. 몸값을 주고 풀려난 노예들이 쓴 경험담은 인기 있는 읽을거리였다. 이 판화는 이국의 황량한 사막에서 낙타와 짝을 이루어 쉬고 있는 노예들의 절망에 찬 모습을 한 서양화가가 상상하여 그린 1859년 작품이다.

다수의 사람들과는 누군가가 다른 피부색과 생김새와 머리 모양을 가지고 있으면 색안경을 끼고 보며 그를 차별하기 십상이다. 또한 누군가가 거리 청소나 화물 운반처럼 사람들이 하기 싫어하는 직업을 가지고 있으면 그를 열등한 존재로 생각해 버린다.

처음에는 아랍과 지중해의 노예 대부분이 스페인, 그리스, 동유럽, 코카서스 지방, 중앙아시아에서 끌려온 백인이었다. 그러나 흑인 노예가 남쪽의 아프리카에서 이슬람 지역으로 수입되면서 아랍 문학에는 냉담한 표현이 등장하기 시작했다. 중세의 한 이집트 시인은 이렇게 썼다. '흑인 노예보다 더 혐오스럽고 볼품없으며 사악한 존재가 있기나 할까?'

인종 때문에 모든 사람들의 앞길이 가로막혔던 것은 아니다. 10세기에 이집트를 훌륭하게 다스린 통치자는 흑인이었으며 이슬람교가 지배하던 14세기의 인도에서는 몇몇 에티오피아 노예들이 통치자가 된 적도 있다. 그러나 노예시장에서는 백인 노예가 피부 빛이 검은 노예보다 더 값이 나갔다.

악명 높은 노예상인

티푸 팁은 잔지바르 섬에서 온 아프리카-아랍계 상인이었는데 악명 높은 노예상인이기도 했다. 본명은 하메드 빈 무하마드 엘 무르제비였지만, 가지고 다니는 소총 소리를 흉내내어 티푸 팁으로 불렸다. 한 크리스트교 선교사가 티푸 팁의 마차(caravan) 대열을 발견했을 때 그들은 노예들을 끌고 가고 있었는데, 그 노예들은 이미 상콩고(Upper Congo)에서부터 1,600km를 걸어온 상태였고 해안가에 닿기 위해 다시 400km를 더 걸어야 할 참이었다. 목에 쇠사슬을 채워 한 줄로 묶인 노예들은 노예상인의 채찍질로 상처투성이였고 몸은 온통 더러워져 있었다. 그들 중에는 아기를 등에 업은 여자들도 많았다.

노예의 일

드넓은 이슬람 세계에서 대부분의 노예는 경작지가 아니리 도시나 마을 안에서 일했다. 몇 세기 전의 로마에서처럼 노예가 일을 더 많이 할수록 주인은 그만큼 일을 덜 하려고 했다. 주인들은 점점 더 자신이 직접 일하는 것은 품위를 떨어뜨리는 것이라고 생각하게 되었다. 청소와 요리, 세탁, 육아, 바느질 같은 거의 모든 가사 일은 여자 노예가 맡아 했다. 대부분의 정원일과 말 사육, 경비 등의 일은 물론, 주인의 사업에 필요한 사무나 판매 업무도 능력이 되고 믿을 만하다고 생각되면 남자 노예에게 맡겼다.

연예인

음악이나 시, 춤, 미술에 재능이 있는 노예는 바그다드나 스페인의 코르도바, 아라비아의 메디나에 있는 학교로 보내졌다. 음악가 재능이 있는 여자 노예는 실내악단으로 보내졌다. 사실, 중세 이슬람 세계에서 활약한 가수, 무용수, 연주가들 가운데는 노예 출신이 매우 많았다. 이라크 태생 흑인 가수이자 작곡가이자 시인인 지르얍 Ziryab (검은 새라는 뜻)도 페르시아 노예로서 바그다드 왕궁에서 활동을 시작했고 그 후 자유를 얻었다. 놀랍도록 뛰어났던 이 음악가는 나중에 스페인으로 활동 공간을 옮겼는데, 그때 스페인인에게 아스파라거스, 사탕수수, 목화, 치약, 방취제 등과 함께 다섯 줄 류트를 선보였다.

하렘과 내시

이슬람 세계에서 규모가 가장 큰 노예 부류는 아마도 하렘 여성들일 것이다. 이슬람에서는 모두를 동등하게 대할 수 있다는 조건에서 한 남자가 네 명까지 아내를 둘 수 있었다. 또한 그 외에 다른 여자들을 첩으로 둘 수 있었다. 보통의 상인이 한두 명을 둘 수 있었던 반면에 부유한 통치자는 수천 명의 하렘 여성들을 거느릴 수 있었다. 흰 피부의 여성을 선호했지만 19세기에 들어서 백인 노예가 귀하고 비싸지자 아프리카인으로 보충했다.

하렘은 거세하여 성행위를 하지 못하는 남자인 내시들이 보호했다. 일반적으로 내시는 좀 더 신뢰할 만하다고 생각되었기 때문에 통치자의 시중을 들며 왕궁의 일을 돌보았다.

중노동

잔지 반란의 기억은 수세기 동안 집단화된 노예에 대해 지주들이 우려하게끔 만들었을 것이다. 그러나 농원이나 대규모 농장의 지주들은 매우 많은 수의 노예들에게 많은 양의 노동을 시킬 수 있기를 바랐다. 흑인 노예들은 아라비아 북동부에 있는 대추야자 농장지대에서 일했고, 사하라 사막의 오아시스에서는 대추야자와 곡물, 채소 등을 경작했으며, 모로코의 대농장에서도 고된 노동을 했다. 또한 이집트의 누비아 금광과 서부 사하라의 염전에서 목숨까지 잃어가며 위험한 작업을 해야 했다. 노예들이 5년을 넘기지 못하고 죽는다고 알려진 곳이었다. 이렇게 19세기 초까지 약 1백 년 동안 아랍인은 아프리카 동부와 잔지바르섬에서 모두 76만9천 명의 흑인 노예를 수입하여 광대한 곡물, 사탕수수, 정향나무 농장에서 일을 시켰다.

한 선교사가 1890년경 잔지바르에서 찍은 어린 노예 사진. 노예주는 이 소년에게 15kg 정도 되는 목재를 쇠사슬로 묶어 놓는 벌을 주었다. 소년이 이동하려면 목재를 머리에 이는 수밖에 없었다.

노예 군대

지난 천 년 동안 이슬람교도는 전체가 노예로 이루어진 군대를 만들었다. 이슬람교가 확산되자 칼리프들은 국경 근처 비이슬람교 지역이었던 터키, 슬라브, 베르베르와 아프리카 등지의 아이들과 청년들을 사들이거나 포로로 잡아들였다. 예를 들어, 크리스트교도 소년을 사서 이슬람교로 개종시키고는 군사기술을 가르쳐 병사나 장교가 되게 했다.

노예 군대 중에서 가장 두드러진 부대는 터키인으로 구성된 이집트의 맘루크였다. 1260년에 몽골인 침입자들이 중앙아시아에서 서쪽으로 진군해 들어오면서부터 그 부대는 생명을 다했다. 몽골인이 이란을 휩쓸고 지나와서는 바그다드를 약탈해도 속수무책이었다. 그 후 맘루크들은 이집트와 시리아의 지배계급이 되었고 250년 동안 권력을 유지했다.

오스만 제국의 노예제도

이슬람 지역의 노예들이 무슨 생각을 하고 어떻게 느꼈는지 직접 기록한 문서가 남아 있지는 않지만, 궁정의 기록은 그들에게 어떤 일이 일어났는지 많은 것을 알게 해준다. 터키에서 발흥한 오스만 제국은 당시에 큰 변화가 일고 있었는데, 서구의 사상과 전신, 철도와 같은 기술이 오스만 사회에 도입되고 영국의 영향력이 한층 강화되던 때였다. 영국은 1838년에 자국의 영토에서 노예제도를 철폐했고 다른 곳으로 전파시키기 시작했다.

그때까지 오스만 제국에서 노예소유는 합법이었다. 실제로 100명 중 5명은 노예였다. 하지만 노예는 자신이 학대받았다고 생각되면 법정을 찾아갈 수 있었고, 오스만 법정도 그들의 불만에 점점 더 귀를 기울였다. 노예들은 어떤 영국 영사나 영국 배가 도망노예에게 은신처를 제공할지, 나아가 어느 재판관이 자신들의 억울한 처지에 더 동정적일지도 알고 있었다. 다음과 같은 설명은 오스만 제국에 불어오는 변화의 바람을 잘 보여준다.

1800년대에 강력한 힘을 자랑했던 영국 해군은 국제 노예무역을 단속하기 위해 세계의 바다를 감시했다. 1884년에 제작된 이 인쇄물은 노예 무역선에서 구출한 아프리카인의 모습을 보여준다. 뒤편에 영국 선원 두 명이 보인다.

터키에서 한 아프리카 여자 노예가 자신이 구타당하고 학대받았다고 말하며 영국 영사에게 도망쳤다. 그러자 영사가 오스만 정부의 한 고관에게 호소했는데, 그 내용은 정부가 노예주에게서 그 노예를 사서 자유롭게 놓아주도록 건의하라는 것이었다.

다른 경우도 있는데, 한 아프리카 노예 가족이 트리폴리에 있는 영국 영사관에 찾아갔다. 그 가족의 주인이 노예 어머니와 아이를 팔아 배에 태워저 멀리 이스탄불로 보내려고 했던 것이다. 노예 아버지는 주인에 의해 감금되었지만 가까스로 탈출한 뒤 선창으로 가서 아내와 아이를 배에 오르기전에 탈출시켰다. 영국 부영사가 그곳 지방 정부에 청원했는데, 그 정부는 노예 가족을 풀어주었음은 물론 노예주를 감옥에 가두기까지 했다.

그때까지 오스만 터키에서는 노예제도 폐지 운동이 전혀 일어나지 않고있었다. 개혁을 선호하는 교육 받은 사람들조차 자국의 노예제도는 관대한 것이라고 변명하기에 급급했다. 하지만 이는 노예마차와 노예선에서의

노예의 수

1840년대까지 아프리카 동부의 잔지바르에서는 멀리 서쪽의 상콩고까지 이르는 드넓은 지역에서 데려온 노예를 해마다 13,000~15,000 명씩이나 수출했다. 이들은 아라비아 해를 거쳐 아랍과 페르시아로 강제 이송되었는데, 그 전체 수를 가늠하기란 쉽지 않다. 한 학자는 650~1900년까지 약 11,500,000명의 흑인 노예가 아프리카 동부 해안 지역을 거치거나 사하라 사막과 홍해를 건너왔다고 추산한다. 이 숫자는 대서양을 통해 수입된 수 약 12,000,000명과 거의 비슷한 수준이지만, 대서양을 통한 노예무역은 그보다 훨씬 짧은 기간인 16~19세기에 걸쳐 이루어졌다.

높은 사망률을 간과하는 것이었다. 영국 정부는 노예무역을 중단하라고 압력을 넣었다. 터키가 이에 동의하자 아라비아의 종교 지도자들은 노예무역의 폐지는 이슬람 율법에 반하는 것이라 말하며 격노했다. 그들은 터키에 대해 소요를 일으켰고 끝내는 오스만 정부가 자신의 결정을 철회하고 노예무역을 계속 허용하도록 만들었다.

근대 이슬람의 노예제도

19세기 말에 영국이 이집트를 점령하고 아프리카 노예 공급의 근원이었던 수단을 통치하게 되자 마침내 노예무역을 근절할 수 있었다. 19세기가 끝날 즈음에는 백인 노예가 사라졌고 흑인 노예 역시 현저하게 줄어들었다. 그러나 아랍 지역의 여행자들이 밝히고 있듯이 노예제도는 계속 존재했다. 1930년에 리비아를 방문했던 한 덴마크인 이슬람교도는 쿠프라에서 매주 목요일에 노예시장이 열렸다고 전했다. 사실 아랍 지역에서 노예제도는 제1차 세계대전과 제2차 세계대전 사이(대략 1918~1939년)에도 불법이 아니었다. 사우디아라비아에서는 1962년까지 폐지되지 않았을 뿐 아니라, 심지어는 오늘날까지 외국인 노동자가 노예 상태에 가까운 조건에서 일하고 있다.

노예제도를 마지막으로 공식 폐지한 이슬람 국가는 모리타니아이다. 1901, 1905, 1961년에 노예제도를 축소하는 법을 통과시키는 과정을 거치고 난 후의 결과였다. 2007년에 새로운 법으로 노예제도를 폐지했지만 노예를 계속 소유해도 기소되는 자는 아무도 없었다. 북수단과 남수단 사이에 벌어진 기나긴 내전 기간 동안(1983~2005년) 무장한 민병대가 사람들을 납치해 농장이나 병영에서 강제로 일을 시켰다. 이런 식의 인신약탈은 전쟁으로 피폐한 수단의 다르푸르 지역에서 계속되고 있고, 북부 지역에서는 지금도 노예들이 강제노동에 시달리고 있다.

CHAPTER 5

캐러밴, 카누, 그리고 포로 : 아프리카

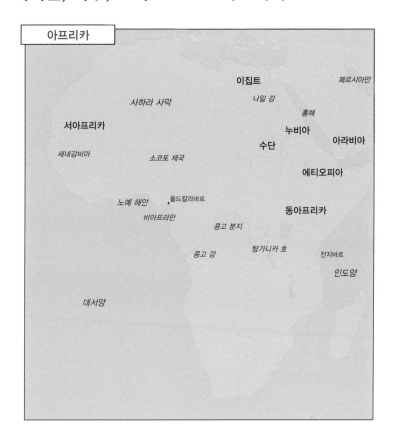

아프리카

이집트
페르시아만
사하라 사막
나일 강
서아프리카
홍해
누비아
아라비아
세네감비아
소코토 제국
수단
에티오피아
노예 해안
올드칼라바르
동아프리카
비아프라만
콩고 분지
콩고 강
탕가니카 호
잔지바르
인도양
대서양

노예제도의 실상

노예제도는 아프리카에서 먼저 시작되었다. 하지만 아프리카 사회에서는 역사 기록을 남기지 않았기 때문에 그에 대한 상을 그리는 것은 수수께끼 풀이나 퍼즐 맞추기와도 같은 작업이다. 도자기 조각이나 동전, 금을 비롯한 금속, 의복 조각, 건물의 잔해, 여행가의 기록 같은 것에서 실마리를 찾을 수밖에 없기 때문이다.

9세기 말에 활동했던 아랍의 지리학자 알 야쿠비는 아프리카에서 벌어진 노예무역에 대해 매우 앞선 기록을 남겼다. 그는 "흑인의 왕이 자기 마음 내키는 대로 전쟁을 치르거나, 전쟁을 치르고 난 결과로 백성들을 팔았다고 들었다"고 썼다.

오랜 기간 동안 아프리카인은 노예를 얻기 위해 이웃 지역을 습격했고, 거기에 참가한 약탈자들은 영웅으로 대접받았다. 다음의 옛 노래는 중앙아프리카에 있던 한 왕국의 통치자가 적의 전사를 내쫓고 그의 추종자들을 포로로 만든 일을 칭송하고 있다.

다시 또 다시 당신은 그를 도망치게 만들었다

그는 어쩔 수 없이 파피루스 뗏목에 오를 수밖에……

당신은 [그의 추종자 중에] 천 명을 노예로 잡아들였고

그들을 바기르미 평원으로 데려가 흩어놓았다

당신은 전투의 첫 성과로 가장 좋은 것들을 취했다[그리고 집으로 보냈다]

엄마를 부르며 우는 아이들에게서 그들을 뺏어왔다

노예에게서 노예 아내를 빼앗아

그들을 서로에게서 멀리 떨어져 살게 했다

북아프리카 해안 지역 출신의 이슬람교도로서 1325~1354년에 걸쳐 세계를 여행한 이븐 바투타 역시 아프리카의 노예제도에 대해 기록했다. 그는 자신의 책 《여행기》에서 유럽인이 발 딛기 전에 아프리카에서 실행되고 있던 노예제도에 대해서 넌지시 설명했다.

그는 사하라 사막에 있는 한 오아시스 타카다에서 상인들이 "누가 더 노예와 하인을 많이 가지고 있는지 서로 경합했다"고 썼다. 또한 노예들이 구리광산에서 캔 광석을 집으로 가져가 녹였다고 전하고 있다. 구리는 화폐로 주조

되고 그것으로 고기와 땔감, 그리고 노예를 샀다고 했다. 그리고 이곳 노예들에 대해 비꼬는 듯한 칭찬을 하기도 했다. "이 지역에서는 아름다운 여자 노예들과 거세된 남자, 두꺼운 직물들이 팔려나간다." 이븐 바투타는 여자 노예 6백 명을 거느린 캐러밴caravan 행렬과 함께 타카다를 떠났다.

지역적 차이

아프리카 노예의 삶은 어떠했을까? 노예들의 삶은 지역에 따라 달랐다. 사하라 사막에서 낙타를 타는 유목민은 불운한 포로들을 사막을 건너 이송시키는 캐러밴 행렬에서 보초를 서게 하거나 사막의 오아시스에서 대추야자를 경작시킬 때 말고는 노예를 거의 이용하지 않았다. 동아프리카 대호수 주변의 고지대나 사하라 사막 남쪽의 풀이 많은 사바나 지대처럼 더욱 비옥한 지역에서는 여자 노예들이 땅을 개간했다. 서아프리카에서는 노예들이 금광에서 일했다. 그보다 좀 더 북쪽에 있는 노예들이 모여 사는 마을에서는 송가이 왕국Songhay kingdom의 군대를 먹일 식량을 생산했다.

콩고 강의 줄기들을 따라서는 금속 상품의 무역망이 번창했기 때문에 노예가 별로 필요치 않았다. 남아프리카에서는 농경·목축을 주업으로 삼았기에 족장이 있고 노예를 부리던 츠와나족과 수렵·채취를 주업으로 하여 노예계급을 둘 만한 인구가 없던 산족이 오랫동안 경쟁관계에 있었다. 츠와나족은 산족의 아이들을 잡아다가 그 부모가 몸값으로 소를 지불하지 않으면 종으로 부렸다.

노예노동

아프리카의 일부 집단에서는 가족의 일원으로서 일도 함께 하고 식사도 같이 하는 노예를 몇몇 두는 가정도 있었다. 그렇게 지내다가 그 노예의 아이를 더 이상 노예가 아닌 집단의 일원으로 받아들이는 경우도 있었다.

좀 더 규모가 큰 어떤 공동체들은 인구 4명 중 3명이 노예였는데 그들의 삶은 많이 달랐다. 그 노예들은 공동체 영역 안에 있는 노예마을(어떤 곳은 노예족장도 있었다)에서 살면서 집단으로 일했고, 주인과는 함께 식사를 하거나 일을 하지 않았다. 어떤 지역에서는 땅주인과 노동자 관계를 맺어 생산물을 세금으로 지불하는 소작제도를 발전시키기도 했다.

19세기 초에 소코토 제국에서는 노예에게 아내를 짝지어 주고 수확하기 전까지 식량을 대주는 주인도 있었다. 또한 노예가 한 주에 5일 동안 아침부터 점심때까지 일하고 나면 그 이후 시간은 자기 경작지에서 자유롭게 일할 수 있었다. 수확기에는 주인이 곡식을 덤으로 주었다. 건조기에는 노예가 주인을 위해 집을 수리하거나 울타리를 손보거나 심지어는 적대 관계에 있는 마을을 습격하기도 했다.

노예가 통치자의 군대에 병사로 소속되던 아프리카 일부 지역에서는 뛰어난 노예병사가 장교나 정부 행정관, 무역 대리인, 나아가 외교관으로 임명되기도 했다. 통치자는 과시를 위해 엄청난 수의 노예를 거느리기도 했다. 더 많은 노예를 거느릴수록 더 부유하고 강력하다고 믿었기 때문이다.

제물로 바쳐지는 노예

10세기에 노예소녀를 순장의 제물로 바치는 바이킹 노예주를 목격한 아랍 여행가처럼 한 포르투갈 항해자도 5백 년 전에 세네감비아(오늘날의 세네갈과 감비아)에서 노예를 제물로 희생시키는 장면을 기록했다. 19세기 후반까지 해방된 노예들은 그 희생양이 될까 두려워했던 경험을 기록하기도 했다.

음사툴루아 음와시테테 Msatulwa Mwachitete 는 어린 시절인 1891년 동아프리카에서 포로가 되었다. 그는 몇 년 후 탄자니아에서 한 크리스트교 선교사에게 자신의 이야기를 들려주며 대신 기록하게 했다.

어린 남자로서 음사툴루아는 족장의 누이를 위한 호위 겸 집사 역할을 했다. 그는 잘 먹고 대우도 좋았지만 집으로 돌아가기를 갈망했다. 그는 도망칠 궁리를 하면서도 그곳에서 노예로 살고 있는 동생이 족장의 제물로 희생될까봐 걱정이 되었다. 그는 동생에게 함께 탈출하자고 청했다.

　나는 생각했다. '우리 두 형제는 노예로 이 나라에서 외롭게 살고 있다. 형제들과 남매들, 친척들은 모두 팔렸다. 그들 중 몇몇은 족장의 조상 묘에 제물로 바쳐졌다. 우리가 왜 이곳에 머무른단 말인가?' 그리고 또 생각했다. '언젠가 족장은 죽을 것이고 저들은 우리를 죽여 그와 함께 묻을 것이다. 이곳엔 다른 노예가 없기 때문에 우리가 희생될 것이다. 우리만 남아 있지 않은가.'
　그것은 관습이었다. 족장이 죽으면 다른 사람 4명을 그와 함께 묻었다. 그보다 연장자 한 명, 아내들 중 한 명, 남녀 노예 하나씩 모두 두 명. 그들을 목 졸라 죽인 뒤 목을 베어 무덤에 피를 쏟을 것이다. 그러곤 모두를 족장과 함께 그 무덤 안에 묻을 것이다. 족장의 몸은 아내의 무릎 위에 앉히고 아내의 팔로 그 몸을 안게 할 것이다. 그들은 어둠의 나라에서 족장을 돌보며 시중을 들 것이다. …… 그뿐 아니라 다른 희생자도 생길 것이다. 새 족장이 생기면 죽은 족장의 무덤에 찾아가서 기도를 할 것이고 이때 남자 하나가 더 희생될 것이다. 그는 무덤에서 양이나 황소처럼 죽임을 당할 것이다. 조상을 위해 제물로 바쳐지는 것이다.

마침내 그는 운 좋게도 한 캐러밴 대열에서 삼촌을 만날 수 있었다. 기다리던 기회가 온 것이다! 그는 동생이 함께 탈출할 것이라 확신했다. 그리고 그들은 밤에 탈출을 시도하여 포로로 잡힌 지 9년 반 만에 고향으로 돌아갈 수 있었다.

이 나무로 만든 조각은 아프리카 남자의 장례식에 이용한 것인데, 유럽풍의 모자와 재킷, 부싯돌 총을 지니고 있는 것으로 보아 남자는 무역에 크게 성공한 것처럼 보인다.

유럽인이 발을 디딘 후

아프리카 노예들은 때로 유럽으로 팔려나갔다. 페스트가 휩쓴 뒤 이탈리아를 예로 들 수 있지만, 유럽에서 노예무역은 아마도 포르투갈인이 처음 시작했을 것으로 생각된다. 1400년대에 항해가 헨리 왕자는 포르투갈인을 보내 아프리카 서부 해안을 탐색했을 때 노예무역이 활발하게 벌어지고 있음을 알게 되었다. 헨리가 보낸 선장 가운데 하나는 세네감비아 지역을 지배하는 어떤 왕에 대해 다음과 같이 보고했다.

그는 스스로 소유하거나 이웃 나라에 보낼 많은 노예를 약탈하는 것으로 권력을 지탱하고 있었다. 이 노예들에게 자기 땅을 경작하게 시켰을 뿐 아니라 사하라 지역의 이슬람 상인들에게 말이나 다른 물품을 받고 팔았다. 노예들을 크리스트교도에게도 팔았는데, 그들이 이제 막 흑인을 노예로 사들이기 시작했기 때문이었다.

1448년 포르투갈인은 아프리카 상인에게 말과 은, 비단, 또는 말리와 송가이 족장들이나 다른 지역의 왕국들이 갈망하는 물품들을 주고 천 명의 노예를 사들였다.

16세기는 유럽인에게 대탐험의 시대였다. 네덜란드인, 영국인, 프랑스인은 포르투갈의 뒤를 이어 아프리카로 갔고, 더 나중에는 대서양을 건넜다. 그들은 계속 새로운 지도를 그려나갔고, 금이나 은, 설탕, 담배, 쌀 같은 산물을 통해 막대한 부를 획득했다.

그들 역시 그런 부를 획득하기 위해서는 노예가 필요했다. 노예무역과 약탈이 이미 아프리카에 있었기 때문에 유럽인은 자신들이 원하는 다양한 노예들을 손에 넣을 수 있었다.

비아프라 만(오늘날 나이지리아에 속해 있는 서아프리카의 거대한 만)에 있는 올드칼라바르Old Calabar 항구는 많은 무역 중심지 가운데 하나였다. 올드칼라바르 상인들은 크로스 강Cross River에서 노예무역을 통제했다. 강어귀에 다다른 유럽인의 배는 멈춰 서서 대포를 쐈다. 그리고 유럽인이 세금을 지불하면 원주민의 통나무배가 와서 상류로 안내했다. 그러면 아프리카인이 곧 한 무리의 통나무배를 보내 인간화물을 가져오게 한다.

강기슭을 따라 작은 마을들이 흩어져 있어 인간 사냥꾼의 작업은 손쉽게 이루어졌다. 노예들이 2, 30명의 포로를 통나무배에 태우면 그들의 팔을 뒤로 하여 작은 나뭇가지와 풀로 엮은 줄로 묶었다. 이윽고 통나무배들이 하류에 다다르면 아프리카 사람들은 포로들을 그들의 거처로 끌고 가서 음식을 먹이고 건강하게 보이기 위해 몸에 기름을 발랐다. 그런 다음 유럽인을 부르면 그들은 노예들의 상태를 검사한 뒤 자신들의 배로 데려가 아메리카를 향해 떠났다. 노예상인들은 아내로부터 남편을, 부모의 품안에서 아이들을 생이별시키는 것에 전혀 개의치 않았다.

아프리카 상인들은 유럽의 물품을 대가로 지불받았다. 그 중에는 머스킷총도 있었는데, 이것이 끊임없는 악행의 시발점이었다. 아프리카인이 총을 더 많이 소유할수록 여러 마을을 더 쉽게 약탈할 수 있었다. 더 많은 노예를 잡아올수록 더 많은 총을 구할 수 있었다. 올드칼라바르에서 잡아간 노예 수는 1700~1750년 동안 10년마다 두 배씩 늘었다. 노예상인들은 거대한 부를 획득했고 더욱 강력해졌다.

노예무역이 번창함에 따라 그들 사회는 비극적으로 변했다. 유럽인이 오기 전에는 노인이나 일족의 어른이 공동체의 지도자였다. 하지

긴 그림자

크로스 강 지역에서 잡힌 노예들이 모두 대서양을 건너 팔려갔던 건 아니다. 그들 중 일부는 아프리카에서 노예로 일했다. 오늘날 그곳 사람들은 과거에 사용했던 '노예'란 말을 사용하길 꺼린다. 하지만 기억은 오래가는 법이다. 그들은 누가 자유인의 후손이고 누가 노예의 후손인지 안다. 과거에 노예들은 공동체 영역의 변두리에 있는 노예마을에서 거주했는데, 오늘날에도 노예의 후손들은 따로 떨어진 공동체를 이뤄 살아가고 있다. 그들은 주요인물의 장례식에서 거행되는 의식인 에토코비 춤(Etokobi dance)에 참석하지 못한다. 또한 새로운 족장을 뽑을 때 관례적으로 노예의 후손들은 배제되었다.

만 그때부터는 연장자의 전통적 지혜보다 돈이 더 가치 있는 것이 되었고 부유한 자나 통나무배의 우두머리가 지도자가 되었다. 대개는 그들이 노예를 소유했다. 이렇게 전통적인 사회질서는 무너졌다.

더욱 심각한 변화도 있었다. 부족 간의 전쟁이 더욱 빈번해졌던 것이다. 1760년대에 노예의 공급이 한계에 다다르던 올드칼라바르 지역에서 대립관계에 있던 두 부족이 노예무역의 주도권을 둘러싸고 경쟁했다. 그중 한 부족에게 호의를 갖고 있던 영국인들이 두 부족 사이에서 전쟁을 촉발시켰다. 승리한 부족이 강 주변에서의 노예무역을 장악했고 노예사냥은 다시 시작되었다.

올드칼라바르에서 벌어진 일들은 아프리카 대륙 전역에서 반복되었다. 1450~1900년까지 노예무역이 아프리카의 노동력을 강탈해 갔는데, 전쟁과 인신약탈이 급증하면서 적어도 1천2백만 명이 배에 실려 아메리카로 끌려갔다.

통나무배에 실려 끌려가는 이들은 1880년대 콩고에서 벌어진 인신약탈의 희생자였다.

끈질기게 이어진 노예무역

19세기 초에 이르러 영국과 미국에서는 노예무역이 사라졌는데도 왜 아프리카에서는 노예제도가 끝나지 않았을까? 그 이유 중 하나는 유럽인이 점점 더 땅콩과 비누 제작에 이용되는 팜유 같은 아프리카 산물을 원했기 때문이다. 그것들을 생산하기 위해 아프리카에서는 더 많은 노예노동이 필요해졌다. 게다가 노예무역으로 부유해진 나라들이 노예무역이 사라지자 쇠퇴하기 시작했다. 그들에게는 재앙과도 같은 일이었다. 서아프리카의 이슬람 농부와 목축업자 집단은 지하드를 선포했고 군대를 구성해 약해진 나라들을 하나하나 정복해 나갔다. 그래서 19세기가 끝나갈 무렵에는 이슬람 종교 지도자 칼리프의 영토인 소코토(오늘날 나이지리아의 영토)는 근대 역사상 가장 큰 노예 집단을 가진 곳이 되었다. 노예의 수는 약 250만 명이나 되었다.

많은 콩고 노동자들은 고무 수확에서 벨기에 고무회사가 정해준 할당량을 채우지 못하면 잔인하게 처벌받았다. 몰라(사진 왼쪽)의 손은 너무도 꽉 묶였기 때문에 괴저에 걸려 두 손을 잃어버렸다. 요카는 한쪽 손을 벌로 잘렸다.

대서양 노예무역에 직접 관련되었던 곳 말고도 아프리카 곳곳에서 노예제도가 유지되었다. 아프리카 대륙의 반대편인 에티오피아에서도 19세기 전체에 걸쳐 노예제도가 실행되었다. 노예 가격이 낮을 때에는 북부 지역의 가난한 농부도 노예를 부리며 농사를 지을 수 있었다. 남아프리카에서는 츠와나족이 적대 부족인 산족 사람들을 백인 개척자들에게 팔아 농장 일을 시키도록 했다. 산족의 미천한 지위는 20세기까지 계속되었다.

인신약탈은 아프리카 전역을 피폐하게 만들었다. 탕가니카 남단 지역은, 1888년에 한 여행가가 썼듯이, 한때 '크고 번성하는 마을들이 들어선' 곳에서 '사람이 하나도 살지 않는, 불에 탄 집들과 삭은 뼈만 나뒹구는 황무지로 바뀌었다.

레오폴드 왕의 노예왕국

벨기에 왕 레오폴드 2세는 아프리카에 식민지가 있어서 자신에게 거대한 부를 가져다주길 원했다. 그러나 유럽과 미국에서는 노예제도를 매우 강하게 반대하는 여론이 우세했고, 크리스트교 선교사를 통해 벨기에가 아프리카의 노예무역을 종식시킬 수 있도록 유럽의 강대국을 납득시키기에 이르렀다.

그는 일단 자신이 콩고의 '통치자이자 보호자'로 인식되도록 태도를 바꿨다. 그리고 곧 상아와 고무로 돈을 번 콩고의 부자들을 이용하여 콩고인을 노예로 만들어 자신의 주머니를 가득 채웠다. 레오폴드는 그의 왕국을 콩고자유국으로 불렀지만 사실과는 완전히 달랐다. 그는 교역소에 개인적인 회사를 차리고 원주민이 생선과 고기, 채소를 공급하도록 만들었다. 무장한 백인이 아프리카의 마을을 포위한 뒤 여자와 아이들을 인질로 잡고는 남자들이 숲으로 가서 고무를 수확해 오도록 시켰던 것이다. 거부하거나 할당량을 채우지 못한 자는 구타당하거나 심지어는 손을 잘렸다. 비협조적인 마을은 불태워졌다. 한 평가에 따르면, 1885~1908년 사이에 콩고 인구의 반이 살해당하거나 질병과 영양부족으로, 또는 일을 하다가 죽었다고 한다.

식민지 만들기

유럽인은 처음에는 아프리카가 가진 풍부한 산물에 끌렸고 19세기 중반 이후에 본격적으로 진출하기 시작했다. 식민지 건설의 시대가 시작된 것이다. 비록 많은 이들이 노예제도에 반대했지만, 식민주의자들은 노예와 노예무역에 의지해 왔던 전통적 생활 방식에 간섭함으로써 그 지역 사람들을 화나게 할까 봐 염려했다. 식민주의자들과 그들의 아프리카 협력자들은 종종 힘을 합쳤다. 예를 들면, 1848년 프랑스는 노예제도를 폐지함으로써 프랑스의 식민지인 생루이St-Louis 섬과 고레Goree 섬의 노예들이 자유를 얻을 수 있었다. 그러나 그곳 식민정부는 해방된 이들이 새 삶을 살게 돕기보다는 현재의 세네갈 본토로 추방하여 떠돌이로 만들어 버렸다.

오늘날 아프리카에서 노예제도가 더 이상 합법이 아니지만 아직도 너무나 많은 사람이 자신의 노예 경험을 이야기해야 할 처지에 놓여 있다. 아프리카 노예제도에 대한 긴 이야기는 아직도 끝나지 않은 것이다.

70

CHAPTER 6

탐험가, 노동자, 전사, 추장들 : 아메리카

크리스토퍼 콜럼버스는 '인도'로 향하는 서쪽 항로를 개척하기 위해 1492
년에 항해에 나섰다. 인도는 유럽에서는 귀한 향료와 금이 풍부했을 뿐
아니라 엄청난 부의 원천이기도 했다. 하지만 콜럼버스는 인도가 아니라
플로리다에서 가까운 바하마 제도에 상륙했다. 대부분의 유럽인이 알지
못했던 곳에 착오로 발을 들여놓게 되었던 것이다.

　콜럼버스와 선원들이 해안에 상륙했을 때 유럽인과 원주민 모두는 서
로 놀랐다. 콜럼버스는 일지에 그때 받은 인상을 기록했다. 그가 북아메
리카인의 행동을 정확하게 전달했는지 우리로서는 알 수 없지만, 원주민
들은 바지pantaloon와 더블릿(르네상스 시대에 입은 몸에 밀착하는 남자용 윗옷)
을 입은 흰 피부의 사람을 한 번도 본 적이 없기에 그들이 저승에서 온 사

콜럼버스는 원주민을 인디언이라 불렀
다. 그곳이 인도라고 생각했기 때문이
다. 싸구려 장신구를 주는 장면을 화가
가 상상하여 그린 그림이다.

원주민은 유럽인의 무기보다는 그들이 가지고 들어온 질병으로 훨씬 더 많이 죽었다. 당시 유럽에서는 천연두가 흔한 질병이었기 때문에, 유럽인들은 천연두에 대한 면역력이 있었다. 하지만 아메리카에서는 스페인인이 상륙하기 전까지 그 병의 존재조차 알지 못했다. 많은 역사가들은 1494~1496년까지 히스파니올라의 타이노족 대부분이 천연두로 목숨을 잃었다고 믿고 있다. 콜럼버스가 처음 상륙했을 때 그곳에 타이노족이 몇 명이나 있었는지 정확하는 알 수 없지만, 대략 50만 명으로 알려져 있다. 그런데 1540년에 겨우 500명이 살아남았다. 또 멕시코의 아즈텍에서는 인구의 절반 가량이, 남아메리카의 잉카에서도 많은 사람이 천연두로 죽었다. 천연두 이외의 다른 질병(티푸스, 유행성 감기인 인플루엔자)도 남북 아메리카를 온통 휩쓸며 원주민을 공격했다.

람처럼 보는 것 같았다고 썼다. 또 스페인 사람들이 배를 타고 나타났음에도 원주민은 그들이 하늘에서 내려왔다고 생각했다고 썼다. 원주민의 말을 알아들을 수 없었을 텐데도 콜럼버스는 그들이 "자! 봐라! 하늘에서 내려온 사람늘이다!" 하고 외쳤다고 단언했던 것이다.

원주민 역시 유럽인에게 꽤나 이색적으로 보였을 것이다. 콜럼버스는 그들이 '식물 잎사귀나 직접 만든 면사 그물로 한 곳만 가린 몇몇 여자를 빼고는, 남자든 여자든 엄마가 아기를 출산했을 때처럼 벌거벗고 있었다'고 썼다. 그는 원주민이 친절하고 인심이 좋았으며 자신들을 반갑게 맞이했다고 묘사했다. "그래서 아이건 어른이건 한 사람도 뒤편에서 어정거리지 않았고, 모두들 무언가 음식을 가지고 와서는 믿기지 않을 정도로 친절하게 건네주었다."

콜럼버스가 아메리카 원주민에 대해 감탄하기는 했지만 그가 찾아갔던 곳, 즉 북쪽 끝 바하마에서 남쪽 카리브해를 거쳐 온두라스와 파나마까지 그곳에서 만난 모든 사람들을 노예로 삼을 수 있을 거라고 생각했다. 원주민의 수는 유럽인보다 훨씬 많았지만 콜럼버스는 그들을 쉽게 잡아들일 수 있다고 생각했다. 그와 선원들은 총과 철로 만든 칼을 지녔지만 원주민은 그렇지 않았기 때문이다.

1494년에 콜럼버스는 스페인의 페르디난트 왕과 이사벨라 여왕에게 다음과 같은 편지를 썼다.

'전하께서 하명만 하시면 언제라도 저들(원주민)을 카스티야로 데려가거나 이곳 섬에 잡아둘 수 있습니다. 50인의 남자들 모두를 제압해서 원하는 것은 무엇이든 하게 시킬 수 있도록 말입니다.'

국왕 부부는 콜럼버스에게 노예에 의존하지 말 것을 지시했다. 그러나 콜럼버스에게는 노예들이 스페인으로 보낼 수 있는 가장 귀한 것이었다. 1495년 그는 히스파니올라(오늘날 도미니카 공화국과 아이티)에서 타이노족 약 1,600명을 잡아 그 중 500명의 남녀를 판매를 목적으로 함께 데리고 스페인으로 갔다. 그리고 나머지는 그곳에 머무르는 스페인인에게 노예로 취하도록 조치했다.

잡혀간 원주민은 항해 중에 끔찍한 고통을 겪었고, 스페인에 도착했을 때는 겨우 300명만이 살아남았으며, 그 중 반은 병에 걸렸다. 생존자들은 세비야에서 노예로 팔렸지만, 그 중 대부분은 얼마 가지 않아 목숨을 잃었다.

콜럼버스는 노예를 소유했지만 노예제도를 아메리카에 보급한 것은 아니었다. 이미 그곳에는 노예가 있었다. 콜럼버스가 '인디언'이라고 호칭했던 사람들은 단일한 민족이 아니었다. 북아메리카의 최북단에서 남아메리카의 최남단까지, 그리고 대륙의 동쪽 끝에서 서쪽 끝까지 다양한 언어와 종교, 신체 특성, 생활방식을 가진 사람들이 살고 있었다. 콜럼버스가 상륙한 시기의 몇 백 년 전후로 그들은 이미 서로를 잡아 노예로 부리고 있었다.

브라질 투피남바족

지금의 브라질 지역에 살던 투피남바족에게도 노예제도와 산 사람을 제물로 바치는 관습이 있었다. 중앙 광장을 둘러싸고 지은 커다란 초가집은 200백 명을 수용할 수 있었는데, 그곳에는 가족과 친척들, 전쟁에서 잡아온 노예들의 우두머리를 위한 특별한 장소가 있었다. 노예는 주인의 집에서 함께 살았지만 투피남바족은 언제나 그들을 이방인으로 생각했다. 오랜 세월 주인과 함께 살았던 노예더라도 결국 자신이 어떻게 될지 알고 있었다. 끔찍한 종교의식에 따른 죽음이었다.

그날이 오기 전까지 투피남바족은 노예를 건강하고 즐겁게 살도록 돌봐주었다. 남자에게는 아내를 짝지어 주기까지 했다. 반면에 아주 잔인한 행동을 하기도 했다. 노예의 목에 줄을 묶고 그가 죽어야 할 때까지 남은 달수만큼의 구슬을 꿰어놓았던 것이다.

산 사람을 제물로 바치는 의식은 며칠 동안 계속되었다. 첫날은 노예들을 도망치도록 풀어주는 유희를 즐겼다. 하지만 거의 예외 없이 모든 노예를 다시 잡아들였고, 춤을 추고 노래를 부르며 정성스럽게 의식을 거행했다. 노예를 치장시킨 다음 투피남바족 한 명을 골라 노예를 몽둥이로 때려죽이게 했다. 그런 다음 몸을 여러 조각으로 잘라내 구워서 그 살을 먹었다. 희생자의 머리는 장대에 꽂아 세워두었다.

아즈텍인

아즈텍인은 강력한 제국을 건설하여 14~16세기에 걸쳐 멕시코의 중앙과 남부 지역을 통치했다. 주민들은 귀족, 평민, 노예의 세 계급으로 나뉘었는데, 노예는 오늘날 멕시코시티 근처에 있던 시장에서 사고 팔렸다. 이 나라에서는 노예 신분이 세습되지 않았고 중간에 자유를 얻는 노예도 많았다. 노예의 아이는 자유인으로 태어났다.

아즈텍인은 빚을 갚기 위해 몸을 팔아 노예가 된 이들에게만 적용되는 엄격한 법을 갖고 있었다. 만약 이런 노예에게 불만이 있어 팔려고 하는 주인은 노예에게 승낙을 구해야 했다. 그러나 노예가 잘못된 행동을 해서 꾸짖었지만 행동을 고치지 않고, 그런 정황을 본 목격자가 있으면 주인은 그 노예를 팔 수 있었다. 만약 노예가 세 번 팔리면 그 마지막 주인은 노예를 제물용으로 팔 수 있었다.

아즈텍인에게 가장 중요한 신은 태양신 우이칠로포크틀리였다. 그들은 태양신이 아침을 불러오기 위해서는 피를 바쳐야 한다고 믿었다. 제물로 바치는 노예는 주로 남자였는데, 빚을 지거나 다른 지역에서 온 이들이었다.

토템 폴(Totem Pole) 의 사람들

알래스카에서 캘리포니아 북부에 이르는 북아메리카의 서북부 해안에서 살아가던 몇몇 종족은 서로 자주 전쟁을 했다. 알래스카 남동부의 틀링깃족과 퀸샬롯 섬의 하이다족은 서로를 습격하여 여자와 아이들을 잡아갔다. 누트카족은 지금의 밴쿠버 주변에 사는 부족민을 서로 싸우게 부추겨 그 생존자를 사들일 수 있었다. 단지 누트카 왕과 추장들만이 노예를 소유할 수 있었다. 유럽인이 한 추장에게 영국에 가고 싶냐고 묻자 그는 아니라고 대답했다. "나는 나를 위해 사냥을 하고 내 배의 노를 젓는 노예가 있고 내 시중을 드는 아내가 있다. 내가 왜 떠날 생각을 하겠는가?" 영국에서 그는 일을 해야 했을 것이다.

북서부 지역에서 노예주는 노예장사를 했다. 그래서 많은 이들이 고향 멀리 떠나야만 했다. 어떤 노예의 친척은 그를 되사올 수 있었다. 하지만 몸값이 비쌀 뿐 아니라 가족 구성원이 노예가 되었던 사실에 수치심을 느

커다란 계단식 피라미드 꼭대기에서 한 아즈텍 사제가 산 사람의 심장을 도려내고 있다. 대부분이 노예일 것으로 추정되는데, 그들은 우이칠로포크틀리 신에게 제물로 바쳐졌다.

존 주이트는 20년 동안 대장장이 일을 해온, 모험을 즐기는 영국인이었다. 그는 대형범선에서 일하는 것이 훨씬 더 흥미진진할 것이라 생각하고 무역선인 보스턴 호에 올랐다가 상상하기 힘든 큰 모험을 하게 되었다.

1803년에 밴쿠버 섬 옆에 있는 누트카 만에 배가 정박했을 때였다. 그곳의 원주민인 누트카족 사람들과 그들의 왕 마키나는 선원들에게 호의적이었다. 하지만 열흘째가 되던 날, 누트카족은 배를 공격하여 주이트와 돛 수선 담당인 존 톰슨을 빼고 모두 죽였다. 나중에 주이트는 다음과 같이 기록했다.

'너무도 무시무시한 광경이었다. 벌거벗은 야만인 여섯이 살해된 동료들의 피를 묻힌 채 손에는 단검을 곧추 들고서 나를 빙 둘러싸고 공격하려 했다. 마지막 순간이 이렇게 찾아왔구나 생각하며 하나님께 내 영혼을 의탁했다.'

마키나는 협상을 제안했다. 만일 자기 노예가 된다면 주이트와 톰슨의 생명을 살려 주겠다 했다. 자신을 위해 전쟁에 나가 싸우고 총을 수리하고 단검과 칼을 만들라는 이야기였다. 그들은 선뜻 동의했다.

그 둘은 50명이 넘는 마키나의 남녀 노예들과 함께 있게 되었다. 그 노예들은 주인의 집에서 함께 살면서 항상 친절히 대우받고 그들의 주인과 같은 음식을 먹으며 잘 지낼 수 있었다. 그러나 물 길어오기, 나무베기 등의 머슴 일을 그럭저럭 하는 것을 넘어 때때로 힘든

껴 친척이 그를 되사오는 것을 바라지 않는 경우도 종종 있었다.

노예들은 남자건 여자건 주인의 집에서 사는 경우가 많았고, 일도 자유인이 하는 것과 같은 일을 했다. 물을 길어오고, 땔감을 모아오고, 옷을 짓고 세탁을 하고, 배를 민들고 노를 젓고, 사냥과 낚시를 했다. 그러나 제물로 희생될 것이라는 두려움은 항상 떠나지 않았다.

산 사람을 제물로 바치는 의식 중 대표적인 것은 포틀래치였다. 포틀래치는 '선물하기'란 뜻을 가지고 있는데, 추장이 자신의 권력과 부를 과시하기 위해 다른 추장에게 자기 소유물을 주는 것을 의미한다. 포틀래치는 출생과 죽음, 결혼 또는 적에 대한 승리 등을 기념하기 위해 거행되었다. 포틀래치 때문에 추장이 가난해지는 경우도 있었는데, 그런 경우 다음 번 포틀래치엔 자신이 초청받아 다시 부유해질 수 있기를 기대했다.

포틀래치에 초청받은 손님은 가장 좋은 옷을 입고 잘 꾸민 통나무 배를 타고 왔다. 주최자는 호화로운 축제를 벌이는데 때때로 춤과 노래를 곁들였다. 하지만 가장 중요한 행사는 선물주기였는데 무두질한 엘크 가죽 54장, 통나무배 8척, 은팔찌 2,000개, 놋쇠팔찌 7,000개, 인디언 겉옷 33,000개, 노예 6명을 주었다는 기록이 남아 있다. 선물로 선택된 노예의 삶은 그야말로 지옥이었다. 노예를 선물로 받은 추장이 자신의 권력을 과시하는 방편으로 '노예킬러'라는 몽둥이로 그를 때려눕히는 것이 다반사였기 때문이다.

이로쿼이족

이로쿼이족은 모호크족, 오나이다족, 오넌다가족, 카유가족, 세네카족이 16세기에 연합한 다섯 종족의 연합체였다. 터스커로라족이 1720년경에 이 연합에 합류했고 그 무렵 이로쿼이족의 영역은 캐롤

라이나에서 동부 연안을 따라 캐나다까지 확장되었다. 그들 연합은 세계에서 가장 오래된 민주정치제로 불렸는데, 각 부족에서 선출된 추장들이 구성하는 협의회가 있었다.

이로쿼이족은 작은 규모의 전투뿐만 아니라 대규모의 전투도 거뜬히 치를 만큼 잘 훈련된 전사들이었다. 이로쿼이족은 큰 전쟁에서 잡은 포로들은 노예로 만들지 않았다. 대신 패배한 적들을 학살하거나 고문하거나 제물로 바쳤다. '애도'의 전쟁에서는 대개 노예를 잡아들였는데, 그것은 부족 구성원 중에 누군가 죽었을 때 그를 대신하게 하기 위한 포로를 잡으려고 벌이는 작은 습격이었다. 포로는 자신의 이름을 빼앗겼을 뿐 아니라 더 나쁜 일도 당했다. '그들은 포로를 잡자마자 손가락을 자르고 칼로 어깨와 등을 짼 뒤 몸을 아주 단단히 묶었다.' 17세기에 한 예수회 신부가 이로쿼이족의 습격을 목격하고 쓴 글이다. 이로쿼이족은 신체에 심한 손상을 입은 포로들은 대부분 죽였다. 나머지는 노예로 삼아 밭을 경작하게 하고 전사를 위한 음식 등 무거운 짐을 나르게 했다.

이로쿼이족 여자들은 모든 허드렛일을 노예에게 시켰다. 한 세네카족 여자의 어머니는 죽은 딸이 저승에서 노예가 없어 고생할까 걱정했다. 그녀는 딸에게 세례를 해준 예수회 신부에게 아픈 노예를 개종시켜 달라고 부탁했다. 그 노예가 죽으면 저승으로 함께 가서 딸을 거들어 주길 원했기 때문이었다. 그 어머니는 다음과 같이 말했다.

내 딸은 여주인이어서 20명이 넘는 노예를 부렸어요. 그 아이는 나무를 해오거나 물을 길어오는 일이 어떤 건지 몰라요. 집안 일을 직접 해본 적도 없고요. 우리 가족 가운데 천국에 간 단 하나의 아이인데 틀림없이 그곳에서 적응하기 힘들어할 거예요. 직접 요리도 해야 하고 물과

노동을 강요받기도 했다. 통나무배 만들기나 집짓기와 수리 돕기, 물고기 잡아오기, 전쟁에 참여하여 싸우기 같은 일이었다.

여자들은 주로 옷을 만들거나 요리를 하거나 과일을 따오는 일을 했고, 음식이나 다른 생활 조건은 여주인들보다 그렇게 크게 어렵지 않았다. 하지만 왕이 어떤 남자의 아이를 임신할지 강제로 정할 수 있었고, 여자 노예들은 그 명령에 따라야 했다.

주이트는 그들 부족에게 순순히 대하면서 자신을 보호했다. 그들의 관습을 따르고 명랑하게 지내면서 여자들에게는 장신구를, 남자들에게는 낚시를 만들어 주었다. 그리고 그들의 말을 배웠다. 마키나가 그와 톰슨에게 맡긴 놀라운 임무는 밤에 총과 단검을 지닌 채 자신을 경호하게 한 것이었다. 자기 부하들에게 맡기는 것을 두려워했던 것이 틀림없었다. 그들이 노예가 된 지 2년이 더 지나 다른 미국 배가 누트카 만에 왔고 주이트와 톰슨은 탈출할 수 있었다.

나무도 구해 와야 하고 음식 준비도 직접 다 해야 하잖아요.

이로쿼이족은 유럽인과 몇 년 동안 전쟁을 하면서 쇠퇴했고 많은 이들이 가톨릭 선교 마을에 합류하기 위해 떠났다. 노예제도는 무너져 갔고 결국에는 소멸했다.

유럽인의 노예

페르디난트 왕과 이사벨라 여왕의 뜻과는 달리 콜럼버스는 히스파니올라 원주민에게 강제로 일을 시켰다. 엥코미엔다encomienda로 불린 제도 아래서 원주민은 주인에게 채굴한 금이나 수확한 곡식의 일부를 지불할 때에만 일을 할 수 있었다. 그것은 주인이 가진 특권이었는데, 대신 주인은 노동자를 보호하게 되어 있었다. 이 제도가 보통은 노동자에게 아무것도 남겨 주지 않았지만 1503년에 페르디난트 왕의 승인을 받아서 아메리카 전역으로 확산되었다. 어떤 지역에서는 엥코미엔다 제도가 17세기가 되도록 사라지지 않았다.

스페인인이 카리브해의 섬들에 정착하는 동안 포르투갈인은 브라질에 대해 권리를 주장했다. 1500년대 초기에 그들은 아프리카에서 그곳 주민을 노예로 만들었다. 이사벨라 여왕이 죽은 다음 해인 1505년에 스페인인은 아프리카인을 수입해 히스파니올라의 구리광산에서 일을 시켰다. 1510년에 페르디난트 왕은 그 섬의 금광에서 아프리카 노예를 부릴 수 있도록 승인했다.

아프리카 노예가 도입된 뒤에도 원주민의 노예화는 종식되지 않았다. 스페인 법은 '정당한 전쟁'에서 포로로 잡은 자만을 노예로 삼을 수 있다고 규정했다. 하지만 거기에는 함정이 있었다. 왕은 원주민이 자신과 자신의 딸을 통치자로 받아들이지 않거나 가톨릭교도가 되는 것을 거부할 때 벌이는 전쟁을 '정당'하다고 생각했다. 그렇기 때문에 스페인인은 거의 모든 인신약탈을 정당한 전쟁으로 합리화할 수 있었다.

하지만 원주민은 노예로 부리기가 쉽지 않음이 드러났다. 그들은 그곳 지리를 잘 알고 있었기 때문에 쉽게 도망쳐 사라져 버렸다. 피부색 때문에 도망노예가 쉽게 발각되는 아프리카인과는 달랐던 것이다. 그리고 그들에게 강요된 가혹한 노동과 유럽인이 전파한 전염병 때문에 쉽게 병이 들었다.

그들이 고초를 겪는 것을 보며 괴로워하는 스페인 사람들도 있었다. 대표적인 인물이 바르톨로메 데 라스 카사스이다. 그는 원래 원주민 노동을 이용하고 엥코미엔다 대가를 받던 농장주였는데 나중에 신부가 되었다. 그는 원주민 학대에 질려버려 1514년에 엥코미엔다를 거부하고 원주민의 행복을 위해 싸웠다. 그는 스페인인이 '칼과 창으로 무장하고 말을 타고 침입해서 잔인한 파괴와 살육을 저질렀다'고 썼다. 그 살육에는 아이들과 엄마도 예외가 없었다. 라스 카사스는 원주민을 보호하는 법 제정을 탄원하기 위해 대여섯 번을 스페인으로 갔고 당시에 '인디언의 보호자'로 알려졌다.

신부가 된 바르톨로메 데 라스 카사스가 창밖으로 원주민을 바라보고 있다. 그는 원주민의 노예화를 크게 비난했다. 그리고 원주민과 그들의 삶에 대한 역사책을 썼다.

1550년 라스 카사스는 노예제도에 관한 논쟁에 참여했다. 그의 반대자들은 원주민이 "그들의 천성 때문에 그리고 그들 자신의 이익을 위해서 문명화되고 덕망 있는 군주나 나라의 권위 아래 놓이는 것이 필요하다. 그리하여 정복자의 힘과 지혜, 법으로부터 배움으로써 더 나은 도덕과 가치 있는 관습, 더 개화된 생활방식을 갖추게 될 것"이라고 강변했다. 라스 카사스는 자신의 경험을 통해 원주민이 성실하고 열심히 일하는 사람들이라고 설명했다. "인류는 하나이고 사람은 자신이 창조하는 바에 따라 모두가 동등하다"고 발언했다. 그 논쟁은 결론이 나지 않았지만 원주민 노예에 대한 처우에 서서히 변화가 생겼다. 하지만 그 관행은 3년 후에 스페인 왕이 원주민 노예를 금지한 이후로도 오랫동안 계속되었다.

라스 카사스가 원주민을 옹호하며 그들이 공정한 대우를 받도록 하기 위해 노력했지만, 그 역시 모든 노예제도를 적극적으로 반대했던 것은 아니었다. 사실, 그는 원주민 노예를 아프리카 노예로 대체하자고 주장했다. 당시 많은 유럽인들은 강제노동으로 인해 원주민이 죽어가는 것을 보면서 아프리카인이 더 강한 체력과 더 많은 농장 경험을 갖고 있다고 생각했다. 그리고 신세계로 옮겨간 아프리카인은 노예로 지내더라도 원주민이 겪는 것만큼 고통 받지 않는다고 생각했다. 하지만 실상은 달랐다. 1540년까지 한 해에 대략 만 명의 아프리카인이 아메리카로 끌려가서 노예로 살다가 죽었다.

1566년, 라스 카사스가 죽은 지 한참 후에야 그가 아프리카인들을 노예로 삼는 것에 대해 다른 생각을 가지고 있었다는 것이 드러났다. 그가 남긴 글 중에는 '인디언만큼이나 흑인을 노예로 삼는 것은 똑같은 이유로 정당하지 못하다'라는 기록이 남아 있었다. 하지만 불행하게도 그의 글이 너무도 늦게 세상에 나온 탓에 별다른 영향을 미치지는 못했다. 원주민 노예가 축소되면서 아프리카인 노예가 확산되었다. 아프리카인 노예제도는 수백 년 동안 네 개의 대륙을 온통 뒤덮어버렸다.

CHAPTER 7

위험한 트라이앵글 : 남아메리카와 카리브해

마옴마 가르도 바카카Mahommah Gardo Baquaqua는 노예가 되기
전에는 백인도 배도 바다도 본 적이 없었다. 그는 곧 자신에게
닥칠 끔찍하고도 무서운 운명을 상상조차 하지 못했다.

바카카는 서아프리카 해안에 있는, 오늘날 베냉이라 불리는
곳에서 태어났다. 후일 그는 '가련하고 불행하고 비참한 신세'가
되어 겪었던 공포를 묘사했다. 자신이 알고 있던 모든 사람과 좋
아했던 모든 것들로부터 떨어져 팔려나가 낯선 사람이 가득한
배 안에서 엄청난 마음의 고통에 시달렸던 것이다.

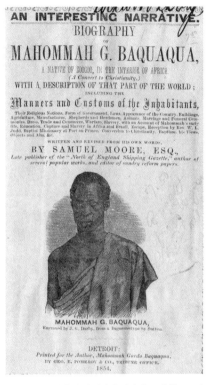

> 우리는 벌거벗긴 채 배 안의 화물칸에 밀어 넣어졌다. 남자는
> 한쪽 편에, 여자는 그 반대편에 나뉘어 실렸다. 화물칸은 너무 낮
> 아 일어설 수도 없어서 그저 웅크리고 앉아 있어야 했다. 밤낮으
> 로 똑같은 자세로 움직이기도 힘든 상태에 있었기 때문에 잠을
> 잘 수도 없었다. 고통과 피로에 절망할 뿐이었다.

누구든 불평하기라도 하면 "칼로 살점을 도려낸 다음 후추나 식초
로 문질러 온순하게 만들었다"고 바카카는 말했다.

1500~1870년 사이에 1천1백만 명이 넘는 아프리카인이 가족과 고
향에서 떨어져 남아메리카와 카리브해로 향하는 노예선에 강제로 올
라야 했다. 그들이 바카카처럼 포르투갈 배를 탔든 아니면 네덜란드
나 스페인, 영국, 덴마크, 프랑스 배를 탔든 상관없이 아프리카 서안에

마옴마 바카카의 전기 속표지에는 그가
아프리카 의복을 입고 있는 모습이 실
려 있는데, 아프리카 내륙에 있는 '주구
(Zoogoo)'의 원주민이라 소개하고 있
다. 그리고 '주민의 풍습과 관례를 포함
하여 그 세계의 모습'을 묘사한 책이라
고 설명하고 있다. 이 책은 영국인이 대
필했지만 내용은 바카카 자신이 직접 들
려주며 쓰게 했다.

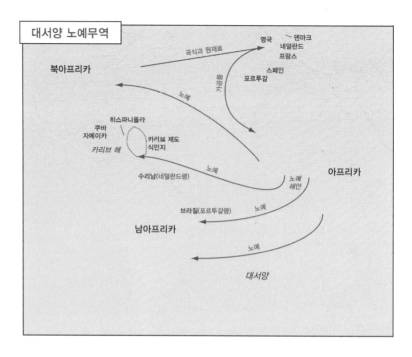

대서양 노예무역

북아프리카 · 영국 · 덴마크 · 네덜란드 · 프랑스 · 스페인 · 포르투갈 · 히스파니올라 · 쿠바 · 자메이카 · 카리브 해 · 카리브 제도 식민지 · 수리남(네덜란드령) · 브라질(포르투갈령) · 남아프리카 · 아프리카 · 노예 해안 · 대서양 · 곡식과 원재료 · 제조품 · 노예

서 출발해 대서양을 지나 카리브해에 닿는 중간 항로Middle Passage를 통해 아메리카로 갔다. 당시에는 크게 세 단계의 항로가 있었는데, 첫 번째는 직물과 총, 브랜디 등의 상품을 싣고 유럽의 항구에서 출발해 아프리카에 가서 노예와 교환하는 항로였다. 두 번째는 중간 단계로서 첫 번째 항로를 마치고 난 배가 인간 화물을 싣고 아프리카를 출발해 아메리카로 가서 설탕과 럼주를 비롯해 여러 가지 산물과 교환하는 노예무역 항로였다. 마지막은 노예무역을 마친 뒤 새로운 화물을 싣고 고향인 유럽으로 돌아가는 항로였다. 이렇게 삼각형을 그리는 항로를 통한 항해는 순조로웠는데, 주요한 바람(우세풍)이 시계 방향으로 부는 덕에 각 단계마다 순풍을 받으며 배가 나아갈 수 있었기 때문이다.

노예선은 크기가 다양했는데 화물칸에 불운한 희생자 150명을 실을 수 있는 작은 배에서부터 400명 이상을 쑤셔 넣을 수 있는 큰 배도 있었다. 노예들은 다른 마을에서 끌려온 낯선 사람들과 함께 그 끔찍한 항해의 경험을 공유했다. 그들은 언어와 습관은 달랐을지라도 가족과 고향을 그리워하는 마음으로 서로 연결되어 있었다. 중간 항로를 지나면서 그것 말고는 어떤 위안거리도 없었을 것이다.

대서양 노예무역

바카카는 15세기에 시작된 대서양 노예무역이 서서히 막을 내리던 시기에 노예로 잡혔다. 15세기에 유럽인은 남북 아메리카에 새로운 식민지를 건설하여 막대한 부를 획득할 수 있으리라 기대했고, 그렇게 성공하기 위해서는 값싼 일꾼이 필요했기 때문에 아프리카로 눈을 돌렸다. 포르투갈인은 그 어떤 나라보다 더 많은 노예를 잡아 아메리카로 보냈는데 1860년대까지 5백만 명이 넘었다. 영국, 프랑스, 네덜란드, 덴마크, 스페인 등 다른 유럽의 강국은 모두 6백만 명의 아프리카인을 배에 태워 남아메리카와 카리브해 지역으로 보냈다.

아메리카로의 항해

1799년, 바베이도스의 여자 노예 시벨은 한 백인 남자에게 자신의 이야기를 받아 적게 했다. '난 전혀 백인을 본 적이 없어요. 물 위에 떠 있는 그렇게 큰 배도 본 적이 없고요. 파도 소리도 들어본 적이 없어서 그 소릴 듣고는 놀라서 내가 죽는 게 아닐까 생각했어요.'

유럽 상인은 노예를 배에 태우기 전에 '외과의사'에게 검사를 받게 했다. 낯선 백인 남자가 옷을 벗게 한 후 사람들 앞에서 달리고, 걷고, 팔과 다리를 위로 올렸다가 앞으로 뻗게 하는 통에 노예들은 틀림없이 놀라움과 수치심을 느꼈을 것이다. 외과의사의 단 한 가지 관심사는 노예들이 긴 항해를 견뎌내고 노예 구매자가 만족할 만큼 건강한가였다.

검사를 통과하지 못하는 노예는 아프리카 상인에게 남았다. 배의 상급선원은 검사를 통과한 노예에게 몸값을 매겼다. 유럽 상인은 아프리카 상인에게 돈이 아니라 직물, 총, 화약, 담배, 럼주, 브랜디 같은 상품이나 서아프리카에서 돈으로 쓰이는 개오지 조개껍질을 대신 주었다.

검사가 끝나면 선원 몇 명이 노예를 앉히고는 오른쪽 어깨나 배, 팔의 적당한 곳에 지방기름을 바르고 그곳에 달궈진 인두로 주인을 나타내는 표시나 이름을 새겼다. 화상 부위의 피부는 시뻘겋게 부풀어 올랐고 나으려면 며칠이 걸렸다.

항해는 보통 몇 달이 걸렸는데, 그 기간 동안 노예들의 상태는 너무도 비참했다. 상인들은 오직 최대한 빠르고 적은 경비를 들여 대서양을 건너는 것에만 신경을 썼다. 그래야 많은 이익을 남기고 노예를 팔 수 있기 때문이었다. 노예들이 엄청난 고통을 겪는 동안 선원들은 자신들이 노예들에 비해 적은 인원임을 걱정했다. 18세기에는 20명이 채 되지 않는 선원이 400명을 웃도는 노예를 배에 태워 항해하는 경우가 많았다. 선원들은 노예들에게 공격받을까 봐 항상 두려워했고, 그래서 남자 노예들을 쇠사슬로 묶고 족쇄를 채워 자신들을 보호했다.

노예상인들은 노예에게 운동을 시키기 위해 갑판에서 '춤을 추도록' 할 때에도 족쇄는 풀어주지 않았다. 상급선원은 일명 아홉 꼬리 고양이라는, 아홉 가닥의 가죽 줄로 된 채찍을 들고 운동을 시켰다. 1789년에 영국 노예선에 올랐던 한 외과의사는 그 목격담을 다음과 같이 기록했다.

이것은 아홉 꼬리 고양이를 써서 이루어졌는데, 노예를 억지로 춤을 추게 하고 동시에 그들 중 하나가 고향에서 쓰던 북을 치도록 했다. 이때 그 고양이로 노예들을 때리며 노래도 부르도록 강요했다. 남자 노예들을 춤추게 하는 것은 일등

항해사가 맡았고 여자 노예들은 나와 이등 항해사가 맡았다. 남자 노예들은 그저 뜀을 뛰는 것 밖에는 할 수 없었고 그때마다 족쇄가 덜걱덜걱 소리를 내며 출렁거렸다. 그러나 여자 노예들은 …… 모여서 함께 추었다.

남녀 노예들은 따로 수용되었다. 여자 노예들은 위험하지 않았기 때문에 쇠사슬로 묶지 않았다. 하지만 그런 상대적인 자유로움도 항해를 견디는 데 별 다른 도움을 주지 않았다. 선원들은 자주 그들을 강간했다.

아프리카인은 고향에서 계절마다 제철에 나는 고기와 생선과 과일을 먹었다. 하지만 노예선에서는 누에콩, 수수, 완두콩과 중앙아메리카와 남아메리카에서 나는 카사바 가루 등을 섞은 포리지 죽을 먹었다. 1729년에 한 영국인 외과의사는 그 죽을 거부한 노예가 '선원에게 학대당하여 회복될 수 없을 정도로 구타당하는 일이 허다했다'고 쓴 바 있다.

바카카는 자신과 다른 노예들이 엄청난 갈증에 시달렸지만 하루에 고작 물 두 컵밖에는 마시지 못했다고 말했다. 한 번은 선원이 그들에게 물

노예를 운반하는 모든 항해는 악몽 같았
다. 그 중에서도 종호의 항해보다 더 끔
찍했던 것은 아마도 찾기 힘들 것이다.
그 배는 1781년 노예 440명과 백인
17명을 태우고 아프리카를 출발해 자메
이카로 향하고 있었다. 2개월가량 지났
을 때 대략 노예 60명과 백인 7명이 죽
었고 그보다 더 많은 수가 병에 걸렸다.
보급품도 점점 바닥이 나고 있었다. 선
박주와 선장은 항해 기간에 노예를 건강
하게 유지시켜야만 그들을 팔아 돈을 벌
수 있었다. 그러나 그렇게 많은 노예가
죽고 병에 걸리자 루크 콜링우드 선장은
재정상의 손실을 예감했다.
콜링우드는 보험금을 노리고 선원들에
게 아픈 노예들을 배 밖으로 던지라고
명령했다. 다른 화물을 보호하기 위해
노예를 포함해 일부 화물을 폐기했을 경
우 변상해 주는 보험에 가입되어 있었
던 것이다. 하지만 병에 따른 손실은 제
외되어 있었다. 처음에는 일등 항해사
가 주저했지만 며칠이 지나자 선원들은
살아 있는 노예 133명을 바다로 던져
버렸다.
배가 영국에 도착했을 때 보험회사는 그
화물 '손실'에 대해서는 지불할 수 없다
고 거절했다. 이 사건은 살인이 아니라
보험 분쟁으로 법정에 소송이 제기되었
다. 결국 선박주가 승소하여 보험금을
받아냈다.

한 양동이를 가져다주었는데, 한 노예가 물을 더 얻기 위해 선원에게
서 칼을 뺏으려고 했다. 그 노예는 어디론가 끌려가서 다시는 모습을
나티내지 않았다고 한다. 바카카는 그가 바다 속으로 넌져셨을 거라
고 추측했다.

노예선은 많은 사람으로 붐비는 불결한 공간이었기 때문에 실병도
빠르게 번졌다. 그래서 많은 노예가 심한 설사와 천연두, 발열, 괴혈병
등으로 죽었다. 항구에 도착했을 때 보건 관리가 배에 올라 노예들이
혹시라도 뭍에 퍼뜨릴 수 있는 전염병에 걸리지는 않는지 직접 확
인했던 것도 전혀 이상한 일은 아니었다. 노예무역 초기에는 10명 중
2명이 중간 항로에서 죽었다고 추정된다. 18세기에는 노예를 산 채로
운반하기 위해 선박주는 배의 환경을 개선시켰다. 하지만 그래도 10
명 중 하나가 죽었다. 대략적으로 1백5십만 명의 아프리카인이 죽거
나 산 채로 배에서 바다 속으로 던져졌다.

뭍에 올라

배가 목적지에 다다르면 선장은 되도록 빨리 노예들을 팔고 싶어 했
다. 노예를 늦게 팔수록 노예에게 거처를 마련해주고 음식을 대주는
데 더 많은 비용을 지출해야 했기 때문이다. 바카카는 노예선이 브라
질에 정박하자마자 벌어진 소동을 다음과 같이 이야기했다.

사람 상품을 화물로 실은 배의 도착에 관심을 가진 이들이 몰려 왔
다. 마치 시장에서 소나 말을 사는 것과 똑같은 방식으로 상품 중에 그
들의 다양한 관심사에 꼭 들어맞는 노예를 골라 사려는 것이었다. 그
러나 만약 그 화물 중에 구매자의 욕구와 기호에 맞는 노예가 없는 경
우에는 선장에게 자신이 필요한 종류의 상품을 따로 주문했다. 다음에

다시 항구에 들어올 때 공급받기 위해서였다. 엄청나게 많은 이들이 사람의 몸을 사고파는 이 거래에 참여하고 있었다.

바카카는 이미 네 명의 노예를 소유한 한 남자에게 팔렸다. 그는 바카카를 마치 짐 운반용 동물처럼 부렸다. 무거운 바위들을 먼 거리까지 운반하도록 시켰던 것이다. "나는 엄청나게 무거운 바위를 운반해야 했는데, 너무 무거워서 세 사람이 내 머리 위로 들어 올려 줘야 했다. 때때로 바위는 내 머리를 무겁게 내리눌러 나는 그것을 땅에 떨어뜨릴 수밖에 없었다"고 그는 말했다.

바카카의 주인은 화를 잘 내고 성격이 급해서 가족의 기도 시간 중에도 걸핏하면 노예를 때리곤 했다. 로마 가톨릭 교회는 노예도 세례를 받아야 하고 미사와 고백 성사에 참여해야 한다고 지시했다. 주인의 가족과 노예들이 기도하기 위해 모였을 때 "주인은 손에 채찍을 들고 집중하지 않거나 조는 기색을 보이면 그때마다 어김없이 채찍으로 때려 정신이 번쩍 들게 했다"고 바카카는 말했다. 바카카는 결국 크리스트교도가 되었지만 그것은 그 주인에게서 벗어나고 한참 뒤의 일이었다.

절망한 바카카는 물에 빠져 죽으려고 했다. 하지만 구출되어 다시 주인에게 보내졌다. 주인은 그를 문설주에 세게 들이박게 하며 벌을 주었다. 그 후 주인은 그를 상인에게 팔아버렸고, 그는 한 선장 부부에게 팔려 배를 타고 바다로 나가게 되었다. 그들 역시 첫 번째 주인처럼 잔인했다. 배가 뉴욕에 정박하자 바카카는 탈출했다. 그는 캐나다로 도망쳐 마침내 자유인이 되었는데, 아프리카에서 잡혀간 지 10년이 지난 후였다.

노예들은 집에서 사용할 물을 길어오기 위해 하루에 몇 번씩 마을의 공동우물에 갔는데, 거기서 다른 노예들과 말할 기회를 얻었다. 그곳에서는 경찰의 감시를 받기도 했는데, 이 그림은 브라질에서 벌어진 두 노예의 싸움을 경찰이 중지시키고 있는 장면이다.

농업에서의 노예

노예무역 초기에는 백인 하인과 아프리카 노예가 같은 일을 했다. 1600년대 중반까지 노예는 주인이 목욕하거나 옷을 입을 때 시중을 들고, 그물침대나 의자 가마에 있는 주인을 들어 옮기고, 과일 바구니나 물을 날라다 주는 것 등을 포함하는 집안의 허드레 일 뿐만 아니라, 보석을 만들고 옷을 짓고 심지어는 그림을 그리고 조각을 하고 음악을 만들기까지 했다.

그러나 대부분의 노예는 농장에서 일했다. 커피와 목화, 코코아, 사탕수수를 재배하는 대농장에서 힘들여 일했지만 잠은 조금밖에 못 자고 먹는 것도 부실했다. 한 커피 농장에서는 해가 뜨기 한참 전인 새벽 3시에 일어나서 일을 하다가 해가 지고 한참 뒤인 밤 9시나 그보다 더 늦게 숙소로 돌아갔다. 많은 농장주는 노예가 일하다 죽어도 개의치 않았다. 어떤 농장주는 노예가 1년만 버티면 몸값의 수지를 맞출 수 있다고 말하기까지 했다.

쓰디쓴 사탕수수 사업

브라질과 카리브해에서 노예제도의 발달에 가장 큰 원인이 된 작물을 한 가지 고르라면 그것은 사탕수수이다. 포르투갈인은 이미 아프리카 내륙에 만든 사탕수수 농장에서 흑인에게 일을 시켰고 그것을 브라질에서도 그대로 했다. 유럽인은 포르투갈인이 팔 수 있는 사탕수수의 양 전부를 사들였고, 브라질의 따뜻한 기후라면 더 많은 수확을 기대할 수 있었다. 그들은 첫 번째 제당공장을 1530년대에 브라질에서 시작했고 대략 1640년까지 50만 명의 아프리카 노예를 그곳으로 끌고 갔다. 곧이어 네덜란드, 영국, 프랑스, 스페인이 카리브해 전역에 자신들의 플랜테이션 농장을 건설했다.

18세기 무렵이 되자 많은 유럽인 농장주가 큰 부자가 되어 농장을 백인 관리자에게 맡기고 유럽으로 돌아갔다. 그곳에 머물렀던 한 농장주는 프랑스 식민지인 마르티니크 섬에서 농장을 경영하며 보내는 삶에 대해 주목할 만한 기록을 남겼다. 피에르 데살은 항상 돈 걱정을 하여 노예와 직원들을 괴롭혔다. 1823년 7월에 쓴 편지에서 그는 1월부터 노예 12명이 죽었고 30~40명이 병에 걸렸기 때문에 앞으로 더 죽을 것이라고 썼다.

'낙담되는 일이 자주 벌어지지만 난 용기를 잃지 않을 것이다. 이 얼마나 힘든 직업인가! 하지만 자식들을 잘 키우려면 아직은 이 일을 계속해야 한다.'

데살은 자신이 불행하다고 생각했지만 정작 자기 노예들의 절망감은 이해하지 못했다. 새로 도착한 노예 둘이 목매달아 자살하자 그들이 왜 불행해하는지, 다른 노예들은 왜 그 죽음에 동요하는지에 대해 그는 당황해했던 것 같다. 자기 어머니한테 보내는 편지에 그는 다음과 같이 썼다.

한 여자 이야기

매리 프린스는 1788년 무렵 버뮤다 제도에서 노예로 태어났다. 그녀의 주인은 그녀를 열두 살 때 팔아버려 가족에게서 떨어졌고, 그 이후로 여러 번 주인이 바뀌었다.

프린스는 쓰기를 배운 적이 없었기 때문에, 나중에 자유인이 되고서 자신이 살면서 겪었던 두려움과 즐거움 모두를 다른 사람에게 들려줘 받아쓰게 했다. 그녀를 가장 괴롭혔던 일은 바다에서 소금을 추출해 통에 담는 것이었다.

'나는 통과 삽 하나씩을 받아 들고서는 물속에 무릎을 꿇고 서 있어야 했다. 새벽 4시부터 저녁 9시까지 일했는데, 식사 시간에 삶은 옥수수를 받으면 우리는 허겁지겁 삼켜야만 했다. 혹시라도 그 사이 비가 오면 소금이 녹아버리니 그 전에 빨리 먹어치워야 했던 것이다. 식사가 끝나고 우리는 다시 태양의 열기 속에서 일을 했다. 태양이 머리 위에서 이글거리며 내리쬐고 있었기 때문에 뚜껑이 잘 덮이지 않은 부분이라도 있으면 통 속에서 기포가 끓어올랐다. 소금물 속에서 많은 시간을 보내야 했기 때문에 우리의 발과 다리는 온통 끔찍한 부스럼이 생겼고 때때로 뼈까지 파고 들어갔다. 그러면 참을 수 없는 고통이 밀려왔다.

우리는 정오에 숙소로 돌아와서 옥수수 죽을 서둘러 먹고는 다시 일터로 돌아가 어두운 밤까지 일했다. 9시가 가까워지면 우리는 삽으로 소금을

그들에게 어떤 짓도 하지 않았습니다. 그들은 매우 명랑하고 온화한 시간을 보냈죠. 농장에서의 생활은 전혀 나쁘지 않았어요. 흑인들은 이번 일로 많이들 슬퍼하고 있습니다. 하지만 저는 따끔하게 주의를 주었고 그들은 좋은 기분을 되찾았지요. 노예 한 명이 아픈데 병원에 보내지 않았어요. 왜냐하면 이 일을 하면서 어느 누구도 평온하게만 지낼 수 없으니까요. 그래서 저는 그냥 버텨 보기로 결정했습니다.

드샬은 자신을 좋은 주인이고 다른 주인들보다 여러 모로 낫다고 생각했다. 그는 노예들에게 하루 세 끼 식사를 확실히 주게 하고 식사시간도 충분히 주도록 지시했다. 심지어 다툼이 있을 때는 그들 입장에서 들으려고 노력했다. 한번은 한 노예가 아무런 말도 없이 딸과 함께 도망쳤다. 그들이 발견되었을 때 그는 무엇 때문에 그랬는지 추궁했다. 그는 일기에 다음과 같이 썼다. '그녀는 쥘 씨(드샬의 아들)가 식사시간을 온전히 보장해주지 않았고 그래서 굉장히 화가 났다고 대답했다. 나는 그녀에게 아무런 벌도 주지 않겠다고 약속했다. 하지만 이번이 첫 번째 위반이니 그러겠지만 앞으로 이번 일을 절대 잊지 않겠다고 경고했다.' 또 다시 도망치면 그녀를 팔아버릴 것이라고 말했던 것처럼 보인다.

다른 노예주는 이보다는 더욱 냉담했다. 노예를 인간 이하로 생각하며 양심의 가책 없이 악독하게 대했다. 많은 이들이 흑인은 백인과는 종이 다르다고 말하는, 자메이카의 영국인 농장주 에드워드 롱과 같은 생각을 가졌다. 그는 아프리카 노예를 '도리를 모르고, 잔인하고, 야만적이고, 불완전한 인간인 데다가 믿을 수 없고, 속임수를 잘 쓰는 도둑 같고, 주정뱅이에다 거만하고, 게으르고, 더럽고, 염치없고, 시기심에 사로잡혀 화를 잘 내는데다가 검쟁이

라고 묘사했다. 우리는 반대로 얼마나 많은 노예들이 자신의 주인을 같은 식으로 표현했을지 짐작하고 남음이 있다.

설탕 생산 노예

플랜테이션 농장은 크기가 다양하고 인원수도 많게는 400명의 노예가 일하는 곳도 있었다. 그들은 수확기인 1월에서 7월까지는 새벽부터 해질녘까지 일했다. 감독관은 언제든 노예가 열심히 일하지 않는다고 생각되면 어김없이 매질하거나 다른 고문 도구로 벌을 주었다.

농장주는 두껍고 섬유질이 많은 식물인 사탕수수를 달콤한 과립으로 전환시키는 각 단계마다 노예에게 의존했다. 과립은 유럽인이 차나 케이크, 사탕 등을 만드는 데 필요했다. 농장주는 노예들을 여러 조로 나누었다. 밭에서 일하는 조는 사탕수수를 심거나 칼로 베어 거둬들였다. 공장에서 일하는 조는 사탕수수를 육중한 롤러 속으로 밀어 넣어 즙을 빼내게 했다. 끓이거나 저장하는 건물 안에서 일하는 조는 즙을 결정체나 당액으로 만드는 작업을 했다.

그들이 부딪히는 위험에 대한 무시무시한 묘사가 네덜란드 군인 존 가브리엘 스테드맨의 일지에 기록되어 있다. 그는 남아메리카 북쪽 해안에 있는 수리남에 주둔해 있었다.

퍼서 큰 더미로 쌓아올린 뒤 바다로 내려가 팔다리에서 소금기를 씻어내고 이륜손수레와 삽을 씻었다. 다시 숙소로 돌아오면 주인이 생옥수수를 정해진 할당량만큼 주었는데, 우리는 그것을 사발에 넣고 삶아 저녁으로 먹었다.'

프린스를 마지막으로 산 주인은 1828년에 그녀를 영국으로 데려갔는데 그곳에서 그녀는 가까스로 탈출했다. 그녀의 이야기는 여자 노예에 대한 것으로서는 처음으로 영국에서 출판되었다.

롤러 안으로 사탕수수를 밀어 넣는 작업은 너무도 위험한데, 실수로 손가락이 끼면 순식간에 팔 전체가 빨려 들어가 형태를 알아볼 수 없을 정도로 조각이 나버리는 일이 흔하게 벌어졌다. 그 때문에 기계 작동을 멈출 겨를이 없어 그 전에 재빨리 낀 부분을 잘라내기 위해 대개는 손도끼를 준비해 놓는다. 다른 위험은 흑인노예가 자신이 땀 흘려 만드는 설탕을 감히 맛보는 것이다. 그 대가로 수백 대 매질을 당하거나 이가 다 부러질 정도로 얻어맞는 위험을 감수해야만 한다. 이런 일들이 흑인이 설탕을 만들면서 겪을 수 있는 고역스러운 위험이다.

설탕 공장에서 이렇듯 위험한 일을 해야 하지만 이보다 더 혐오스러운 작업도 있다. 한 스코틀랜드인이 영국령 세인트키츠 섬에서 사탕수수밭을 기름지게 만들기 위한 거름을 똥거름더미에서 운반하는 과정을 기록했다. 똥거름더미는 불을 땔 때 생기는 재나 상한 사탕수수, 잘려나간 사탕수수잎, 집안 쓰레기를 가축의 똥과 함께 섞어 작은 언덕처럼 쌓아올린 것이다.

흑인 10명마다 감독이 한 명씩 붙는데 그들은 채찍을 들고 그 뒤를 따라다녔다. …… 노예들은 작은 양동이 하나씩을 들고 똥거름 언덕으로 올라가 거름을 가득 담고서 내려와서는 사탕수수를 한 짐 들고 공장으로 돌아간다. 그들은 종종걸음으로 재빨리 올라갔다가 쏜살같이 달려

1835년에 그려진 이 그림은 브라질의 한 노예주가 막대기로 여자 노예의 잘못을 벌주기 위해 손바닥을 때리고 있는 장면이다.

92

내려온다. 이때 발휘하는 민첩성이란 게 얼마나 진인한 깃인지 겪어보지 않은 사람은 절대로 알 수가 없을 것이다. 아마도 세상에서 가장 활달한 사람들이라 생각하고 말 것이다.

이 작업은 혐오스러운 만큼이나 고된 작업이기도 했다. 이 '작은 양동이'는 한낮의 더위 속에서 아마도 악취를 뿜어내고 물도 뚝뚝 흘러내릴 뿐 아니라 그 무게가 대략 34kg이나 나갔다.

《자메이카 농장주를 위한 지침서》의 저자 토마스 러플리는 만 세 살 아이들도 충분히 일을 할 수 있다고 말했다. 그는 농장 관리인에게 유아들을 노파가 돌보게 하는 가운데 '명랑한 아동조'로 만들라고 권했다. 노예 아이들에게 '작은 양동이'를 주어 떨어진 쓰레기나 잎을 줍게 하거나 어린 잡초를 뽑게 하는 등 유익한 일을 시킬 수 있다'고 말했다.

어리거나 늙었거나 농장 노예들은 그들의 노역에 대해 작은 사례를 받았다. 채소나 닭, 돼지 등을 기를 수 있는 작은 땅뙈기를 할당받았던 것이다. 그리고 그 수확물은 팔 수도 있었다. 그러나 노예들이 그 땅에서 일할 수 있는 시간은 얼마 되지 않았다. 보통 일주일에 하루 정도는 주인을 위해 일하지 않아도 되는 날이 있었는데 그때를 이용했다. 마르티니크에서 피에르 데살은 노예들에게 특별히 반나절 정도를 그 땅에서 일할 수 있는 시간을 주기도 했는데, 마음에서 우러나오는 선의 때문이 아니라 노예를 먹여 살리기 힘든 경우가 종종 있었기 때문이었다.

광산 노예

브라질에서 1693년에는 금이, 1720년대에는 다이아몬드가 발견되자 강에서 금이나 다이아몬드를 채취하거나 산허리의 굴에서 금을 캐내는 일을 노예에게 시키게 되었다. 브라질로 끌려 간 많은 노예가 전에 아프리카 서부 해안의 광산에서 일한 경험이 있었고, 그 때문에 그 작업에 대해 주인보다 더 많은 지식을 갖고 있었다.

광산 노동은 오늘날에도 위험한 일이다. 당시에는 어떤 안전법도 없었고 노예들은 갱도 붕괴나 다른 사고로 목숨을 잃는 위험에 항상 노출되어 있었다. 춥고 축축하고 돌투성이 광산에서 일할 뿐만 아니라 잠을 자기도 해서 노예들은 서서히 건강을 잃어갔다. 폐렴이나 다른 질병이 많은 생명을 앗아갔다. 한 선교사는 노예주들이 자신의 광산 노예가 7년 이상을 버틸 수 없다고 생각하고 있었다고 말했다.

어떤 광산주는 광산에서 멀리 떨어져 살면서 정해진 양의 금을 자신에게 바치면 나머지는 음식을 사먹으라고 노예들이 가지게 했다. 1784년 무렵에는 많은 노예가 자신과 아이들의 자유를 사기에 충분한 양의 돈을 모았다. 수천 명이 그런 식으로 자유를 얻었는데, 그러자 포르투갈 정부는 의혹을 갖기 시작했다. 어떻게 그렇게 많은 노예가 자유를 살 수 있는 돈을 모을 수 있는가? 금과 다이아몬드를 빼돌리는 것은 아닌가? 당국자는 범행을 직접 색출하려고 시도했고 발각되면 엄한 벌을 부과했지만, 자유를 갈망하는 이들은 그런 위험도 마다하지 않았다.

브라질에서 광산 노예만이 자유를 산 것은 아니었다. 많은 노예주가, 특히 도시에 거주하는 이들은 노예를 노동자로 임대했고 정해진 양을 넘어서 번 돈은 노예가 갖도록 했다. 긴 시간 동안 충분한 돈을 모으면 그들은 자유인이 될 수 있었다.

법의 지배를 받는 노예

남아메리카와 카리브 제도에서는 매매되었거나 노예 어머니에게서 태어난 자만을 노예로 삼을 수 있었다. 마르티니크 섬을 비롯한 프랑스 식민지에서는 1685년에 제정된 흑인법 Code Noir 을 따랐는데, 이는 다른 식민지에서보다 더 노예를 보호하는 법이었다. 이 법은 노예를 재산으로 간주했지만 그들을 영혼을 가진 인간으로 인정했다. 프랑스령 섬의 모든 노예는 가톨릭 세례를 받아야 했으며 주인이 허락하면 결혼을 할 수도 있었다. 일요일이나 다른 휴일에는 일을 하지 않아도 되었고 주인은 나이가 많거나 아픈 노예를 보호해야 했다. 그리고 남편, 아내, 어린아이들을 따로 떨어뜨려 팔 수 없었다.

흑인법은 막대기나 채찍으로 노예를 때릴 수 있다고 정했지만 고문하거나 팔다리를 절단할 수는 없었다. 한 달 이상 주인에게 벗어난 도망노예에 대해서는 특별한 형벌을 정했다. 첫 번째 시도한 자는 귀를 자르고 한쪽 어깨에 프랑스 왕가의 상징인 백합문장을 새겼다. 두 번째 시도한 자는 다른 쪽 어깨에도 낙인을 찍고 무릎 뒷부분의 힘줄을 잘라 도망치지 못하게 했다. 세 번 시도한 노예는 누구라도 죽임을 당했다.

영국령 섬에서 노예는 결혼할 수 없었고 세례나 종교 교육에 대한 언급은 없었다. 그들의 법은 노예를 '거칠고 야만적이며 포악한 천성을 가졌기 때문에 엄격한 관리로 통제해야 하는' 존재로 묘사했다. 하지만 '자기 자신이나 다른 나쁜 기질을 가진 사람들, 노예주의 잔인성과 오만함'으로부터 보호되어야 할 필요가 있음을 인정했다. 또한 주인은 노예에게 음식과 거처와 옷을 마련해주어야 하고 정했다. 그 법은 훔친 물건을 팔거나 크리스도교도를 때리거나 사탕수수를 불태운 노예에 대한 형벌도 마련했다. 재산을 훔친 노예와 백인을 위협하거나 때리는 노예는 사형에 처했다. 노망노예는 매질을 당했고, 그에게 은신처를 제공한 백인은 벌금을, 흑인은 사형에 처할

1833년에 영국 정부는 감옥에서 사용할 수 있는, 매질보다 더 '인도적'인 체벌 기구를 소개했다. 발로 밟아 돌리는 기구인데, 속이 빈 원통 주위를 나무 발판으로 둘렀다. 카리브 제도의 노예주들도 이 기구가 유용하다고 생각했다. 채찍을 든 감시자들이 노예들을 한 발 한 발 빠르게 움직이도록 하고 있다. 만약 노예가 힘이 달리거나 지쳐서 멈추면 발판이 그를 치도록 고안되어 있었다.

수 있었다.

네덜란드령 섬에서는 주인이 노예의 팔다리를 자르거나 죽이는 것을 공식으로는 금했지만 실제로는 종종 허용되었던 것으로 보인다. 군인 스테드맨은 노예를 자주 학대했던 백인여성에 대해 묘사했다. 그녀는 울음소리를 참을 수 없다고 한 노예의 아기를 냇물에 빠뜨려 죽였다. 그리고 아기를 따라 죽으려 했던 아기 엄마를 매질했다. 어느 날 노예 몇몇이 그녀를 찾아가 좀 더 너그럽게 대해달라고 부탁했는데 그녀의 화만 돋우고 말았다. 그녀는 곧바로 노예 둘의 목을 잘라버렸다. 그러자 살아남은 노예들이 식민지 정부를 찾아가 다음과 같이 말했다고 한다.

각하, 이것은 내 아들의 머리고 이것은 내 형제의 머리입니다. 불쾌한 일을 없애겠다고 저희 여주인이 명령해서 베어버린 것입니다. 노예제도를 인정하는 나라에서 우리의 증언은 아무것도 아니라는 것을 알고 있습니다. 하지만 이 피투성이의 머리들이 고발의 증거로 충분하다면, 우리는 앞으로 이런 일이 다시는 벌어지지 않도록 해달라고 간청할 뿐입니다. 그러면 우리 모두는 주인의 안녕과 번창을 위해 기꺼이 우리의 피와 땀을 흘리겠습니다.

이 노예의 말은 결코 노예주의 변론을 넘어설 수 없었다. 만약 백인이 그 살육의 현장을 목격했다면 그 여주인은 처벌받았을 것이라고 스테드맨은 말했다. 각각의 살인에 대해 50파운드씩의 벌금을 물었을 뿐이었겠지만 여주인의 사악한 행동을 목격한 백인은 없었고, 거짓말을 했다는 죄로 노예들만 매질을 당했을 뿐이다.

노예들의 종교

노예주들은 노예들이 반항하여 들고 일어날까 봐 항상 두려워했다. 그래서 그들은 노예의 행동뿐만 아니라 생각까지 통제하려고 했다. 그에 따라 아프리카의 종교, 언어, 관습을 철저히 금지하는 법을 통과시켰다. 예를 들면, 북치기, 뿔피리 불기나 소리가 크게 나는 악기를 사용하는 것을 금했다. 흑인법은 서로 주인이 다른 노예들이 함께 모이는 것도 금지했다. 폭동을 모의할지도 모른다는 두려움 때문이었다.

그럼에도 불구하고 노예들은 몰래 아프리카의 관습과 신앙을 유지해 나갔다. 그들의 종교는 굉장히 다양했지만 그 중 많은 것들이 조상과 신을 섬기거나 약초나 부적을 이용했다. 그들은 새로운 거주지에서 살면서 새롭게 생겨난 필요에 맞추어 관습을 변화시켰다. 예를 들면, 부두교는 아프리카의 다호메이에서 아이티로 전래되었는데, 그들 신 가운데 하나는 아프리카에서 왔고 평온하고 관대한 신으로 여겨지는 반면 아메리카에 기원을 둔 다른 신은 화를 잘 내고 참을성이 없다고 여겨졌다. 아마도 새로운 세상에서 사는 노예들의 경험이 반영되었기 때문일 것이다.

오비Obi 풍습은 오비어Obeah라는 마술사가 부적과 약초를 이용해 치료하거나 한 노예가 다른 노예를 응징해 달라고 요청할 때 실행하는 마술이다. 자메이카의 영국인 통치자들을 오비어에 대해 불편해 했고, 그래서 오비어가 정말로 죽음이나 상해를 일으킬 수 있는지 조사했다. 1789년의 보고서는 아프리카인이 '질병 치료를 위해서건, 모욕이나 부당한 대우에 대해서 복수하기 위해서건, 도둑이나 간통자를 찾아내 벌을 주기 위해서건, 아니면 다른 사람의 호의를 얻어내거나 미래를 예측하기 위해서건 온갖 목적을 달성하기 위해 절대적인 믿음을 갖고' 오비어를 찾아갔다고 기록하고 있다. 영국인은 오비를 금지시켰다.

크리스트교로 개종한 노예일지라도 대개는 그들의 예전 신앙을 새로운 신앙과 결합시켰다. 그들은 이 낯설고 힘든 세상에서 생존하기 위해 할 수 있는 한 아프리카에서 그들이 경험했던 삶의 자취에 의존했다.

나이 많은 영적 치유자가 환자를 치료하는 장면을 한 화가가 직접 보고 그린 그림이다. 이들 치유자는 보통 마마 스네키(Mama Snekie) 또는 뱀들의 엄마(Mama of Snake)로 불리는 노파들이었다.

자유를 위한 탈출

때때로 농장주들은 스스로 노예를 해방시켰으며 브라질, 쿠바, 푸에르토리코에서 노예는 자유를 사기도 했다. 다른 지역에서는 돈으로 자유를 살 수 없었으며 단지 노예가 늙었거나 자신의 자식일 경우에는 노예에게 자유를 주기도 했다. 하지만 대부분의 노예는 도망쳐야만 자유를 얻을 수 있었다.

신문들은 자주 현상금이 걸린 도망노예에 대한 광고를 실었다. 자메이카의 킹스턴에서는 《데일리 애드버타이저》지의 1790년 1월 29일 자에 다음과 같은 기사가 실렸다.

도망 노예

지난 9월에 주인에게서 도망친 작은 크리올 계집애를 찾음.

이름은 딜리전스이고 별명은 정크(Junk, 쓰레기)임.

이 노예는 가슴에 화상으로 인한 커다란 상처가 있고

발가락 하나가 없는 발에 슬리퍼를 신었음.

느리지만 기교 있는 말투를 사용함.

17세기 초기에 브라질 군인들은 도망친 노예를 찾아준 대가로 금을 받았다. 때때로 그들은 단순히 주인 심부름을 하던 노예를 데려다 주기도 했다. 도망쳤다 잡힌 노예는 도망자fugitive를 뜻하는 F자를 낙인찍었지만 그것으로 노예들의 도망을 막지 못했다. 어떤 노예들은 잡히면 귀를 잘리는 위험을 무릅쓰고 두 번째 탈출을 시도했다. 세 번째 탈출에 대한 처벌은 죽음이었다.

그라만 콰시의 발견

노예들은 거의 모두가 교육을 받지 않았지만 수리남에는 의학적 발견을 한 노예가 있었다. 콰시아 아마라(Quassia ama-ra)라는 식물도 그가 처음 발견하였고 이름도 그의 이름을 따서 붙여졌다.

한때 그곳을 열병이 휩쓸었는데 의사들은 그 치료제를 찾을 수가 없었다. 그런데 1730년 그라만 콰시(Graman Quassie)라는 노예가 그 지역에 서식하는 나무의 껍질을 이용해 약을 만들었다. 그곳 주인들은 그의 치료제에 깊은 인상을 받아 그에게 도움을 청했다. 콰시는 자신의 비법을 식물학에 관심을 가진 한 농장주에게 가르쳐 주었다. 그리고 그 농장주는 자신이 들은 비법을 카를 린네라는 유명한 스웨덴 식물학자에게 전했다. 결국 카를 린네가 콰시의 이름을 따서 그 나무에 이름을 붙였던 것이다. 콰시는 이 발견으로만 유명해진 것은 아니었다. 그는 치유자로서, 또 부적의 제작과 판매자로서도 명성을 얻었다.

그라만 콰시는 수리남에 주둔했던 네덜란드 군인 존 가브리엘 스테드맨을 방문했다. 그때 그는 오렌지공 윌리엄 4세에게 받은 금줄로 장식된 외투와 금메달을 걸치고 있었다. 도망노예 무리들과 싸울 때 콰시가 도움을 준 공적을 인정해 수리남 식민지 정부가 그를 네덜란드로 보내 그 통치자를 만났던 것이다.

CHAPTER 8

"괴물은 죽었다!" : 영국의 노예제 폐지운동

1765년 어느 늦은 오후, 런던에 있는 윌리엄 샤프의 진료실 밖에서 사람들이 한 줄로 길게 늘어서 자기 차례를 기다리고 있었다. 의사인 윌리엄은 돈이 없는 사람들을 치료해 주는 것으로 유명했다. 그런데 줄 속에 눈에 띄는 젊은 남자 하나가 있었다. 알아볼 수 없을 정도로 심하게 얻어맞은 얼굴은 피범벅이었고 피부색은 까맸다. 당시 런던에는 흑인이 수천 명밖에는 살지 않았고 그래서 사람들은 그들의 존재를 잘 알지 못했다.

그랜빌 샤프, 1820년

그 젊은이의 이름은 조나단 스트롱이었는데 그의 처지는 매우 딱했다. 그는 바베이도스에서 온 노예로 주인 데이비드 리슬과 함께 런던에서 살고 있었다. 조나단은 주인에게 너무 자주 심하게 맞아 평소에도 절뚝거리며 걸었다. 그런데 크게 화가 난 리슬은 이번에는 권총으로 조나단을 때렸는데 어찌나 심하게 때렸는지 그만 권총이 부러져 버렸다. 리슬은 너무 심했다 싶었는지 조나단을 그냥 쫓아내 버렸다. 다행이게도 누군가 조나단을 샤프의 진료실로 데려다 주었다.

윌리엄 샤프의 형제 그랜빌은 윌리엄의 진료실에 잠깐 왔다가 스트롱을 발견했다. 이들 샤프 형제는 곧 서로 다른 방식으로 스트롱의 구원자가 될 터였다. 당시 스트롱은 4개월 이상을 치료받아야 하는 상태였다. 그는 눈에 영구적인 손상을 입었지만 몸은 매우 튼튼했기 때문에 샤프 형세가 근처에 있는 브라운 씨의 약국에서 그가 일할 수 있도록 소개시켜 주었다. 스트롱은 이제 노예가 아닌 종업원이 되었던 것이다.

그렇게 2년이 지난 어느 날, 리슬은 한 약국에서 여주인의 심부름꾼으로 일하는 스트롱을 발견했다. 노예는, 비록 리슬에게는 아무 쓸모도 없었지만, 돈이 되는 것이다. 그리고 스트롱은 리슬에게 죽도록 얻어맞아 내쫓길 때보다 훨씬 건강해져 있었다. 그래서 리슬은 시청 직원에게 시켜 스트롱을 잡아다가 삼옥에 가두게 했다. 리슬은 스트롱을 어느 선장에게 팔아 아메리카에 있는 영국의 식민지로 보낼 수 있을 때까지 잡아두려는 계획이었다.

지난 2년을 자유롭게 보내며 읽고 쓰기를 배웠던 스트롱은 그랜빌 샤프를 비롯해 자기를 도와줄 사람들에게 바로 전갈을 보냈다. 어두컴컴한 감옥에 들어간 그랜빌은 격분했다. 시 당국은 아무 잘못도 하지 않은 스트롱을 잡아둘 권리가 없다고 그랜빌은 항의했다. 게다가 스트롱은 시장에게 자신을 변호하여 발언할 권리가 있었다. 다행스럽게도 시장은 "이 젊은이는 아무것도 훔치지 않았고 어떤 폭행도 저지르지 않았기 때문에 석방되어야 한다"고 동의했다.

그랜빌 샤프라는 사람이 도와서 한 노예가 자유를 얻었다는 소식을 전해 들은 런던에 사는 아프리카인들은 너도나도 그랜빌을 보기 위해 찾아갔다. 1768년에도 그는 한 여자 노예가 불법으로 강제 이송되었기 때문에 서인도제도에서 다시 영국으로 돌려보내져야 한다는 법원의 명령을 받아낸 적이 있었다. 또한 1770년에는 납치된 한 아프리카인이 자메이카로 보내지기 전에 풀려나올 수 있도록 돕기도 했다.

그로부터 몇 년이 지난 후 세계 역사를 바꾼 제임스 서머싯 재판이 벌어졌다. 1772년 1월 13일 아침, 서머싯이 샤프를 방문했다. 주인과 함께 영국에 온 서머싯은 한때 도망쳤다가 다시 잡혀왔다. 그런데 법원은 그의 탄원을 맨스필드의 수석재판관이 검토할 때까지 풀어주라고 결정했다. 이것은 바로 그랜빌이 기다리던 종류의 소송이었다. 1500년대로 거슬러 오르면, 노예가 '영국 땅에 발을 들여놓는 순간부터 그는 자유를 얻는다'고 법원이 결정한 적이 있었다. 그리고 영국에는 수천 명의 흑인노예가 있었다. '영국 땅에서 노예제도는 합법인가?' 서머싯 재판으로 법원은 이 질문에 대해 다시금 확실하게 답을 내려야만 할 터였다.

그랜빌은 28쪽짜리 소책자를 작성하여 서머싯의 변호사와 재판관들에게 보냈다. 1772년 2월에 시작된 청문회에서 서머싯의 변호사는 과거 법원의 결정을 상기시켰다. "그 시절에, 영국은 너무도 순결하기 때문에 노예가 숨쉴 수 없다고 결정했습니다." 그러나 서머싯의 주인측 변호사는 영국에 있는 모든 흑인노예에게 자유를 준다면 경제에 재앙과도 같은 영향을 줄 것이라고 경고했다.

재판은 몇 달간 계속되며 대중의 관심을 불러일으켰다. 사람들은 신문에 난 긴 기사를 읽었고 재판 과정을 지켜보기 위해 몰려들어 자리가 부족한 지경이 되었다.

마침내 수석재판관은 주인은 노예를 강제로 외국으로 옮겨가도록 할 권리가 없다고 말하며 제임스 서머싯의 손을 들어주었다. 비록 이 판결이 영국에서 노예제도는 불법이라는 진술을 담고 있지는 않았지만 사람들은 모두 그런 뜻으로 받아들였다. 1772년 6월 22일 맨스필드 수석재판관이 '이 남자는 석방해야 한다'고 판결했을 때 방청석에서 지켜보고 있던 아프리카인들은 고개를 깊이 숙이며 인사했고 서로서로 손을 잡고 기뻐했다.

토마스 클라크슨

영국에서 나중엔 미국에서 활약했던 노예제 폐지론자들은 자신의 자유를 위해 싸웠던 스파르타쿠스 같은 노예는 아니었다. 그들에겐 개인적인 이해관계가 없었다. 그들은 단지 노예제도가 잘못된 것이기 때문에 폐지해

토마스 클라크슨

야 한다고 굳게 믿었다. 그랜빌 샤프는 법정에서 개인적으로 싸웠다. 하지만 이제 노예제 폐지 운동을 조직하기 위해 누군가 나서야 할 때가 무르익었다. 토마스 클라크슨은 영국성공회 성직자가 되기 위해 캠브리지 대학교에서 공부하고 있었다. 노예제도에 대한 그의 관심은 1785년에 '누군가를 본인의 의지와 다르게 노예로 삼는 것은 합법적인가?'라는 주제로 열린 라틴어 에세이 작문 경연에 참가하면서 시작되었다.

그는 상을 위해 글을 쓰는 것이 내키지 않았다. 그는 스스로에게 질문을 던졌다. 폭력적인 인신약탈, 가족해체, 비참한 대서양 항해 등, 조사 과정에서 알게 된 인간의 이 모든 고통을 앞에 두고 어찌 그럴 수 있단 말인가?

그는 다음과 같이 썼다. '하루 종일 마음을 우울하게 만드는 주제였다. 나는 내 에세이를 더 이상 단순한 문학적 시도로 생각하지 않게 되었다. 아프리카인을 학대하는 악행을 바로잡기 위한 적극적인 대중의 노력을 불러일으키는 작품이 되길 열망했다.' 그는 구할 수 있는 모든 문헌을 찾아 읽으며 그 주제에 열중했다. 그는 에세이 경연에서 당선되었다.

수상식에서 자신의 에세이를 낭독한 후 집으로 돌아오는 길에 그는 말에서 내려 생각에 빠졌다. '내 에세이의 내용이 사실이라면 그 재난에 종지부를 찍을 사람이 나와야만 하겠군.'

그 후로 60년 동안 클라크슨은 멈추지 않고 그 재난과 맞서 싸웠다. 그는 대부분 말을 타고 영국 전역을 돌아다니며 증거를 모으고, 목격자와 면담하고, 지역에 위원회를 만들고, 모임에서 연설했다. 여행한 거리만 5만6천 킬로미터나 되었다. 또한 계속해서 소감문과 일지를 기록하여 노예 학대에 관심을 촉구하는 소책자를 발간했으며, 정치인이나 동료 활동가들에게 편지를 보냈다. 때로 그는 건강을 잃었고 심지어는 목숨을 잃을 뻔한 적도 있었다.

클라크슨은 퀘이커교도와도 접촉해서 1786년에 그의 《노예제도와 인간 무역에 관한 시론》을 함께 출판했다. 또한 그랜빌 샤프의 활동에 대해서도 알게 되었고, 성공회 목사 제임스 램지도 만났는데 그는 서인도제도에서 돌아왔기 때문에 그곳의 노예제도에 대해 상세한 이야기를 해줄 수 있었다. 이 세 사람은 다른 사람들을 규합해 노예무역 철폐협회를 만들고 1787년 5월 22일에 그 첫 모임을 가졌다.

세 명의 의지 충만한 성공회교도와 함께 출범한 이 신생 협회는 사회적 존경을 불러일으키기에 충분했다. 회원들은 굳건한 이상뿐만 아니라 실천할 수 있는 유연한 태도도 함께 지니고 있었다. 그들 모두는 노예제도를 혐오했지만 처음에는 의회가 노예제도 자체가 아니라 노예무역을 폐지하게 만드는 데 집중하기로 결정했다. 그들은 앞으로 그들에게 대항할 두 개의 집단이 있음을 알고 있었다. 노예무역에서 거대한 이익을 남겨왔던 런던, 리버풀, 브리스틀 그리고 맨체스터의 부유한 상인들과 목화, 담배, 쌀, 인디고 등을 재배해 부자가 된 카리브 제도의 농장주들이 그들이었다. 이 상인들과 농장주들 중 일부는 영국에 살았는데 그들 중 또 일부는 의회의 의원이기도 했다. 그 때문에 노예제도 자체를 폐지하려는 시도는 아직은 현실적이지 않았던 것이다.

그러나 회원들은 인간 무역을 없애는 것이 노예제도 자체를 폐지하는 단초가 될 것이라 믿었다. 아프리카인의 공급이 끊기면 노예주들은 지금 부리고 있는 노예가 계속 일할 수 있도록 선상을 챙겨주며 더 나은 대우를 할 것이었다. 노예주들은 머지않아 강제로 일을 시키는 것보다 노예에게 노동의 대가를 지불하는 편이 더 많은 이득을 가져

올 것을 알게 될 것이니 그러면 노예제도가 사라질 것이라고 믿었다.

노예무역을 종식시키기 위해서는 의회가 법안을 통과시켜야 하는데 부결될 확률이 높았다. 그래서 클라크슨은 다음 단계를 의회 안에서 적극적으로 활동할 협력자를 찾는 것으로 잡았다. 그는 뛰어난 연설가로 알려진 윌리엄 윌버포스 의원을 소개받아 그에게 필요한 정보를 제공했다. 윌버포스는 그것을 바탕으로 의회에서 연설을 행할 것이었다. 클라크슨은 대중의 관심을 이끌어낼 방책도 찾아야 했다. 영국 남자들 열 명 중 하나만이 선거에서 투표권을 행사할 수 있었지만(여자는 투표권이 아예 없었다) 의원들은 신문을 읽으며 어떤 이슈가 대중의 마음을 사로잡고 있는지 알아내려고 노력할 것이기 때문이었다.

노예제 폐지의 적들

협회가 성공적으로 조직되자 클라크슨은 노예제도와 노예무역에 대한 정확한 실태를 파악하기 시작했다. 그는 조사를 위해 노예선이 정박해 있는 항구에 찾아갔다. 원래 쉽게 눈에 띄는 큰 키와 붉은 머리를 가졌기 때문에 그의 반대자들도 그를 금방 알아보았고 그래서 섬뜩한 일도 많이 겪었다. 한번은 클라크슨이 리버풀 부두의 끝에서 걸어 나오기 시작했다. 그때 여덟아홉 명쯤 되는 사람들이 앞에서 걸어오는 것이 보였다.

나는 그들이 내가 지나가도록 길을 비켜 주리라 생각했다. 하지만 그들은 길을 막아섰다. …… 나는 굉장히 놀랐는데, 그들은 나를 부두 끝에서 바다에 밀어 넣으려고 계획하고 있었던 것이다. 위험을 감지한 나는 격렬하게 앞으로 돌진했다. 내가 그들 중 하나와 부딪히자 그가 넘어졌고 대열이 흐트러진 틈을 타 나는 재빨리 빠져나올 수 있었다. 그 짧은 시간에도 그들은 욕설을 하며 나를 가격했다.

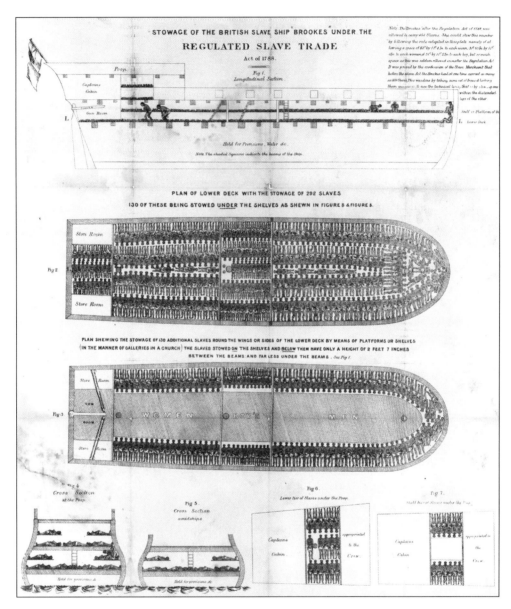

노예제 폐지 운동가들은 이 충격적인 도표를 자주 이용했다. 482명의 인간을 화물처럼 줄지어 늘어놓은 노예선 브룩스 그림 덕택에 노예무역에 대한 반대가 대중적으로 끓어올랐다. 이 도표는 신문과 책, 소책자는 물론 선술집의 벽에도 등장했다.

저명한 영국 도예가 조지아 웨지우드는 일찍부터 노예무역을 없애는 캠페인을 지원했다. 그의 회사는 '나는 사람도 형제도 아닌가?'라는 문구와 함께 쇠사슬에 묶인 노예의 모습을 로고로 고안했다. 폐지론자들은 이 로고를 전단에 인쇄하거나 큰 메달로 만들어 사람들이 몸에 걸게 했다.

그에게 적이 있었다는 것은 놀라운 일이 아니었다. 그가 가는 곳은 대부분 사람들의 생활이 직간접적으로 노예제도와 연결되어 있었다. 브리스틀의 대형 상점들만 해도 담배, 코코아, 설탕 같은 서인도제도 산물로 가득 차 있었다. 리버풀을 보자면 1783~1793년 사이에 30만 명이 넘는 노예들이 서인도제도에서 끌려왔다. 또한 많은 노예선이 그곳에서 건조되었는데 그 노동자들의 벌이도 노예무역에 의존하고 있었던 것이다. 클라크슨은 자진해서 도시를 떠날 것과 그러지 않으면 살아남지 못할 것이라는 협박 편지들을 받았다. 하지만 그는 용감했고 그대로 머물렀다.

그는 항해할 때 노예가 지내던 곳을 조사하기 위해 노예선에 올라서 선장과 선원들에게 말을 붙여 보려고 했지만 대부분 그를 피했다. 일자리를 잃게 될까 두려워했기 때문이다. 그러나 그는 운 좋게도 인원들이 넘쳐났던 노예선에서 일했던 의사들을 만날 수 있었다. 이 의사들은 많은 사람들을 괴롭히고 죽였던 질병을 치료했고 선장이 아프리카에서 건강한 노예를 살 수 있도록 도왔다. 두 의사 제임스 아놀드와 알렉산더 팰컨브리지는 이 일을 하며 마음이 편치 않았다. 아놀드는 빚에 몰려 이 일을 하게 되었고 당시에는 마지막으로 한 번 더 항해를 하고 그만둘 계획이었다. 그는 클라크슨을 위해 진술하기로 결정했다. 팰컨브리지는 네 번의 항해 경험이 있었는데 많은 사람들을 고통에 빠뜨리는 이 일에 넌더리가 나서 완전히 손을 뗀 상태였다. 그 역시 자신이 목격했던 것을 의회 위원회에서 증언하겠다고 클라크슨과 약속했다. 클라크슨 협회의 회원 하나가 팰컨브리지의 진술을 바탕으로 1788년 2월에 소책자를 출간했다. 이제 대중들은 노예선의 중간 항로에 대해 접할 수 있게 되었던 것이다.

클라크슨을 격분하게 만든 도구는 수갑과 족쇄 말고도 많았다. 엄지손가락을 죄는 고문 도구와 음식을 거부하며 자살을 시도하는 노예의 입을 비틀어 여는 장치 같은 것들이었다. 클라크슨은 노예상인의 잔인함을 폭로하기 위해 이 물건들을 사들였다.

병든 흑인들에게 할당된 거처는 견습생 등의 숙소로 쓰이는 반 갑판 아래에 있었다. 그들은 그곳에서 두꺼운 판자 맨 바닥에 누워 있었다. 그 때문에 몸이 쇠약해져 갔고 배가 요동칠 때마다 몸도 움직여서 그들의 피부와 살은 완전히 쓸려 나갔다. 어깨, 팔꿈치, 엉덩이 같이 튀어나온 부분이 특히 심해서 뼈까지 드러나는 지경이 되었다. …… 아침이 되어 의사가 갑판 이리저리 회진을 다니면 …… 몇몇은 죽어 있기 일쑤였다.

아프리카인만이 노예선에 억지로 탄 것은 아니었다. 영국인도 속아서 선원이 되었다가 보수를 떼이는 경우가 자주 있었다. 또한 배 위에서 비인간적인 대우도 받았다. 한 선원은 등에 뜨거운 타르를 뒤집어썼고 또 다른 선원은 갑판에 며칠씩 쇠사슬로 묶여 있기도 했다. 매질은 다반사였고 말라리아나 황열병에 걸리는 선원들도 있었다. 클라크슨은 런던 세관의 문서를 조사하던 중에 중긴 항로를 항해하던 백인 선원들이 평균적으로 10명 가운데 8명만이 살아 돌아왔음을 발견했다. 이것은 굉장히 유용한 정보였다. 얼마나 많은 영국인이 희생되었는지 알면 사람들은 노예무역을 더욱 꺼리게 될 것이기 때문이었다.

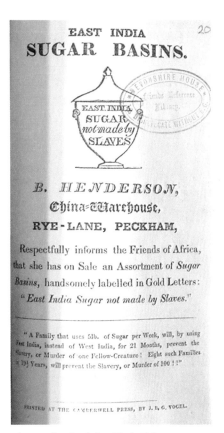

EAST INDIA
SUGAR BASINS.

EAST INDIA
SUGAR
not made by
SLAVES

B. HENDERSON,
China-Warehouse,
RYE - LANE, PECKHAM,

Respectfully informs the Friends of Africa,
that she has on Sale an Assortment of *Sugar
Basins*, handsomely labelled in Gold Letters:
" *East India Sugar not made by Slaves.*"

"A Family that uses 5lb. of Sugar per Week, will, by using
East India, instead of West India, for 21 Months, prevent the
Slavery, or Murder of one Fellow-Creature! Eight such Families
in 19½ Years, will prevent the Slavery, or Murder of 100 ! !"

PRINTED AT THE CAMBERWELL PRESS, BY J. B. G. VOGEL.

이 포스터는 '노예가 만들지 않은 동인도 설탕'이라는 문구로 설탕을 광고하고 있다. 이를 통해 서인도의 노예가 아니라 동인도의 자유로운 노동자가 생산한 설탕을 차에 넣었다고 고객들을 안심시킬 수 있었다.

캠페인이 시작되다

런던으로 돌아가는 길에 클라크슨은 맨체스터에 들렀다. 노예가 경작한 면화로 공장에서 의복을 만드는 산업이 발달하고 있던 도시였다. 그는 적대적인 행위에 부딪힐 것이라 예상했지만 놀랍게도 이미 한 시민 단체가 노예무역에 반대하는 청원을 의회에 제출하려고 준비 중이었다. 그들은 주일 예배에서 설교해 달라고 클라크슨을 초청했다. 그는 설교 주제를 '너희는 이방인을 학대하지 말지어다. 너희가 이집트 땅에서 이방인이었음을 돌아본다면 이방인의 마음을 알지어다'라는 성경의 말씀으로 택했다. '많은 흑인들이 설교단 주위에 몰려든' 모습을 보고 클라크슨은 가슴이 뭉클해졌다. 그가 방문하고 나서 머지않아 맨체스터의 노예제 폐지 위원회는 그곳 인구의 5분의 1이나 되는 만 명이 넘는 사람들의 서명을 받아 의회에 청원서를 제출했다.

클라크슨은 사실과 통계와 전시물로 무장하고 또한 기꺼이 증언하겠다는 목격자 명단을 들고 런던으로 돌아왔다. 협회는 회보를 배포하고 기부를 요청했는데 이는 많은 사람들의 마음을 움직였다. 곧 노예무역 문제는 모든 사람들 사이에서 화제가 되었다. 동시에 공개토론이 대중의 흥미를 사로잡아서 노예무역 폐지 문제로 런던에서 2월 한 달에만 7차례나 열렸다.

여성의 목소리

여성은 투표권도 공직에서 일할 수 있는 권리도 없었지만 그들 자신의 의견은 있었다. 많은 여성들이 노예제도의 실상에 놀랐고 노예제 반대의 뜻을 자기 집 응접실이나 식당에서 알렸다. 서인도제도에서 제조된 설탕이 아프리카 노예들의 고통으로 얼룩져 있었기 때문에 그들은 그것을 사는 것을 거부하고자 했다.

메리 버켓이라는 젊은 퀘이커교도 시인은 여성들에게 설탕을 이용해 계속 노예를 고통스럽게 하거나 아니면 그들이 자유를 얻도록 피로 물든 사치품을 거부하여 돕거나 둘 중에서 선택해야 한다고 말했다.

우리가 더 이상 피로 물든 사치품을 택하지 않는다면……

그것을 사소한 부류의 일이라고 말하지 말자……

그렇지 않다 – 가장 가치 있는 공헌을 하는 것이다

모든 사악함 속에는 – 온갖 악행이 깃들어 있다

설탕 거부 캠페인에 불이 붙었다. 영국을 이곳저곳 여행하면서 클라크슨은 얼마나 많은 사람들이 설탕 불매운동을 벌이고 있는지 목격했고 최소한 30만 명이 설탕 이용을 거부하고 있다고 어림잡았다.

1700년대 말에 여성들은 거의 대중 연설을 하지 않았지만 노예제도 문제가 그들을 밖으로 이끌었다. 어떤 여성들은 노예제 반대 논쟁에 모습을 나타냈다. 또 어떤 여성들은 글로써 노예제도를 공격했다. 유명 극작가 한나 모어는 '노예제도, 한 편의 시'를 써서 '마을 불태우기'부터 '비명을 지르는 아기'를 엄마한테서 떼어가는 행위에 이르기까지 아프리카에서 자행된 인신약탈에 대해 공포를 불러일으켰다.

흑인 운동가들

많은 해방노예들은 런던에서 살고 있었지만 클라크슨은 그들을 의회 청문회에 출두하여 진술하게 하지 않았다. 왜 그랬을까? 그 시절에는 인도적인 폐지론자조차도 대부분 흑인보다 백인 목격자에게 더 큰 의미를 두었다. 흑인들은 글로써 대중의 여론에 영향을 주는 경우가 많았다.

필리스 위틀리

필리스 위틀리는 겨우 여덟 살 때 아프리카에서 납치되어 존 위틀리라는 사람에게 팔렸다. 그는 보스턴에 사는 상인이자 재단사였다. 위틀리 집안사람들은 마치 한 가족처럼 대하며 그녀에게 성경 읽는 법을 가르쳐 주었다. 게다가 그녀는 혼자서 쓰기도 익혔다. 얼마 지나지 않아 그녀는 시를 지었고 1773년에 영국을 방문했는데 그곳에서 시집 《여러 주제에 관한 시, 종교 그리고 도덕》이 출판되었다. 그 시집은 커다란 반향을 일으켰는데 많은 영국인들은 아프리카인이 백인처럼 지성을 개발시킬 수 있다고 믿지 않았기 때문이다. 시집이 출판되자 주인은 그녀에게 자유를 주었고 그녀는 공개적 노예제 폐지 집회에서 활약하는 연설가가 되었다. 그리고 1789년에 노예상인에게 납치되었던 경험을 주제로 한 시도 출판하여 영국에서 폐지 운동에 불을 붙였다.

어린 나이에 나는 잔인한 운명을 보았다
그리운 아프리카 행복했던 보금자리에서 납치되어
가슴 에이는 이 고통은 어찌나 나를 괴롭히는지
또 얼마나 큰 상심이 부모의 마음을 휘젓고 있을지

대중을 사로잡은 필리스 위틀리의 시는 노예제도만을 소재로 한 것은 아니었다. 아이의 죽음을 위로하는 것이나 영국 왕을 칭송하는 시를 써서 그에게 보낸 것도 있다.

오토바 쿠고아노

오토바 쿠고아노는 아프리카에서 납치된 후 총 한 자루와 총알, 옷 한 벌에 팔려 노예가 되었다. 그의 책 《인간 매매에 대한 견해와 감상》은 1787년에 출판되었다. 노예를 잔인하게 대하는 그레나다에서의 경험을 자세히 묘사하고 있는데 '사탕수수를 한 토막이라도 먹으면 가혹하게 매질당하거나 얼굴을 두드려 맞아 이가 부러지기도 했다'는 내용도 나온다. 쿠고아노는 독자들에게 영국인은 '세상에서 가장 교양 있고 개화한 사람들인데 …… 왜 가장 야만적이고 잔인하고 정의롭지 못한 거래를 할 수 있는지, 또 왜 많은 이들이 노예제도와 약탈, 살인을 범죄로 생각하지 않는지' 물었다. 나아가 그는 노예는 강탈당한 사람으로서 도망치고 저항해야 하는 커다란 의무가 있다고 주장했다. 왜냐하면 '노예를 만드는 자는 강도이기 때문이다.'

올로다 에퀴아노

올로다 에퀴아노는 처음에는 영국 해군 장교가 노예로 삼았는데 그에게 거스테이버스 바싸라는 이름을 붙여주고는 함께 자주 항해를 했다. 그 다음 주인은 한 선장으로 그를 서인도제도로 데려갔다. 마지막 주인은 필라델피아의 퀘이커교도 상인으로 그가 스무 살쯤 되었을 때 40파운드를 받고는 자유롭게 놓아주었다. 그의 책 《올로다 에퀴아노 또는 거스테이버스 바싸의 삶에 대한 재미있는 이야기》가 1789년에 출판되었는데 이 책은 노예제도에 대항한 싸움에서 강력한 무기가 되었다. 에퀴아노가 직접 목격한 노예제도의 참상을 연대순으로 기록했다.

보험금을 타기 위해 살아 있는 노예 133명을 바다에 던진 종호의 선장 이야기를 그랜빌 샤프에게 들려준 것이 바로 이 에퀴아노였다.

올로다 에퀴아노의 《재미있는 이야기》는 '말을 못하게 하거나 음식을 먹지 못하도록 입을 막는 장치를 머리에 씌우는 것도 있었다'고 전하고 있다.

의회의 점진적인 변화

소책자, 책, 시, 설탕 거부 그리고 의회 청원(1788년에만 102건) 등을 통해 의회 표결을 성사시킬 토대가 준비되었다. 그러나 의회의 작업은 서서히 진척되었다. 노예무역을 둘러싼 논쟁이 시작된 지 1년이 지난 1789년, 노예무역에 반대하는 윌버포스의 법안은 88:163의 표결로 통과되지 못했다. 반대자들은 영국의 법은 결코 노예무역을 없애지 않을 것이라고 단언했다. 또한 그 이유가 영국인이 버린 사업을 프랑스인이 받아들여 결과적으로 그들만 부유해지기 때문이라고 했다.

폐지론자들은 포기하지 않았다. 윌버포스는 계속해서 노예무역에 반대하는 여러 법안을 제출했다. 그것이 법으로 확정되려면 의회 안의 상원과 하원 모두에서 그 법안이 통과되어야 했다. 1792년에 마침내 그의 법안 중 하나가 하원에서 과반수를 훨씬 넘는 230:85의 표결을 얻어냈지만 상원에서는 부결되었다.

그러나 노예무역 폐지의 가능성이 엿보이던 바로 그 시기에 참사가 일어났다.

공포에 사로잡히다

1789년 7월 14일, 프랑스 혁명가들이 파리의 바스티유 감옥을 급습하였고 그 후로 10년간 왕과 왕비를 포함하여 많은 상류계급 사람들의 목숨을 앗아간 피로 물든 혁명에 불을 붙였다. 혁명가들의 '자유, 평등, 박애'의 외침은 프랑스 국경을 넘어 퍼져나갔다. 혁명의 소식이 카리브해의 섬 생도밍그(오늘날의 아이티)에 닿자 프랑스 사탕수수 농장과 공장의 열악한 환경에서 고된 노동을 하던 50만 명의 아프리카 노예들은 혁명이 자신들에게도 자유를 가져다 줄 것이라는 희망에 부풀기 시작했다. 그러나 프랑스의 혁명 정부도 그 정도의 준비는 되어 있지 않았다. 사탕수수 플랜테이션은 프랑스에 막대한

프랑스인은 투생 루베르튀르의 군대가 어느 곳에나 있다고 불평했다. 한 병사가 말했듯이 "나무마다 구덩이마다 바위마다 비겁한 암살자의 눈이 숨어 있었다." 그러나 영국의 유명 시인 윌리엄 워즈워스는 투생의 승리를 축하했다.

부를 가져다주기 때문이었다.

혁명 정부의 노예해방에 대한 거부는 아메리카에서 매우 크고 격렬한 반란을 촉발했다. 1791년에 노예들은 사탕수수 밭과 설탕 공장과 그들 주인의 사유지를 불태웠다. 또한 기계를 파괴하고 수확용 칼로 백인 남녀와 아이들까지 학살했다. 그러자 공포에 사로잡힌 생도밍그의 백인 만 명이 미국으로 달아났다.

투생 루베르튀르는 반란의 편에 선 사람들에게 종종 '검은 스파르타쿠스'라 불렸다. 그는 처음부터 반란에 참여하지 않았고 더욱이 노예도 아니었다. 사실 그는 노예가 일하는 농장을 관리하던 노예 소유자였다. 처음에 그는 농장주의 재산을 보호하려고 했으나 그가 도망치자 반란에 동참하여 프랑스에 대항했다.

스페인과 영국은 프랑스가 힘이 약해진 틈을 이용하여 식민지를 빼앗으려고 했다. 투생에게 이것은 노예제도를 끝낼 수 있는 기회를 제공했다. 반란자들이 프랑스의 적과 손을 잡은 것이었다. 프랑스인조차 그의 빛나는 책략을 칭찬했다. 프랑스는 패했고 1794년에 생도밍그의 노예들은 해방되었다.

그러자 투생은 다시 편을 바꿔 프랑스와 손을 잡았다. 프랑스인은 그가 존경 받는 지도자임을 깨닫고는 그에게 총독 자리를 약속했다. 노예 인구의 3분의 1이 죽고 수백 개의 플랜테이션이 파괴되자 투생은 설탕 산업을 다시 살려야 한다고 생각했다. 결국 그는 옳지 못한 결정을 내리게 되었다. 그는 예전의 농장주들을 그대로 두기로 했고, 대농장을 작게 분할하여 사람들에게 나눠주려던 계획도 철회했다. 그렇게 하면 섬을 위한 충분한 부를 생산하지 못할 것이라 걱정했기 때문이다. 오히려 노예에서 해방된 사람들을 강제로 옛주인을 위해 일하도록 만들었다.

사람들은 투생에게 크게 실망했다. 그가 노예들의 노동 시간을 줄이고 노동자한테 채찍질하는 것을 금지했으며, 플랜테이션 생산의 3분의 2를 회복시켰어도 마찬가지였다. 그렇게 피를 흘리고도 왜 계속 백인이 소유한 농장에서 일을 하며 살아야 하는가?

그러는 사이 프랑스는 아이티를 침공한다는 새로운 결정을 내렸다. 투생으로부터 섬의 정권을 빼앗아 노예제도를 다시 도입한다는 은밀한 계획도 포함되어 있었다. 투생의 인기가 시들자 프랑스는 그를 단번에 잡아 감옥에 가둬버렸다. 투생은 차갑고 축축한 독방에서 형편없는 대우를 받으며 고생하다 그만 죽고 말았다. 그러나 결국 프랑스도 황열병과 아이티인을 이길 수는 없었다. 6만 명의 군인과 선원들을 잃고 나서 그들은 섬을 떠났다. 마침내 1804년에 아이티는 독립을 선언했다.

영국인은 노예 반란이 카리브해의 다른 섬들로 확산될까 두려워했다. 그 우려는 곧 현실로 나타났다. 그레나다, 세인트빈센트, 세인트루시아와 자메이카로 반란이 확산된 것이다.

'자유, 평등, 박애'의 외침은 영국에서도 들렸다. 급진적 노동자 조직들이 속속 결성되었고, 1792년 9월에 2천 명의 프랑스 귀족이 살해당했다는 소식이 도착하자 영국 지배계급은 공포에 사로잡혔다. '우리 역시 부와 권력을 빼앗기는 것은 물론 결국 살해당하는 것은 아닐까?' 하는 생각 때문이었다.

1794년 2월, 프랑스 혁명정부는 유럽에서는 처음으로 자신의 모든 식민지에서 노예제도를 폐지했다. 이에 영국의 일부 사람들은 폐지론을 내세우는 프랑스인을 비난했다. 또 다른 영국인들은 생도밍그의 노예반란을 들며 자국의 폐지론자들을 비난했다. 프랑스혁명에 대한 지지를 숨기지 않았던 토마스 클라크슨은 위험한 급진주의자로 고발되었다. 폭도들이 급진주의자의 서적은 물론 급기야 그들의 집까지 불태웠다. 정부는 사람들에게 '왕국의 헌법에 대해 …… 증오나 모욕을 선동하거나 자극'할 수 있는 연설을 금지하는 법안과 50명이 넘는 대중 집회는 판사의 승인을 얻어야 한다는 법안 두 개를 통과시켰다. 비록 윌버포스가 1794~1799년까지 해마다 법안을 제출하기는 했지만 폐지론이 승리하기에는 아직 때가 무르익지 않았다.

되살아나는 노예무역 폐지론

노예무역 폐지 운동은 1804년이 되어서야 다시 탄력을 받기 시작했다. 프랑스 지도자 나폴레옹은 자신을 황제로 선포하고 노예제도를 되살렸다. 영국인들은 영국을 침략하겠다고 협박했던 나폴레옹을 혐오했기 때문에 이제 그들이 노예제도를 반대하는 것은 한결 쉬워졌다.

또 다시 소책자들이 출간되고 여성들은 설탕을 거부하고 윌버포스는 의회에서 의안을 발의했다. 폐지론자들의 위원회가 다시 결성되었고 그에 대한 하원의 지지도 다시 일기 시작했다. 마침내 1806년 1월, 의회는 노예제도 폐지를 둘러싼 논쟁을 다시 시작했다.

이번에는 분위기가 달랐다. 생도밍그가 프랑스를 물리치고 독립했기 때문에 영국이 노예무역에서 손을 떼면 프랑스가 모든 이득을 독점할 거라는 주장은 나오지 않았다. 그리고 노예제도에 대한 목격자들의 보고서가 위원회가 아니라 전체 하원에서 발표되었다. 전에 서인도제도에서 장교를 지냈던 존 도일 경은 의회 청문회에서 자신이 들었던 임시 가옥에서 흘러나오던 끔찍한 신음소리에 대해 진술했다. 그와 병사들이 안으로 들어가서 목격한 것은 다음과 같았다.

"한 노예가 쇠사슬에 묶여 꿈쩍도 하지 못하는 상태로 나흘 동안이나 바닥에 누워 있었습니다. …… 그의 양쪽 귀 대부분을 큰 쥐들이 뜯어먹어 사라지고 없었습니다."

1807년 2월에 윌버포스의 법안은 통과되었다. "우리 의회는 아프리카인 노예무역을 정의와 인간성, 건전한 정책의 원리에 반하는 것으로 규정하고 노예무역을 폐지하기 위해 신속하고 효과적인 조치를 취해나갈 것이다."

많은 폐지론자들과 마찬가지로 클라크슨은 자신이 노예무역을 종식시키는 것을 통해 하나님의 일을 수행했다고 믿었다. 다음 날 그는 한 친구에게 다음과 같이 편지를 썼다.

이번 일이 가져다준 기쁨을 어떻게 표현해야 할지 모르겠군. 의안에 찬성한 표는 203표, 반대한 표는 16표일세. …… 나는 자비로우신 아버지(하나님)께 큰 감사를 드리며 런던을 떠날 걸세. 그분은 내 생애의 일부분을 억압받는 동료 피조물을 위해 바치도록 기꺼이 허락하셨네.

자유를 현실로 만들기

그렇지만 아직도 노예들은 바베이도스의 사탕수수 밭을 갈고 자메이카의 공장에서 사탕수수를 가공하고 있었다. 노예무역이 사라져 새로운 노예가 공급되지 않았기 때문에 일부 농장주는 자기 노예들을 잘 먹였을 뿐 아니라 심지어 그들을 보호하기 위해 안전 장치까지 설치하기 시작했다. 하지만 폐지론자들이 희망하듯 노예제도가 완전히 사라진 것은 아니었다.

1823년 전통 있는 노예제 반대협회의 회원이었던 고참 활동가들이 '영국의 모든 영토에서 노예제도를 축소하고 점진적으로 폐지하기 위한 런던협회'를 결성했다. 그들은 영국이 더 이상 급격한 변화를 받아들이지 않을 것이라 생각했다.

클라크슨은 다시 한 번 긴 여행길에 나섰다. 한 해에 두 번 총 1만6천 킬로미터에 달하는 거리를 움직이며 230개의 지부를 만들어 777개의 청원서를 의회에 제출하게 했다. 이번에는 대중들이 위원회보다 한 발 앞서 나가 있었다. 클라크슨이 썼듯이 가는 곳마다 사람들은 즉각적으로 폐지할 것을 요구했다.

여성의 목소리가 다시 나오다

이제는 여성들이 솔선수범하기 시작했다. 엘리자베스 헤이릭이 그 중 하나였다. 그녀가 쓴 소책자 제목은 《점진적이 아닌 즉각적 폐지》로 매우 분명하고 직접적이었다. 헤이릭은 퀘이커교도이자 교사로서, '대담하고 간결하게 거짓 없는 태도를 세상에 드러낼 때 진실과 정의가 최선의 길을 열어준다'고 믿고 있었다. 그녀에겐 지체할 아무런 이유가 없었다.

그녀는 특유의 솔직함으로 식료품 상인들에게 노예가 생산한 물품을 도둑에게서 받은 장물로 비교하면서 거부하라고 주장했다. 1826년 의원선거에서 그녀는 즉각적 폐지를 지지하는 후보에게만 투표하자고 사람들을 독려했다.

여성들은 스스로 노예제도 반대단체들을 조직했다. 셰필드에서는 남성들의 노예제도 반대협회가 점진주의를 고집하고 있었는데, 이 여성단체들은 즉각적 폐지를 요구했다. 오늘날 정치가와 운동가들은 집집마다 방문하며 자신들의 생각을 확산시킨다. 이런 방식을 처음 실천한 것이 버밍엄의 여성 폐지론자들이었다. 도시 안의 80%에 이르는 가정의 문을 두드리며 그들의 생각을 전달했다. 노예제 폐지 활동가인 한 남자는 그들의 효과적인 활동에 경탄했다.

여성단체들은 …… 모든 것을 했다. 자금을 모아 출판물을 배포하고, 귀찮게 찾아가 설명하고 호소하고 훈계했다. 공개적인 모임을 조직하여 그곳을 사람들로 가득 채웠다. 단호하게 작성한 청원서에 서명해줄 것을 당당하게 요구했다. …… 한마디로 그들은 노예제 폐지를 위한 구조물을 완벽하게 구축했던 것이다. 그들의 활약이 없었다면 우리는 마지막까지 버틸 수 없었을 것이다.

노예 반란

폐지론자들의 목소리는 영국을 넘어 카리브 제도까지 나아갔다. 그곳 노예들은 이런 노래를 불렀다.

> 오, 나의 좋은 친구 윌비포스 씨가 우리를 자유롭게 했네.
> 전능하신 신이여 고맙습니다! 전능하신 신이여 고맙습니다!
> 전능하신 신께서 우리를 자유롭게 하시는구나!

항구에서 일하는 노예들은 바다 건너 소식을 전해주는 선원들을 만날 수 있었다. 그리고 저녁 식탁에서 시중을 들며 주인과 여주인이 이야기하는 내용을 엿듣기도 했다. 윌버포스와 폐지론자들에 대해 알게 되면서 그들은 마음속으로 희망을 품었을 뿐 아니라 직접 행동까지 나섰다.

데메라라(오늘날의 가이아나)에 있는 항구도시 조지타운에서는 왕이 이미 그들을 해방시켰다는 소문이 노예들 사이에서 떠돌았다. 그곳에는 존 스미스라는 젊은 선교사가 있었는데, 그는 백인 프로테스탄트로서 노예에게 우호적이었고 교회를 운영하며 노예 아이들에게 은밀히 읽기를 가르치고 있었다.

어느 날 한 무리의 노예가 그 교회의 흑인 집사를 앞세우고는 식민지 정부로 몰려갔다. 그리고는 "하나님은 우리를 백인과 같은 살과 피로 창조하셨는데 우리는 그들의 노예가 되어 너무도 고된 삶을 살고 있습니다. 그래서 우리의 자애로운 왕께서 명령하시어 우리에게 자유를 주고 더 이상 일을 하지 않아도 되도록 하셨습니다" 하고 항의했다.

말로 시작된 일이 유혈 사태로 끝을 맺었다. 수천 명의 노예가 반란을 일으켰다. 식민지 정부의 군대가 250명의 노예를 살해하며 봉기는 진압되었고 존 스미스는 반란을 선동했다는 누명을 쓰고 감옥에 갇혔다. 축축한 독방에 있던 스미스는 다음과 같은 성경의 문구를 적어 밖으로 몰래 내보냈다. '우

왜 노예제 폐지운동은 영국에서 일어났으며 성공할 수 있었을까?

역사가들은 그 이유에 대해 확답은 하지 못하지만 그 운동이 영국, 프랑스, 미국 등 서양 문화의 풍토에서 일어났음을 지적한다. 아시아나 아프리카, 아랍에는 노예제를 폐지하기 위한 대중적 운동이 일어나지 않았던 것이다.

서양에서 노예제도를 문제시하게 된 것은 두 가지 힘이 작용했다.

첫 번째는 종교이다. 서양 문명은 유대교와 크리스트교 성경에 그 뿌리를 두고 있다. 많은 노예 소유자가 노예제도의 정당성을 성경에서 찾기도 했지만 폐지론자들은 성경 내용 중에서도 억압자에 반대해 노예의 편에 섰던 하나님의 이야기에 초점을 맞추었다.

두 번째는 18세기에 일어났던 계몽운동이다. 영국의 존 로크나 프랑스의 몽테스키외 같은 철학자들은 그 시대에는 급진적이었던 사상을 전파했다. 모든 사람은 자유롭고 평등하게 태어나며 인간의 기본적 권리를 공유한다는 사상이었다. 이에 영향을 받은 폐지론자들은 어떤 사람이 다른 사람을 소유할 수 있다고 믿는 이들에 대항해 싸울 때 자신의 사상적 근거로 삼을 수 있었다.

리는 사방에서 죄어 와도 움츠러들지 않으며, 답답한 일을 당해도 낙심하지 않으며, 박해를 당해도 버림받지 않으며, 거꾸러뜨림을 당해도 파괴되지 않습니다.' 그는 교수형을 선고받았다. 런던 정부는 태도를 누그러뜨려 집행유예 명령서를 데메라라로 보냈지만 그것이 도착했을 때는 이미 때가 늦었다. 그는 감옥에서 결핵으로 죽었던 것이다. 그의 이야기가 영국 신문에 상세하게 보도되었고 그에 대한 대중적인 동정 여론은 노예제 폐지에 대한 지지를 강화시켰다.

데메라라처럼 자메이카에서도 왕이 노예를 해방시켰다는 소문이 돌면서 희망이 솟아올랐다. 1831년의 크리스마스가 일요일과 겹쳤기 때문에 하루를 더 임시휴일로 하자는 청을 농장주들이 거부했고 이에 노예들은 격분했다. 노예 설교사인 새뮤얼 샤프는 섬을 이리저리 돌면서 자유를 위한 길에 동참하라고 호소하며 농장주에 대한 저항을 조직했다. 처음에는 노동에 대해 임금을 지불할 것을 요구하며 동맹파업에 나섰지만 2, 3천명의 노예가 참가하는 반란으로 발전했다. 백인 사망자 수는 14명으로 많지 않았지만 플랜테이션은 200개가 넘게 불탔다. 정부는 신속하고 무자비하게 대응했다. 200명의 반란 참가자가 살해되었고 나중에 새뮤얼 샤프를 포함해 300명이 넘게 처형되었다.

샤프의 처형을 지켜본 한 목격자가 다음과 같이 전했다. "그가 확고하고 위엄 있는 걸음으로 형장으로 나왔습니다. 위아래 하얀 색 옷을 맞춰 입었는데, 그의 주인 가족 여인들 몇몇이 그가 좋아했던 사람들과 함께 만들어 준 것이었죠. 그들 모두는 그의 때 이른 죽음에 안타까워했습니다." 오늘날까지 자메이카 사람들은 그의 마지막 말을 기억하고 있다. "노예로 사느니 차라리 저 교수대에서 죽겠다."

자메이카 식민지 이주자들은 반란의 책임을 선교사들에게 돌렸고, 이 때문에 두려움에 사로잡혔던 성직자들은 영국으로 피신해 갔다. 영국에서 그들은 백인이 노예에게 자행한 잔혹행위에 대해 들려줬고 대중의 여론은 노예제와 그 지지자들에 대해 더욱 반감을 갖게 만들었다. 영국의 관리들은 반란이 계속해서 일어날 것이라 예측했다. 한 해군중장은 의회 위원회에서 다음과 같이 진술했다. "지금 노예들이 잠자코 있는 단 하나의 이유는 그들이 …… 해방되기를 바라고 있기 때문입니다." 그는 이어서 "만약 그렇게 되지 않는다면 곧 반란이 일어날 것입니다" 하고 경고했다.

"괴물은 죽었다."

1830년 무렵에는 영국에 노예제를 반대하는 1,200개의 지역 단체가 만들어져 즉각적인 노예해방을 요구했다. 그러나 의회는 부유하고 작위를 가진 사람들에 의해 장악되어 있었고, 그 중 많은 이들이 노예 노동을 통해 부를 획득하고 있었다. 그리고 영국인 중 적은 수의 사람들만이 투표에 참여할 수 있었다. 크고 부유한 도시 맨체스터는 노예제 폐지에 찬성하는 분위기가 우세했지만 하원의원이 전혀 없었다. 좀 더 많은 영국인을 투표에 참여하도록 하는 법안이 1831년에 상정되었지만 상원에서 부결되었다. 사람들은 더욱 분노했고 개혁 법안을 빨리 통과시키지 않으면 폭동이 일어날 수 있음을 정부도 인지하기 시작했다. 결국 1832년에 개혁 법안이 통과되었고 노예제를 반대하는 의원이 다수 당선되었다.

1833년에 의회가 새롭게 열리자 노예제 반대 단체들은 다우닝 가에 있는 수상 집무실 앞에서 평화 시위를 적극적으로 벌였다. 1833년 여름, 마침내 노예해방 법안이 상하 양원에서 통과되었다.

그렇지만 노예에게 즉각적으로 자유를 허용한 것은 아니었다. 완전한 노예해방은 하나의 단계를 거쳐야 했다. 즉, 노예들은 '견습공'이 되어 6년 동안 무보수로 주인을 위해 일해야 했다. 그래야만 자유를 얻을 수 있었는데 이는 노예제 폐지 활동가들에게는 불만족스러운 것이었다. 그래서 50만 명의 여성들이 서명한 특별 청원서를 의회에 제출했고, 서인도제도에서는 노예들이 동맹파업을 일으켰다. 이에 힘입어 견습공 기간이 4년으로 줄어들었다. 1838년 8월 1일, 드디어 80만 명에 달하는 영국 카리브 제도의 노예가 자유를 얻게 되었다.

카리브 제도의 노예들이 자유를 얻기 하루 전날 밤에 자메이카의 한 교회에서 노예들이 의식을 거행했다. 교회의 벽에는 화환과 함께 토마스 클라크슨과 윌리엄 월버포스의 초상이 걸렸고 마당에는 관 하나가 들어왔다. 그 관에는 '1838년 7월 31일, 276년 된 식민지 노예제도가 죽다'라는 문구가 쓰여 있었고 그 안에는 철제 목줄과 채찍, 쇠사슬 같은 처벌 도구가 들어 있었다.

자정이 지나자 그들의 목사가 울부짖으며 외쳤다. "괴물은 죽었다!"

영국령 서인도제도에서 노예제도는 그렇게 막을 내렸다.

CHAPTER 9

자유의 땅 : 북아메리카

1800년대 초의 어느 해 7월 4일 사우스캐롤라이나 컬럼비아, 찰스 볼은 대포 소리에 잠에서 깼다. 관악기와 드럼 연주 소리가 아침 내내 울려 피졌고 정오에는 수백 명의 사람들이 긴 탁자에 앉아 오찬을 들면서 때때로 자유를 기념하는 노래를 불렀다. 이날은 미국 독립기념일이었다.

하루 종일 미국을 찬양하는 연설 소리가 볼에게 들려왔다. 한 연설가는 "모든 인간은 자유롭고 평등하게 태어난다는 것이 우리의 자유 정부를 성립시킨 원리"라고 말했다. 그러나 볼은 그 말이 자신에게는 적용되지 않음을 알고 있었다. 그는 노예였고 이 독립기념일에 곧 경매대에 오를 참이었다. 그곳에서 아마도 면화 농장주에게 팔려 나갈 것이다. 그는 앞으로 다른 수백만의 노예들이 그렇듯이 강제로 면화를 수확하는 일을 하게 될 것이다.

지난 250년 동안 아프리카 출신의 노예들과 아메리카에서 태어난 그 자식들과 손자들, 증손자들은 매우 다양한 종류의 일을 했다. 가장 북쪽으로는 퀘벡에서 남쪽 끝으로는 플로리다까지 그들의 고된 노동이 새로운 터전들을 일구어 냈고 그들의 기술과 재능과 땀이 그곳 사람들을 부유하게 만들었다.

신천지에 들어와 정착하면서 유럽인은 땅을 개간하고 곡식을 심어 수확하거나 시간이 많이 걸리고 까다로운 집안일을 하기 위한 일손이 턱없이 부족함을 알게 되었다. 못에서 배까지 모든 것을 만들어 내는 숙련된 대장장이와 목수 역시 많지 않았다.

고향땅에서 직업을 갖지 못한 많은 유럽인은 계약제 고용인으로서 북아메리카로 와서 고용주에 종속되어 수년 동안 일을 해야 했다. 계약 기간이 종료될 때 얼마간의 돈이나 땅을 준다는 약속을 받은 이들도 있었지만 대부분은 배 삯을 제공받는 조건으로 계약을 맺었다. 그들의 삶은 만만치 않았고 어떤 이들은 다른 낯선 사람에게 계약서와 함께 팔리기도 했다. 하지만 적어도 계약기간이 끝나면 자유로운 몸이 됨을 그들은 알고 있었다.

일부 아프리카인은 그런 계약제 고용인이었다. 하지만 대부분은 노예로서 평생 동안 주인의 재산으로 남아 있었다. 그들은 매매될 수 있었고 그 자손들은 노예 신분을 물려받았으며 다시 자유로운 몸이 될 수 없었다.

노예와 그 주인은 종종 함께 일했다. 버지니아의 베넷 가족 같은 어떤 노예주는 자신의 노예가 자유인이 되도록 돕기도 했다. 베넷 부부는 1621년 제임스타운에서 공식문서에 '흑인 안토니오'라고 기재되어 있던 안소니 존슨을 사들였다. 그 부부는 그에게 농장과 가축을 갖게 했고, 결혼을 시켜주고, 그 아이들에게는 세례를 받게 해주었다. 존슨은 자유의 몸이 되자 자신 역시 노예를 들였는데 그 노예 존 카사르도 가축을 소유했다. 그러나 존슨은 베넷 부부가 자신에게 한 것만큼 카사르에게 관대하게 대하지 않았다. 카사르가 자유를 달라고 청했을 때도 그는 거부했다.

북아메리카 이주 초기 시절에는 흑인과 흑인노예와 백인 계약제 고용인이 모두 함께 일하고 어울렸다. 때로는 노예주도 그들과 함께했다. 하지만 탐탁지 않게 여기는 사람도 있었다. 한 백인 과부는 1704년에 코네티컷을 여행하면서, 노예들과 너무 '허물없이' 지내는 농장주를 못마땅하게 여기는 일기를 쓰기도 했다. 그녀는 어떤 주인은 '시간을 절약하겠다는 명목으로 노예들과 함께 식탁에 앉아 식사를 했고 백인의 손처럼 자유롭게 흑인의 발굽이 음식에 손을 댈 수 있게 했다'고 기록했다. 불쾌해하는 그녀의 생각은 수년이 지나면서 백인들 사이에서 매우 일반적인 것이 되었다.

계약제 예속노동은 18세기 중반에 사라지기 시작했고 노예제도가 그 자리를 대신해 갔다. 1688년 초에 퀘이커교도들이 펜실베이니아의 독일인 거주지에 들렀는데 그들은 거기서 노예제도에 대해 처음으로 공개적으로 항의의 뜻을 밝혔다. 그러나 미국의 백인 대부분은 노예제도를 정상적인 삶의 일부로 생각하고 있었으며 노예에 대한 수요는 높아만 갔다.

고향에서 끌려와

서아프리카 두칸다라 부족의 왕자 브로티어는 여섯 살 때 아프리카의 다른 나라 병사들이 쳐들어 왔을 때 엄마와 함께 갈대숲에 숨어 있었다. 침입자들이 이미 가축과 돈을 바치지 않으면 두칸다라를 공격하겠다고 위협하여 브로티어의 아버지는 그들의 요구에 응하겠다고 알린 상태였다. 하지만 그들에게는 처음부터 협상할 의도가 없었던 것이다. 브로티어의 아버지는 그들을 싸워 물리치기 위해 나섰지만 소용이 없었다. 그 뒤에 일어난 일에 대해서 브로티어는 70세가 다 된 1793년에도 생생하게 기억하고 있었다.

최초의 아프리카 노예들은 1619년에 네덜란드의 군함에 태워져 미국으로 왔다. 버지니아의 한 식민지 이주자는 런던에 서신을 보내 그 군함이 보급품이 절대적으로 부족한 상태이고 팔 것이라고는 '20명 남짓의 흑인'밖에는 없다고 알리며 정부와 상인에게 그들을 음식과 교환하자고 요청했나.

   그들은 나한테 다짜고짜로 폭력을 휘둘렀다. 총으로 머리를 때리고는 목을 우악스럽게 움켜잡았다. 그러고는 목에 줄을 감아 걸었는데, 나와 함께 덤불에 끌려와 있던 모든 여자들도 그런 상태였다. 우리는 곧 나의 아버지한테 끌려갔는데, 아버지도 포로들 맨 앞자리에서 우리처럼 목을 줄로 묶인 채 포박당해 있었다.

무기력하게 목줄에 묶인 포로들은 무거운 짐을 운반해야 했다. 브로티어 역시 맷돌을 머리에 이고 약탈자들을 따라 걸어야 했다. 휴식을 위해

새 고향, 새 이름

노예주들은 노예에게 새 이름을 붙여주는 것을 자신들의 권리로 생각했다. 힘이 세다는 느낌을 주고 싶으면 그리스 영웅 '헤라클레스', 쓸모없다는 느낌은 잡동사니 쓰레기라는 뜻을 가진 '정크'라는 식으로 이름을 붙여주었다. 그러나 어느 쪽이든 당사자에겐 수치스러운 일이었다. 그래서 반항을 하는 노예도 간혹 있었다.

라자루스 라 바론은 콰쇼를 샀을 때 이미 폼페이, 필리스, 프린스라는 노예 셋이 있었다. 라 바론은 콰쇼에게 줄리어스 시저라는 이름을 붙여주고 싶었지만, 아무리 때리고 굶기고 얼러도 그는 본래 이름 말고는 불러도 대답하려 하지 않았다. 라 바론은 어쩔 수 없이 본래 이름을 쓰도록 놔두었다.

윌리엄 웰스 브라운은 도망을 치고서야 자기 이름을 되찾을 수 있었다. 그가 노예였을 때 주인의 조카가 함께 살기 위해 그 집에 왔는데, 그 역시 윌리엄이라는 이름을 갖고 있었다. 주인은 자기 가족과 노예가 같은 이름을 써서는 안 된다며 브라운의 어머니에게 다른 이름을 지어주라고 지시했다. 브라운은 나중에 '당시에 나는 나의 권리를 무시하는 아주 잔인한 처사라 생각했기 때문에 다른 사람들에게 계속 윌리엄이라 알려줬다가 심한 매질을 당하곤 했다'고 썼다. 몇 년 동안 그는 스탠포드라는 이름으로 불렸다. 그는 도망치고 나서 본래 이름을 되찾았는데, 그의 도망을 도운 사람에게 경의를 표하기 위해 이름에 '웰스 브라운'을 덧붙였다.

가던 길을 멈췄을 때 약탈자들은 브로티어가 공포에 떨며 지켜보고 있는 가운데 그의 아버지를 칼로 찌르고 폭력을 가해 살해했다.

마침내 그들은 서쪽 해안에 있는 어느 성에 도착했다. 아마도 오늘날의 가나에 있는 케이프코스트 성이었을 것이다. 전혀 장중하지도 아름답지도 않은 성이었다. 이 노예 성은 적막하고 쓸쓸할 뿐 아니라 공포감마저 주었다. 포로들은 노예로서 새 생활을 시작할 곳으로 데려다 줄 배를 기다리며 차갑고 어두운 지하감옥에서 길게는 몇 달 동안 갇혀 지냈다.

해마다 경계선이 바뀌었겠지만 브로티어의 고향은 아마도 지금의 말리 영토 안에 있었을 것이다. 그렇다면 그 어린아이는 무거운 짐을 머리에 얹고 1,000km나 되는 멀고 힘든 길을 걸었던 셈이 된다.

노예상인은 영국 식민지인 로드아일랜드로 향하는 배에 브로티어를 태웠다(이곳은 나중에 미국 건국시 함께했던 최초의 13개 주 가운데 하나가 된다). 그 배의 승무원이었던 로버트 멈포드가 노예상인에게 럼주 4갤런과 순면 옷 한 벌을 주고 브로티어를 사서 이름을 벤처(모험)로 짓고는 고향땅 뉴욕으로 데려갔다.

벤처에게 끝없는 고통의 나날이 시작되었다. 아홉 살 때는 밤마다 엄청난 양의 옥수수를 빻아 다음날 가축에게 줄 먹이를 준비했다. 만약 충분한 양을 준비해 놓지 못하면 "가혹한 벌을 받아야 했다"고 나중에 그는 회고했다.

집 안팎의 노예 일

다른 노예들의 삶도 벤처의 고된 삶과 크게 다르지 않았다. 어느 곳에서든 노예는 요리를 하고, 청소를 하고, 옷을 수선하고, 먼 곳에 떨어진 강이나 우물에서 물을 길어 왔다. 하지만 대부분의 노예는 경작지에서 일했다. 그들은 나무를 베어오고 밭을 개간하고 농작물을 심었다. 또한 쌀과 인디고, 담배 그리고 나중에는 목화를 재배하기 위해 필요한 여러 가지 일들도 했다.

처음에 남부의 농장주들은 쌀 재배에 거의 성과를 거두지 못했다. 그런데 그들은 황금해안이나 감비아 같은 아프리카의 쌀 경작지대에서 온 노예들이 높은 수확을 거둔다는 것을 알게 되었다. 아프리카인의 재배 기술이 큰 도움이 되었기 때문에 그 노예들에 대한 수요가 급상승했다. 그래서 1720년 무렵에 사우스캐롤라이나에는 엄청나게 큰 비율의 노예가 거주하게 되었다. 그들은 재배기술뿐만 아니라 쌀에서 쌀겨를 분리하는 데 쓰이는 키 같은 도구들도 함께 전해주었다.

노예의 기술과 지식 덕분에 쌀에 대한 미국인의 관심이 커져서 오늘날에도 주요 작물이 되었으며 그 농장주들은 부자가 되었다. 한 유럽인은 직접 목격한 끔찍한 모습을 다음과 같은 기록으로 남겼다.

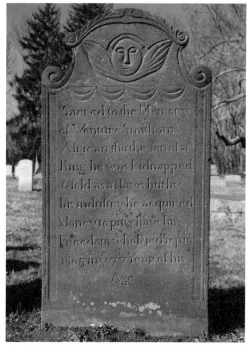

벤처는 자유의 몸이 되자 자기 성을 '스미스'로 지었다. 그의 이름과 이야기가 프리덤 트레일(Freedom Trail)이라는 코네티컷 역사탐방 길의 한 명소에 있는 그의 묘비에 새겨져 있다. 거기에는 스미스가 아프리카 왕자로서 '납치되어 노예로 팔렸지만 자신의 근면성으로 돈을 벌어 자유를 샀다'고 적혀 있다.

악취를 풍기는 논물 때문에 논 근처에는 아무도 거주하지 않았다. 그리고 재배를 위한 노동은 노예에게나 맞는데 그들이 맡아 하던 일 중에서 아마도 가장 힘든 일이 아닌가 생각된다.

그녀가 옳았다. 쌀 재배는 고역이었다. 노예들은 4일에 볍씨를 뿌리고 나서 타는 듯한 뜨거운 여름 내내 뱀과 악어, 질병을 옮기는 모기들이 늘

끓는 논에서 맨발로 모자도 쓰지 않고 일해야 했다.

그들에게 하루의 노동 시간은 너무도 길었다. 작업을 완료한 노예는 나머지 시간을 자기 뜻대로 쓸 수 있어서 그 귀중한 자투리 시간에 자신의 작물을 키우거나 내다 팔 물건을 만들었다. 하루 종일 논에서 일한 후에 대부분의 여성 노예들은 키로 쌀겨를 골라내는 일을 더 해야 했다.

추수기가 지난 후에도 일은 계속되었는데, 겨울 내내 다음해의 재배를 위해 논을 정비해야 했다. 사우스캐롤라이나를 방문한 어떤 사람은 '쌀 재배는 나에게 노예 노동 가운데 가장 유해한 작업으로 여겨졌다. 많은 배려에도 불구하고 …… 많은 노예들이 그 일을 하며 몸이 쇠약해졌다'고 썼다. 물론 '많은 배려'가 대체 어떤 것인지 알 수는 없다. 백인은 아무도 논에서 일하고 싶어 하지 않았다. 흑인도 그러했지만 그들에겐 다른 선택이 없었다.

초기의 저항

어렵사리 도망칠 기회를 찾은 노예들에게 사우스캐롤라이나의 습지나 숲은 곳곳에 은신처를 제공했다. 수리남과 자메이카에서처럼, 그곳에서 그들은 도망노예 공동체를 만들었다. 농장 노예들은 기회가 있을 때마다 도구나 옷가지들을 빼내 가져다주었고 도망노예들은 사냥을 하거나 물고기를 잡거나 곡물을 경작해서 생활했다. 어떤 도망노예들은 아메리카 원주민의 도움을 받았다. 예를 들면, 자유인이 되어 노예를 부리다가 끝내 그에게 자유를 주지 않았던 버지니아의 안소니 존슨 가족은 난티코크 부족에게 가서 함께 살았다.

노예주들은 노예가 반란을 일으키지 않을까 매우 두려워했는데 역시나 1739년에 사우스캐롤라이나에서 반란이 일어났다. 노예 20명이 찰스턴 시 남서쪽 스토노 강 근처에 있는 한 상점에 침입했다. 그들은 제미라는 이름을 가진 노예의 주도하에 상점주인 두 명을 죽이고 무기를 탈취한 후 농장을 불태웠는데, 그러는 내내 북을 치고 깃발을 휘날리며 "자유!"를 외쳤다. 그들은 사우스캐롤라이나에서 도망쳐 그때까지 스페인의 영토였던 플로리다로 가서 자유를 얻을 계획이었다. 그들은 가는 길에 더 많은 흑인들을 규합하고 백인들을 죽였다. 반란자들 가운데 많은 수가 아프리카에서 잡혀오기 전에 병사였기 때문에 그들은 싸우는 법을 알았다.

무장한 농장주들이 일주일 안에 반란자 대부분을 잡아들였고 일부만이 가까스로 플로리다로 도망칠 수 있었다. 반란이 진압되었지만 백인들은 마음을 놓지 못했다. 또 다른 반란이 일어날까 두려워했는데 그들의 예상은 맞아떨어졌다.

스토노 반란이 일어나고 꼭 2년 후에 노예와 백인 한 무리가 뉴욕에서 반란을 계획했다는 의심을 샀다. 그들은 음모죄로 고발되었는데 재판에서 그들은 단지 함께 산책하고 춤추다가 친구들과 함께 외출하려고 했을 뿐이라고 변호했다. 하지만 그들은 재판에서 졌다. 백인 4명과 흑인 16명이 교수형을 당했고, 노예 13명이 산 채로 불태워졌으며, 70명이 카리브 제도로 팔려갔다. 정부는 반란을 방지하는 조치를 취해 나갔다. 노예들은 지금까지 밤에, 그리고 공공 양수장에서 모임을 가져 왔는데 뉴욕은 그들의 이동을 제한하는 법을 통과시켰다. 또한 친구와 가족을 방문하는 것까지 금지시켰다.

사우스캐롤라이나는 반란을 방지하기 위해 가혹한 흑인법을 제정했다. 농장 밖에서 만나는 것을 금지한 것은 물론이고 어떤 옷감으로, 어떤 옷을 입을지와 같은 생활의 아주 사소한 부분까지 통제하는 법이었다. 흑인을 죽인 백인은 벌금을 내면 그만이었지만 백인을 죽이거나 반란을 계획

TO BE SOLD on board the Ship *Bance-Island*, on tuesday the 6th of *May* next, at *Asbley-Ferry*; a choice cargo of about 250 fine healthy NEGROES, just arrived from the Windward & Rice Coast. —The utmost care has already been taken, and shall be continued, to keep them free from the least danger of being infected with the SMALL-POX, no boat having been on board, and all other communication with people from *Charles-Town* prevented.

Austin, Laurens, & Appleby.

N. B. Full one Half of the above Negroes have had the SMALL-POX in their own Country.

1780년경의 이 신문 광고는 윈드워드와 라이스코스트의 노예 250명이 배에 실려 밴스아일랜드로 가서 팔릴 것이라고 알리고 있다. 노예상인들은 아마 흑인을 천연두로부터 보호하기 위해 극진하게 돌보고 있다고 주장하면서 높은 몸값이 매겨지기를 희망했을 것이다.

1802년 오스틴 스튜어드가 여덟 살일 때 그가 맡은 일은 매일 하루 종일 주인의 집에서 대기하며 누군가 시키는 심부름을 하는 것이었다. 집에 주인의 가족 중 누구라도 있으면 이 아이는 앉지 못했다. 때때로 의자에 앉아 있는 주인 뒤에서 하루 종일 서 있었다고 스튜어드는 나중에 쓴 글에서 회고하고 있다. 원기 왕성한 아이에게 얼마나 큰 고문이었을까!

하거나, 도망을 공모하거나, 방화하거나, 독약을 만들거나, 다른 노예에게 독약에 대해 가르쳐준 노예는 처형까지 당할 수 있었다.

노예의 삶을 조금이나마 개선시켜 주는 법 조항도 있기는 했다. 노예에게 충분한 음식과, 옷, 거처를 제공하지 않는 경우, 또는 일요일에도 쉬게 하지 않거나 연중 가장 더운 시기에 하루 15시간 이상 일을 시키는 경우에 주인은 처벌을 받았다.

하지만 그들이 어떤 노력을 했건 간에, 농장이나 도시의 노예주는 노예들이 아프리카에서 살아왔던 삶의 방식을 완전히 억누를 수는 없었다. 또한 친구를 사귀는 것, 특히 언어나 관습을 공유하는 노예들 사이에 우정을 나누는 것을 막을 수 없었다. 고향을 그리워하는 사람들에게 그런 것들이 얼마나 큰 위안이 되었겠는가. 노예들은 다양한 방식으로 자신의 삶 속에서 고향의 모습을 찾으려고 노력했다. 많은 이들이 아프리카 오두막과 비슷하게 초가지붕이나 흙벽으로 집을 지었다. 앨라배마에서 노예로 태어난 수 스노는 자신의 어머니가 남들처럼 판자마루가 아니라 흙바닥 마루를 원했다고 말했다.

노예들이 이룬 어떤 관습은 흑인과 백인 모두에게 인기를 끌기도 했다. 크리스마스는 많은 노예 가정에서 기념일이 되었지만 종교적인 이유에서만 그런 것은 아니었다. 그날엔 장식을 한 의복을 입고 악기를 연주하면서 마을을 행진하는 존 커누 축제도 벌어졌다. 어떤 역사가들은 이 축제가 서아프리카에서 시작되었다고 하지만 확실하지는 않다.

노스캐롤라이나 이든턴에서는 이웃 농장에서 온 노예들이 소꼬리와 뿔을 달거나 또는 다른 복장을 하고 직접 만든 악기를 연주하며 마을을 돌아다니며 흥겹게 놀았다고 해방노예인 해리엇 제이콥스는 회상했다.

그들은 축제가 벌어지기 한 달 전부터 함께 부를 노래를 만들었다. 백 명이나 되는 이 이웃 손님들은 삭기 아침에 모여들었는데, 그때부터 정오까지 기부를 요청하며 마을을 돌아다니는 것이 허용되었다. 집집마다 거의 빠짐없이 돌아다녔는데 돈이나 럼주를 얻을 기회를 하나라도 놓치지 않기 위해서였다. 그들은 주전자에 받아둔 럼주를 바로 마시지 않고 집으로 가져가 떠들썩한 잔치를 벌였다. 이때 기부 받은 돈은 보통 20~30달러 정도로 결코 적지 않은 액수였다. 백인 어른이나 아이들 모두 이들에게 푼돈 주는 것을 이날만큼은 주저하지 않기 때문이었다.

제이콥스의 주인은 자기 딸에게 1838년의 크리스마스는 이 존 커누 축제가 가장 큰 볼거리였다고 말해 주었다고 한다. 이 축제가 없었다면 크리스마스를 '아주 조금일지라도, 가식 없이 유쾌함과 즐거움을 표현하거나 떠들썩하게 웃으며 지낼 수 없었을 것이다'라고 그는 썼다.

존 커누 축제는 노예들에게 분명히 달콤하면서도 씁쓸했을 것이다. 왜냐하면 그로부터 한 주가 지나면 새해가 되는데, 그날은 노예를 매매하는 것이 관습이었기 때문이다. 그래서 그들 중 누군가는 다른 곳으로 팔려갈 것이고, 크리스마스가 모두와 함께하는 마지막 행복한 시간이 될 것이기 때문이었다. 제이콥스는 '노예를 매매하는 날이 그렇게 가깝게 있지 않았더라면 많은 가족들이 어쩌면 며칠 후에 다가올지 모르는 이별을 근심하지도 않았을 것이고 가련한 노예들에게 크리스마스는 행복한 한때가 되었을 텐데'라고 썼다.

걸러(Gullah)인 마을에서

사우스캐롤라이나 해안에 흩어져 있는 시아일랜즈에 살았던 노예들은 오늘날 아프리카의 시에라리온과 라이베리아 지역 출신이었다. 그들의 언어는 걸러라고 알려져 있었는데 아마도 그 지역 거주민인 골라(Gola) 족에서 나온 말일 것이다. 그곳 노예들은 육지에서 고립되어 있었기 때문에 자신의 언어를 지킬 수 있었다. 얌(yam, 고구마)이나 토우트(tote, 큰 가방) 같은 친숙한 몇몇 단어가 걸러 언어에서 파생된 것으로 추측된다.

존 커누 행진은 노스캐롤라이나, 바하마 제도, 자메이카 등지에서 유행했다. 그림은 자메이카 악단의 모습인데, 가운데 사람이 나무틀에 염소 가죽을 씌운 북을 치고 있고 왼쪽 사람은 말의 아래턱으로 만든 줄판을 연주하고 있다. 그는 나무토막으로 이 위를 앞뒤로 왔다 갔다 하면서 대그락 소리를 냈다.

평등사상

18세기의 미국은 아직 국가가 아니었기 때문에 북으로는 매사추세츠부터 남쪽으로 사우스캐롤라이나까지에 사는 식민지 이주자들은 자신들을 영국인으로 생각했다. 하지만 영국 정부가 자신들을 대하는 태도에 많은 이들이 분노하고 있었다. '모국'은 돈이 필요했고 식민지에서 세금을 받아 부족분을 충당하려고 했다. 이에 대해 이주자들은 "대표 없이 세금 없다"고 말하며 항의했다. 영국 의회에서 투표할 권리는 인정받지 못하고 영국에 세금만 내라고 강요받는 것이기 때문이었다. 필라델피아의 한 노예주는 다음과 같이 썼다. '본인의 동의 없이 세금을 강요당하는 사람들은 …… 노예다!'

다른 이주자들은 영국의 '노예'가 되지 않을 것임을 분명히 밝히면서 바다 건너의 동료 시민을 평등하게 대할 것을 요구했다.

흑인과 몇몇의 백인은 식민지 이주자들의 주장이 노예제도에도 적용되어야 한다고 생각했다. 1773년 매사추세츠의 노예들은 입법부에 찾아가 다음과 같이 말하여 노예해방을 요구했다. "우리는 재산이 없다! 우리는 아내도 없다! 아이도 없다! 우리에겐 시city도 없고 나라country도 없다! 그러나 다른 모든 사람들과 마찬가지로 우리는 자유를 향유할 하늘이 내린 권리가 있다."

그러나 그들의 요구는 받아들여지지 않았다.

어떤 사람들은 노예제도에 반대하기 위해 종교를 이용했다. 1700년에 존경받는 판사 새뮤얼 슈얼은 《요셉 팔기: 회고록》을 출판하여 성경은 노예매매를 비난하고 있음을 보였다. 슈얼 시대의 사람들은 노예제도를 정당화하기 위해 성경을 이용했다. 하지만 슈얼은 성경을 그런 식으로 해석하는 것이나 크리스트교도로 만들어 아프리카인의 영혼을 구한다는 명목으로 노예제도를 합리화하는 것에 반대했다. 또한 아프리카인에 대한 인신약탈은 아내에게서 남편을, 아이들에게서 부모를 뺏어가는 것이기 때문에 커다란 악이라고 생각하면서 "악이 행해지지 않으면 그로부터 선이 생겨날 것이다"라고 말했다.

슈얼은 합법적인 전쟁을 통해 포로가 된 아프리카인을 노예로 삼았을 뿐이라며 노예제도를 합리화하는 것을 부정했고, 노예를 사는 사람들도 아프리카인을 포로로 잡아오는 사람들만큼이나 죄를 짓는 것이라고 말했다. 그는 독자들에게 신은 모든 사람을 '한 핏줄'로 만들었기 때문에 자신이 대우받기 원하는 대로 타인을 대하라는 성경의 가르침을 상기시켰다.

미국혁명

자유는 점점 더 식민지 이주자들의 마음속에 스며들었다. 1760년대 무렵에 더 많은 권리를 요구하는 이주자들은 애국파, 영국의 신민으로 남기를 원하는 이주자들은 국왕파로 알려져 있었다. 애국파의 분노는 1775년 4월 매사추세츠 렉싱턴에서 영국 군대와 지역 민병대가 교전을 하면서 폭발했다. 그 교전에서 애국파 여덟 명이 전사했다. 이는 영국으로부터 독립하기 위한 전쟁, 즉 미국혁명을 촉발시킨 첫 전투였다.

1775년 5월, 애국파는 식민지 각 지역에서 필라델피아로 대표자를 파견하여 세2차 대륙회의에 참석했다. (제1차 대륙회의는 1년 선에 열렸다.) 이 회의는 애국파가 싱공적인 전쟁을 수행하기 위해 만들었는데, 그 명칭은 대륙군

'농장주 워싱턴'은 그가 죽은 후 50여 년이 지나서 그려졌다. 그때는 노예제에 대한 반대가 더욱 강화되어 있었다. 화가는 워싱턴을 호의적으로 표현하기 위해 그의 노예들이 좋은 옷을 입고 만족스러운 모습으로 느긋하게 일하는 모습을 그렸을 것이다.

(미국군)의 최고사령관 조지 워싱턴이 붙였다. 1776년 7월 2일, 전쟁이 최고 조에 달했을 때 회의는 식민지의 독립을 선포했고, 이어 이틀 후에는 독립선 언문을 발표했다. 선언문은 영국에 대한 이주자들의 분노를 표현함은 물론 '생명, 자유 그리고 행복을 추구할 권리'를 포함하는 인간의 권리를 주장했 다. 56명의 대표자들이 선언문에 서명했는데 그 중에는 선언문의 기초자로 알려진 정치가들도 포함되어 있었다.

미국 건국자 대부분은 노예제도가 잘못된 것임을 알고 있었다. 하지만 그 중 많은 이들이 노예주였다. 조지 워싱턴은 혁명 전에는 노예를 사고팔았는 데 독립전쟁 시기부터 마음속에 어떤 변화가 일어났다. 그는 노예를 팔거나 고용살이로 임대하는 것을 그만두었고 1799년에는 조카에게 '인간 매매를 반대하는 것을 신조로 삼게 되었다. 노예를 고용살이로 남에게 내보내는 것 도 나쁜 일인데, 어떤 다른 이점이 있을지라도 그와 가족을 떨어뜨려 놓는 일이기 때문이다'는 편지를 보냈다. 하지만 워싱턴은 평생 동안 심지어는 임종 시에도 노예를 해방시키지 않았다. 그는 유언장에 자기 아내가 죽은 뒤에 노예들에게 자유를 주라고 지시했다. '모든 인간은 평등하게 창조되었다'고 독립선언문에 쓴 토마스 제퍼슨은 일생 동안 많은 노예 중에서 단지 여덟 명에게만 자유를 주었고 나머지는 유언으로도 해방시키지 않았다. 그리고 국제 노예무역에 대해서는 반대했지만 자신의 많은 노예를 나라 안에서 팔았다.

다른 저명한 이주자인 매사추세츠의 변호사 제임스 오티스 주니어는 노예를 소유했지만 다음과 같이 썼다. '식민지 이주자는 자연법에 따라 자유롭게 태어난다. 백인이든 흑인이든 모든 사람이 그렇다. …… 흑인이기 때문에 그를 노예로 삼을 수 있는 권리가 자연히 생겨나는가? …… 평소에 다른 사람의 자유를 팔아넘길 수 있는 사람은 머지않아 자신의 자유도 중요하게 생각하지 않게 될 것임은 명백한 진실이다.'

미국혁명을 지지했던 버지니아 사람 패트릭 헨리에 따르면, 미국 건국자들은 특권을 갖고 편안한 삶을 사는 것과 자신의 안락한 삶을 가능하게 해준 노예가 마음에 들지 않게 되면 버려 버리는 것에 익숙했다. 헨리는 사려 깊고 정직한 그들 모두가 원칙에서는 노예제도를 반대했지만 실제로는 그렇게 하지 않았다고 비판했다. 식민지 이주자들이 인간의 평등에 대해 말할 때, 거기에 흑인과 여성은 포함되어 있지 않았다. 그들은 단지 자신과 같은 계급에 속해 있는 영국 남자들과 같은 권리를 갖고 싶었을 뿐이다. 그들은 노예를 포함해 자신의 어떤 재산도 포기하려 하지 않았다.

국왕파와 애국파 모두는 군대가 부족했고 양편 모두 흑인을 전쟁에 참가시켰다. 국왕파 편이 된 흑인이 더 많았는데 영국이 그들에게 자유를 약속했기 때문이었다. 버지니아의 영국인 통치자인 던모어 경은 흑인 노동자와 군대는 국왕파 쪽을 강화시킬 것이고, 노예들이 도망치면 애국파는 노동력을 잃게 될 것이라고 판단했다. 1775년 11월 14일, 그는 '모든 종류의 종복은 흑인이건 아니건 자유의 몸이 될 것이며 무기를 가질 수 있게 될 것'이라는 포고문을 발표했다.

모두 800명 정도 되는 흑인이 던모어 경의 에티오피아 연대에 지원했는데 그 연대의 군복에는 '노예에게 자유를'이라는 표어가 적혀 있었다. 던모어가 자유를 주겠다고 했다는 말이 퍼지자 10만 명 정도 되는 노예들이 영국 진영으로 탈출했다.

애국파 역시 자기편에서 싸우는 노예에게 자유를 주겠다고 약속했다. 그러나 사우스캐롤라이나와 조지아에서 그 제안을 가로막아 버렸다. 그들은 노예로 유지되는 사회체제가 붕괴될까 두려워했던 것이다.

매우 유명한 흑인 군인이었던 타이 연대장은 던모어의 포고문이 발표된 다음날 자신의 잔인한 주인에게서 도망쳐 에티오피아 연대에 지원했다. 그는 습지와 시내가 어디에 있는지 알았고, 흑인과 백인으로 이루어진 그의 연대는 뉴욕과 뉴저지의 애국파를 급습하여 보급품을 탈취하고 노예를 풀어주었다. 영국인은 그의 용맹함을 인정하여 그에게 처음에는 대위, 그 후로 연대장이란 별칭을 붙여주었다. 그가 흑인이었기에 정식 계급으로 승진시킨 것은 아니었다. 타이는 교전 중에 사망했지만 그의 연대는 전쟁이 끝날 때까지 전투를 수행했다.

1783년 9월, 영국과 그 식민지는 평화조약에 서명하고 전쟁을 끝냈다. 독립국 미합중국이 탄생했던 것이다.

천신만고 끝에 얻은 자유

보스턴 킹은 도망노예로서 영국군에 복무했다. 전쟁이 끝난 후에는 뉴욕으로 갔는데 거기서 그는 다음과 같은 소식을 듣고는 괜히 도망쳐서 오히려 절망에 빠졌다고 회고했다.

흑인과 백인 군인들은 많은 전투에서 같은 편으로 싸웠다. 한 장교는 "주인 대신 흑인이 참전할 수 있었기 때문에 각 부대에는 흑인들이 많이 있었고 또한 그 중에는 건장하고 힘센 사내들이 많았다"고 회상했다. 그림의 두 병사는 1770년대의 군복을 입고 있다.

> 2천 명이나 되는 모든 노예들 사이에서는 그들이 아무리 영국인과 함께 3, 4년을 보냈다고 하더라도 그들의 주인에게 돌려보내질 거라는 말이 떠돌았다. 이 무서운 소문은 우리를 표현하기 힘든 분노와 공포에 휩싸이게 했다. 특히 버지니아와 노스캐롤라이나, 또는 다른 곳에서 온 옛 주인들을 보았을 때 그 감정은 더욱 커졌다. 그들은 뉴욕 거리에서 자기 노예를 잡아들이고 심지어는 자고 있는 침대까지 쳐들어가서 끌어내고 있었다. 많은 노예들은 매우 잔인한 주인의 소유 하에 있었다. 그래서 주인집으로 되돌아간다는 생각만으로도 악몽 같은 처지를 떠올리게 했다. 며칠 동안 우리는 식욕을 잃고 잠을 설치기도 했다.

그 소문은 어느 정도까지는 진실이었다. 노예주들이 도망노예를 되찾기 위해 의회에 청원을 했던 것이다. 어떤 노예주들은 많은 돈을 주고 경찰을 매수해서 노예를 찾아 넘겨주도록 시켰고 대리인을 고용해 노예를 찾기도 했다. 그러나 식민지 영국군의 최고사령관 기 칼턴 경은 영국 진영으로 넘어오는 노예에게 자유를 주겠다는 던모어 경이 약속을 지켰다.

그 영국인은 보스턴 킹과 그의 아내 그리고 4천 명 정도 되는 흑인들을 영국 식민지인 캐나다 노바스코샤로 피신시켰다. 그러나 그들이 거기에 도착했을 때 기대했던 환영은 받지 못했다. 노바스코샤인들이 그들

137

을 속여 좋은 땅을 빼앗고, 폭도들이 공격하고, 마침내 사람들이 그들을 집에서 몰아내 버렸다. 그러나 더 나은 삶에 대한 희망을 버리지 않고 킹은 일단의 흑인들과 함께 서아프리카로 가서 마침내 1792년 영국 식민지 시에라리온에 정착했다.

노예에 관한 미국의 법

신생국 미국은 새로운 법이 필요했다. 헌법을 제정하기 위해 1787년 필라델피아에서 대표자 회의가 열렸는데 이를 조지 워싱턴이 주재했다. 이때 노예제도를 둘러싸고 매우 격렬한 논쟁이 벌어졌다. 어떤 대표자들은 즉시 노예제도를 폐지하자고 주장했고 또 어떤 대표자들은 노예무역을 제한하는 정도를 원했고 나머지 대표자들은 어떤 제한도 두지 말자고 주장했다. 사우스캐롤라이나와 조지아에서 온 대표자들은 노예제도를 폐지하면 연방에 참여하지 않겠다고 선언했다.

입안자들은 '노예제도'란 단어를 피할 것을 결정했고 헌법의 어디에도 그 단어는 들어가지 않게 되었다. 그 대신 어떤 주에서 '시중들거나 노동에 매인 사람'은 계속 그 일을 수행해야 할 것이고 반드시 그의 주인 소유로 되돌아가야 한다고 규정함으로써 노예제 관행을 유지시켰다. 이는 어떤 노예가 노예제도가 폐지된 주로 도망치더라도 자유인이 될 수 없음을 뜻했다. 개별 주들은 노예제도를 폐지할 수 있었지만 연방 헌법은 그것이 계속 유지되도록 허용했던 것이다.

매사추세츠에서 노예로 있던 엘리자베스 프리먼은 '인간은 모두 자유롭게 태어나고 평등하다'는 매사추세츠 주의 새 헌법에 대해 전해 들었다. 1781년 어느 날, 여주인에게 뜨거운 주걱으로 얻어맞은 그녀는 법원에서 억울함을 호소할 작정으로 집을 뛰쳐나갔다. 주인이 그녀를 다시 데려가려 하자 그녀는 변호사인 시어도어 세즈윅을 찾아갔다. 세즈윅은 프리먼과 브롬이라는 다른 노예를 놓기 위해 법원에 소송을 걸었다. 배신원은 그들에게 유리한 판결을 내렸다. 매사추세츠의 다른 노예가 자신의 자유를 주장하여 재판이 열렸는데 재판장 윌리엄 쿠싱은 '이성을 가진 생명체를 영원한 노예 상태로 두는 일은 있을 수 없다'는 선고문으로 결론을 내리고 배심원에게 매사추세츠에서 노예제도는 위헌이라고 설명했다. 매사추세츠에서 노예제도는 1783년에 폐지되었고 그 이후 1804년까지 북쪽의 모든 주들이 차례차례 노예제도를 폐지하는 법을 제정했다.

다른 주의 노예주들은 마음이 초조해지기 시작했다. 1791년에 일어난 생도밍그의 노예 반란이 아직도 생생하게 기억에 남아 있고 미국에서 일어난 초기의 반란도 잊지 않은 상태였다. 그래서 앞으로 더욱 나쁜 일이 벌어지지 않을까 두려워했다. 소문은 빠른 속도로 퍼졌기 때문에 노예주들은 노예들이 카리브 제도에서 성공한 반란 소식을 전해 들으리라는 것을 알고 있었다. 그렇게 되면 그들이 마음속으로 어떤 딴 마음을 품을지 알 수 없는 일이었다.

역시나 일이 터졌다. 1800년 버지니아에서 대장장이 가브리엘 프로서에 의해 주도된 주도면밀한 음모가 세상에 드러났다. 주도 리치몬드로 진격해서 무기를 탈취하고 주 관리들을 인질로 잡은 다음 노예해방을 협상하려는 계획이었다. 그러나 이 계획은 노예 두 명이 공포에 떨며 자백하면서 좌절되었다. 프로서와 다른 25명의 노예들이 음모죄로 처형당했다.

미국의 성장

1803년에 미국은 어마어마한 면적의 땅을 프랑스로부터 사들였다. 루이지애나 구입지로 알려진 땅인데 이로써 미국은 남서쪽으로 확장하며 지금까지보다 두 배의 영토를 갖게 되었다. 그 땅은 주요 면화 재

조면기의 발명

하나의 발명이 역사를 바꿀 수도 있다. 조면기(면화에서 면섬유를 분리시키는 기계)가 그러했다. 1793년 엘리 휘트니가 조지아를 여행할 때, 면화 씨 꼬투리에서 솜을 추출하는 작업이 시간이 너무 많이 걸려 농장주들이 면화 경작을 꺼려하는 모습을 보았다. 그래서는 그는 더 쉽고 적은 비용을 들여 솜을 추출하는 기계를 고안했다. 마침 당시는 미국 북부와 유럽에서 면 옷을 더 많이 원하던 때였기에 그 발명으로 새로운 면화 농장이 더 들어설 수 있게 되었다. 결과적으로 농장주와 직물 제조업자들은 부유해졌지만 면화를 수확하는 노예들은 물론 그러지 못했다.

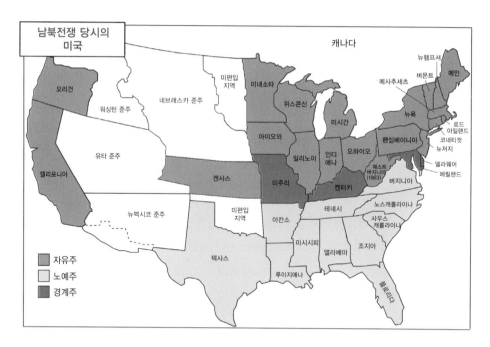

남북전쟁 당시의 미국

캐나다
뉴햄프셔
버몬트
메인
미편입 지역
미네소타
메사추세츠
오리건
위스콘신
뉴욕
워싱턴 준주
네브래스카 준주
미시간
로드 아일랜드
코네티컷
아이오와
펜실베이니아
뉴저지
유타 준주
일리노이
인디 애나
오하이오
웨스트 버지니아(1863)
델라웨어
메릴랜드
캘리포니아
켄자스
미주리
켄터키
버지니아
뉴멕시코 준주
미편입 지역
아칸소
테네시
노스캐롤라이나
사우스 캐롤라이나
미시시피
앨라배마
조지아
텍사스
루이지애나
플로리다

■ 자유주
□ 노예주
■ 경계주

배지였기 때문에 노예주들은 더욱 많은 노예가 필요해졌다.

1789년까지 의회는 서북부 지역에서는 노예제도를 금지시켰지만 남서쪽은 그러지 못했다. 이는 새로운 영토가 주로 편입될 때 주마다 노예제도의 허용 문제를 두고 서로 갈릴 수 있다는 것을 뜻했다. 루이지애나 구입지의 대부분은 남쪽에 있었기 때문에 새로 이주한 면화 농장주들은 노예를 함께 데리고 갈 수 있었다.

그러는 동안 미국은 발전했고 영국과 다시 갈등이 불거졌는데, 무역과 영토에 관한 마찰로 1812년에 다시 전쟁이 벌어졌다. 전장은 북쪽으로는 당시 영국의 식민지였던 캐나다부터 남쪽으로는 루이지애나에 걸쳐 펼쳐졌다. 독립전쟁 때와 마찬가지로 어떤 노예들은 자유를 얻을 수 있으리라는 희망으로 영국을 도왔다. 미국의 앤드루 잭슨 장군은 루이지애나 뉴올리언스에서 벌어진 전투에서 자신을 도와 함께 싸운다면 그 대가로 자유와 함께 백인과 똑같은 보수를 지급하겠다고 제안했다.

제임스 로버츠라는 흑인이 그의 부대에 지원했나. 전두 경험이 거의 없이지만 그는 다른 노예들과 함께 미시시피의 나체즈로부터 480km를 걸어 뉴올리언스의 잭슨 부대에 찾아간 것이었다. 잭슨 부대가 영국군을 발견했을 때 로버츠는 두려움에 떨었는데 그럴 만한 이유가 있었다. 영국 군대는 미군보다 수가 많았고 잘 훈련되어 있었다. 로버츠에 따르면 전투가 시작되기 전에 잭슨 장군은 어떻게 해야 할지 몰랐다고 한다. 흑인 병사 중 하나가 면화더미로 요새를 쌓고 벽에 사격할 구멍을 내자고 제안했다. 그리고 그 병사는 요새 건설작업 관리까지 맡아했다. 결국 잭슨의 부대는 쉽사리 영국군을 물리칠 수 있었다. 이 전투에서 로버츠는 집게손가락을 잃고 머리에 부상을 입었다. 하지만 로버츠는 그 후에 더욱 참담한 일을 겪게 되었다. 잭슨이 "너는 내 소유물이 아니다. 따라서 다른 사람의 재산을 내 마음대로 풀어줄 수는 없다"고 말하며 그를 해방시켜 주기를 거부했던 것이다. 로버츠는 배신감을 느꼈고 나중에 다음과 같이 진술했다.

전투에 임해서 승리할 수 있었던 것은 유색인의 굴하지 않는 용기 때문이었다. 우리가 조금이라도 머뭇거렸다면 영국군이 승리했을 것이다. 그리고 그랬을 경우 그들은 우리에게 자유를 주었을 것이다. 이제 나는 알았다. 그 전투를 통해 우리 스스로 우리를 묶고 있는 쇠사슬을 얼마나 더 단단히 옭아맸는지를.

전쟁은 1815년에 끝났다. 영국인은 떠났지만 노예제도는 남았다. 1810~1820년까지 10년 동안 노예선이 대략 12만 명의 노예를 앨라배마, 미시시피, 루이지애나로 끌고 왔다. 1819년 앨라배마는 노예주로서 연방에 가입했다. 이로써 미국은 노예주 11개, 사유주 11개가 되있다. 미주리도 같은 해에 연방에 가입할 예정이었다. 그 주는 노예주가 될까 아니면 자유주가 될까? 의회의 북부 대표자들은 노예주로서 연방에 가입하는 것을 거부했지만 남부 대표들은 노예제를 원하고 있었다. 이 백중지세의 교착상태는 미주리 타협 (1820년)으로 해소되었다. 이 타협의 주된 내용은 미주리를 노예주로 인정하지만 미주리 남부 경계선 이북의 주들은 노예제를 금지한다는 것이었다. 이로써 미국은 노예제가 불법인 북부와 더욱 확고히 노예제를 유지하게 된 남부 두 지역으로 나뉘게 되었다. 한편 쌀은 새롭고 수요가 급증하는 농작물인 면화로 대체되기 시작했다.

노예주와 감독자들은 노예의 삶을 좌지우지하는 권력을 갖고 있었다. 솔로몬 노섭의 주인과 감독자는 무자비했다. 마침내 자유를 얻었을때 노섭은 면화 농장에서의 삶을 다음과 같이 묘사했다.

경작지에서 하루 일을 마치면 양동이에 면화를 담아 조면공장으로 날랐고 거기서 무게를 재야 했다. 그러나 그토록 녹초가 되어 졸리고 쉬고 싶은 상태에서도 노예들은 겁에 질려 양동이를 들고 조면공장에 가기를 머뭇거렸다. 자신에게 할당된 만큼 무게가 나오지 않으면 고초를 겪어야 했기 때문이다.

할당량을 많이 부족하게 채운 노예는 매질을 당했다. 할당량을 초과한 노예도 고초를 겪기는 마찬가지였다. 노예주가 다음날의 할당량을 더 올렸기 때문이다. 가련하게도, 새로운 할당량을 채우지 못하면 그 역시 매질을 당할 것이었다. 감독자에 의해 면화 무게가 측정된 뒤에도 노예들의 일은 계속되었다.

이 일을 마쳐도 하루 일과는 전혀 끝난 게 아니다. 노예는 각자가 맡은 다른 일들을 해야 한다. 어떤 노예는 노새에게, 어떤 노예는 돼지에게 먹이를 주어야 하고, 또 다른 노예는 나무를 패고 하는 식이었다. 세나가 촛불 아래서 포장 작업도 모두 끝내야 했다. 밤늦은 뒤에야 고역으로 지치고 졸린 몸을 이끌고 거처로 갈 수 있었다. 그런 다음 오두막에 불을 지피고 작은 맷돌로 옥수수를 갈아 늦은 식사와 다음날 일터에서 먹을 음식을 준비해야 했다. 그들에게 주어진 음식은 옥수수와 베이컨이 전부였는데 일요일 아침마다 옥수수 창고와 훈제실에서 배급 받았다. 각자 일주일 치로 9리터의 음식을 만들 수 있을 만큼의 옥수수와 베이컨 1.5킬로그램을 받았다. 차도 커피도 설탕도 없었다. 소금도 마찬가지였지만 가끔 아주 적은 양을 맛볼 수는 있었다.

노예들은 할 수 있는 한 서로 도우려 했다. 버지니아의 한 해방노예는 자기 할머니가 너무 작아서 할당량을 채울 수 없었다고 회고했다. 다른 노예들이 할머니를 좋아해서 자신들이 딴 면화를 조금씩 할머니의 양동이에 얹어주어 도왔다고 한다. 하지만 그렇게 할 수 있는 양은 얼마 되지 않았기 때문에 자주 할당량을 채우지 못했다고 한다. "자주, 끙끙거리며 앓는 소리도 내지 못할 정도로 맞았다는 이야기를 할머니는 하셨다"고 그 노예는 회고했다.

여가 보내기

고된 하루 일을 마친 후 노예들은 조금이라도 여가 시간을 만들어 내기 위해 노력했다. 대부분의 노예주들은 평일저녁에는 노예들이 함께 어울려 보내기를 바라지 않았다. 다음날의 일을 위해 휴식을 취해야 한다고 생각했기 때문이다. 버지니아의 한 노예주는 노예들은 힘들게 일하도록 다그쳐야 하는데 그렇지 않으면 "기운이 남아 돌아서 밤에 마음이 들떠 여기저기 돌아다니다가 좀도둑질도 하게 되고 바깥소식도 듣게 되는 등등 좋지 않은 일이 벌어진다"고 말했다. 그렇지만 즐거움을 누리려는 인간의 욕구를 원천히 막을 수는 없었다. "다음날 매질을 각오하고서라도 우리는 춤을 췄다." 버지니아의 해방노예 찰스 그랜디는 이렇게 말했다.

토요일 저녁은 달랐다. 일요일에는 일을 하지 않기 때문이었다. 노예들은 모여서 악기 연주에 맞춰 노래 부르고 춤을 출 수 있었다. 텍사스의 한 해방노예에 따르면, 그들은 양의 갈비뼈나 암소의 턱뼈, 쇳조각, 속이 빈 박, 말 털 등 구할 수 있는 다양한 물건들로 직접 악기를 만들었다고 한다. "그들은 버펄로 뿔을 구해다가 속을 파내고는 뿔피리를 만들었다"고 그는 회고했다. 때때로 주인이 음식을 갖다 주기도 했지만 대부분은 가진 음식을 서로 나누었다.

많은 농장에서 노예들은 일요일에 할 활동을 스스로 정할 수 있었다. 노예주로서는 다음 주의 일을 위해 휴식하기를 원할 수도 있겠지만 그들 중 다수가 노예들에게 자신만의 시간을 주어야만 일을 더 잘하리라는 점을 알고 있었다. 어떤 노예주는 이웃 농장 방문을 허락하기도 했다. 윌리엄 웰스 브라운은 다른 노예들과 함께 사냥하고 물고기를 잡고 빗자루나 양동이를 만들면서 일요일을 보냈다고 썼다. 하지만 그것도 주인이 종교를 갖게 되면서 바뀌었는데, 그는 노예들을 가족예배에 참여하도록 시켰다고 한다.

읽기와 종교

노예주들은 처음에는 노예들이 아프리카에서 가져온 것을 포함해 종교를 갖는 것을 꺼려했다. 그러나 시간이 지나면서 크리스트교에 대한 설교가 노예의 행동을 통제하고 그들의 영혼을 구하는 데 도움이 된다고 생각하게 되었다.

노예주들은 아마도 종교가 노예에게 주인에 대한 복종을 가르칠 것이라 생각했겠지만 반대로 노예들은 모세가 히브리인 노예들을 데리고 이집트를 탈출한 출애굽기 같은 이야기에서 위안을 받았다. 텍사스의 한 노예에 따르면, 노예들이 종교 집회에 참석하는 것을 주인이 좋아하지 않았지만 그들은 어떻게 해서든 참석했다고 한다. 그들이 낮에 일을 하다 보면 누군가 '너 예수께 조용히 나가'라는 찬송가를 불렀다고 한다. 감독자에겐 그냥 찬송가였겠지만 그들 사이에서는 밤에 종교 집회가 있을 거라는 신호였다. 그들은 주인의 눈에 띄지 않는 곳에 모여 밤새 찬송가를 부르고 기도를 했다.

노예주들은 거의가 노예가 읽는 법을 배우는 것을 원치 않았다. 그래서 남부 주들은 그들을 가르치는 것을 금지하는 법을 통과시켰다. 그것이 성경일지라도 무언가 읽는다는 것은 새롭고 위험한 생각을 그들에게 심어줄 위험이 있었다. 그런데 프레더릭 베일리라는 어린 노예가 글 읽는 법을 배우길 간절히 원했고 그의 여주인은 그를 가르치길 원했다.

휴 올드와 소피아 올드 부부는 프레더릭을 볼티모어의 그들 집에 데려와 아들 토미에게 친구로 삼게 해주었다. 소피아는 아이들에게 성경 읽어주기를 좋아했다. 종이 위에 적힌 기호가 말로 바뀌는 신비에 매료되어 프레더릭은 용기를 내어 여주인에게 글 읽는 법을 가르쳐 달라고 청했다. 그는 배우는 속도가 빨라 곧 서너 글자로 된 단어를 읽을 수 있게 되었다. 소피아는 자신의 어린 학생이 너무도 대견스러워서 남편이 방에 들어왔을 때 그에게 아이의 실력을 보여주었다. 그러나 놀랍게도 그는 기뻐하기는커녕 다음과 같이 말하는 게 아닌가.

성경 읽기를 배우는 건 노예아이에게 어울리지 않소. 주인의 뜻을 알고 따르는 것 말고는 그 아이는 아무것도 알아선 안 되오. …… 배움은 아이한테 아무런 도움이 되지 않지. 그저 절망과 불행에 빠뜨릴 뿐이오. 당신이 읽기를 가르치면 다음엔 쓰기를 배우길 원할 테고, 그걸 배우고 나면 아이는 분수를 모르게 될 것이오.

이 일은 프레더릭의 삶을 변화시켰다. 휴 올드의 말이 맞다면 지식은 아이를 노예답지 않게 만들 것이었다. 그러나 아이는 읽기를 배우기로 마음먹었다. 그렇게 세월이 흐른 뒤에 그는 스스로 이름을 프레더릭 더글러스라고 붙인 후 북쪽으로 탈출했고 맹렬한 노예제도 반대자가 되었다.

불붙는 노예들의 저항

미국 역사상 가장 피비린내 나는 노예반란이 1831년에 버지니아에서 일어났다. 냇 터너와 다른 노예 여섯이 농장에서 백인 다섯을 살해했다. 터너는 공격을 이끌라는 신의 지시를 받았다고 믿었다. "나는 백인 영혼과 흑인 영혼이 전투를 벌이는 것을 보았습니다. 태양이 어두워지면서 하늘에서 천둥이 울렸지요. 그리고 피가 시내가 되어 흘렀습니다." 그는 나중

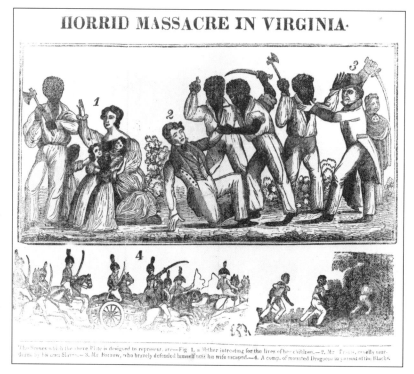

이 그림은 냇 터너 반란에서 벌어진 몇 가지 장면을 그리고 있다. 넷 터너는 '영혼'이 '첫째가 꼴찌가 되고 꼴찌가 첫째가 되리라'는 크리스트의 예언을 실행하라는 영감을 주었다고 자백했다. 크리스트가 짓밟힌 노예들에게 용기를 주려는 것으로 받아들이며 이제 반란의 때가 왔다고 생각했던 것이다.

에 감옥에서 이렇게 진술했다. 터너는 이 농장 저 농장으로 다니며 대부분 여자나 아이였던 백인 60명가량을 죽였는데, 그 사이에 그의 추종자는 거의 60명이 되어 있었다. 주 민병대가 조직되어 그 노예들 대부분을 잡아들였지만 터너는 도망쳐 68일을 숨어 지내다가 끝내는 붙잡혀 처형당했다.

반란을 보며 공포에 떨던 백인들은 다른 반란 음모자들을 찾느라 남부 전체를 발칵 뒤집었다. 흑인들을 위협하여 다시는 반란을 일으키지 못하도록 기를 꺾었다. 노예뿐 아니라 자유인 신분의 흑인들도 백인의 서슬에 위협받았다. 해리엇 제이콥스의 할머니는 자유인으로 노스캐롤라이나에서 살았는데 그녀 역시 집을 수색당하고 편지도 검열당했을 뿐 아니라 옷가지도 도둑맞고 마당도 파헤쳐졌다. 마을의 변두리에 사는 흑인들이 더욱 위험했다. 백인 부랑자 집단이 험악한 분위기에 편승하여 그들의 집에 난입해 산탄총을 여러 자루 들여놓기도 했다. 수색자가 발견하면 반란의 증거라고 덮어씌우기 위해서였다. 또한 남자는 물론이고 여자와 아이들까지 매질을 했는데 '발아래 핏물이 흥건히 고일 때까지 때렸다'고 제이콥스는 회고했다.

이후 두 주 동안 구타와 색출, 체포 등의 폭력 행위가 계속되었다. 당국은 냇 터너를 잡아 백인의 분노를 가라앉힐 때까지 감옥에 있던 흑인들을 백인 군중들로부터 보호해야만 했다.

반란으로 말미암아 더욱 엄격한 법이 또다시 제정되었다. 버지니아에서는 주인이나 감독자가 써준 승인서가 없이는 흑인들이 밤에 종교 집회를 열 수 없게 되었다. 또한 노예에게 읽기와 쓰기를 가르치는 것을 금지시켰다. 1834년에는 말썽을 일으킨 적이 있는 자유인 신분의 흑인은 버지니아에 들어오지 못하도록 했다. 버지니아의 노예주들은 항상 불안에 휩싸여 살았다. 냇 터너의 반란을 진압하기는 했지만 그 후로 60년이 넘는 세월이 흐르는 동안 곳곳에서 다양한 형태로 저항을 했기 때문이다.

CHAPTER 10

남북전쟁, 시민의 권리 : 미국

18세기 말 노스캐롤라이나에서 성장한 데이비드 워커는 백인 노예주가 흑인 노예를 학대하는 것을 지켜보면서 자랐다. 그 때문에 자유인 신분의 흑인이었던 데이비드는 노예제도에 대해 점점 큰 분노를 느꼈고 마침내 남부를 떠나야겠다고 생각했다. 그는 "노예의 쇠사슬 소리를 들어야만 하는 곳에서 계속 살 수는 없었다"고 회고했다.

북부로 간 그는 노예제를 반대하는 소책자 《세계 유색인에게 호소함》을 출간했는데, 이는 미국에서 쓰인 것 중에 가장 급진적인 출판물에 들어간다. 워커는 노예제의 즉각적 폐기를 주장했다. 그는 미국은 '백인이 아니라 우리 흑인의 나라'라고 주장했는데 이는 '그 엄청난 부를 우리의 피와 땀으로 일궈 냈기' 때문이라고 했다. 그는 '흑인에겐 영광, 백인에겐 공포'라는 표현으로 아이티 혁명을 칭송하고, 노예들을 해방하지 않으면 그들이 들고 일어설 날이 올 것이라고 미국인에게 경고했다. 그 말에 깜짝 놀란 남부인은 그의 소책자를 금지시키는 한편 그에게 현상금까지 걸었다. 자신의 생각을 노예들에게 전파시키기 위해 그는 헌 옷 상인 동료를 통해 그 소책자들을 남부로 몰래 반입시켰다.

1830년 무렵 북부에는 3천 명이 채 안 되는 노예들이 살고 있었다. 하지만 데이비드 워커 같은 자유 흑인의 삶도 결코 편치는 않았다. 어떤 주들은 흑인의 투표권을 거부하는 법을 통과시켰고 또 어떤 주들은 흑인의 거주지를 특정 지역으로 제한했다. 그리고 영국인, 스코틀랜드인, 아일랜드인이 일자리를 찾아 미국으로 이주해 왔는데 그들은 흑인을 일자리 경쟁자로 생각하여 반흑인 폭동을 일으키기까지 했다.

북부 흑인들은 저항했다. 그들은 차별과 노예제도에 대항해 싸우기 위해 유색인대회 운동을 조직하고 미국의 첫 번째 흑인신문인 '자유신문'을 창간했다.

윌리엄 로이드 개리슨

윌리엄 로이드 개리슨이란 백인도 노예제 반대 신문인 '해방자'를 창간했는데 그는 미국의 핵심적인 폐지론자로서 신문과 함께 그 이름이 널리 알려졌다.

초기에 미국의 폐지론자들은 두 진영으로 나눠져 있었다. 하나는 아프리카에 흑인 거주지를 건설하자는 진영이었고 다른 하나는 북부 주들을 본보기 삼아 시간을 두고 서서히 노예를 해방시키는 법을 통과시키자는 진영이었다. 개리슨은 양쪽 모두 탐탁하게 생각하지 않았다. 더욱이 그는 미국 헌법을 '죽음의 계약'이라고 칭했는데, 도망노예를 체포할 수 있도록 허용하고 남부 주들이 연방의회 안에서 막강한 영향력을 행사할 수 있게 했기 때문이었다. 개리슨은 자신의 생각을 알리기 위해 1854년 한 독립기념일 행사에서 연설을 하며 헌법 책자를 불에 태웠다. 심지어 그는 북부의 주들이 노예를 소유하는 남부의 범죄행위에 공범이 되지 않기 위해 연방에서 탈퇴해야 한다고 생각했다. 그는 "노예주와는 연합하지 않는다"를 구호로 삼았다. 또한 그는 점진적인 폐지 주장에는 거리를 두고 즉각적인 노예해방을 주장하며 노예제 폐지 운동을 전개했다.

개리슨은 미국노예제폐지협회를 설립하고 '모든 인간은 평등하게 창조되었다'는 독립선언문의 문구를 본 딴 '감상선언문Declaration of Sentiments'을 작성했다. 그는 분쟁의 선동자처럼 보일지 모르지만 시종일관 확고한 평화주의자였다. 그래서 폭력을 통해서가 아니라 대중의 생각을 바꿈으로써 노예제도를 폐지시키길 원했다.

1833년 뉴잉글랜드, 펜실베이니아, 오하이오, 뉴욕 주에서 온 폐지론자 60

명이 미국노예제폐지협회의 첫 모임에 참석했다. 그들 대부분은 종교를 갖고 있었고 일부는 매우 부유하여 운동자금을 제공했다. 곧 이어 퀘이커교도 여성들도 그들 스스로 필라델피아 여성 노예제폐지협회를 설립했고 나중에는 아프리카계 미국인도 독자적인 협회들을 만들어 갔다.

폐지 운동에 대한 분노가 일다

폐지론자들은 북부 전역을 돌며 집회를 열고 지역 폐지협회를 설립하고 공개적인 대중연설을 전개했다. 1835년에는 '대량의 우편물 보내기 캠페인'을 시작해 백만 부가 넘는 노예제 폐지 소책자를 성직자, 선출된 공직자와 신문사에 우편으로 보냈다. 이 모든 행위가 노예제 지지자들을 화나게 만들었다. 찰스턴에서 일단의 무리가 우체국에 난입하여 노예제 폐지 우편물을 탈취해 가서는 개리슨 초상을 불태우는 화형식을 열어 함께 불태웠다.

　북부의 폐지론자들까지 화가 미쳤다. 방적공장 소유주 같이 노예제로 이익을 보는 사람들은 때때로 폭력을 조장하기도 했다. 뉴욕 주의 유티카에서는 법률가, 정치가, 상인, 은행가와 많은 노동자들이 함께 몰려가 노예제 폐지 집회를 폭력적으로 해산시켰다. 보스턴에서는 개리슨 자신이 한 무리의 군중들에 의해 거리를 끌려 다니는 봉변까지 당했다. 필라델피아에서는 남부의 폐지론자 안젤리나 그림케 웰드가 연설을 할 때 군중들이 너무도 폭력적으로 되어 그녀가 다음과 같이 강력하게 비판하기도 했다.

　웬 폭도들이란 말입니까! 무엇을 위해 창문을 죄다 부쉈답니까? 우리가 무슨 잘못이라도 저질렀단 말입니까? 아니면 노예제도가 정당하고 유익한 것이라도 하답니까? 폭도들이 우르르 쳐들어와서는 이렇게 폭력을 행사하면 어쩐란 말입니까? 노예들이 바로 이런 꼴을 겪고 살아야만 하는 것 아닙니까?

1838년 5월 15일 웰드는 노예제폐지 전미여성대회에 참석하여 연설을 하고 있었다. 이 행사는 펜실베이니아 홀에서 열렸는데, 이 건물은 폐지론자들이 모금한 자금으로 건설되어 집회가 열리기 하루 전날 개관되었다. 흑인과 백인 3천 명이 모여 그녀의 연설을 듣고 있을 때 바깥의 군중들이 창문에 돌을 던지고 고함을 실러 그녀의 연설을 중단시키려 했던 것이다. 이에 아랑곳하지 않고 웰드는 여성은 아직 투표권이 없지만 영국 여성이 했던 것처럼 청원 운동을 전개하자고 주장했다. 그녀의 연설이 끝나자 사람들은 날아오는 돌과 퍼붓는 욕설로부터 흑인 여성을 보호하기 위해 서로 팔짱을 끼고 펜실베이니아 홀을 나섰다. 겁을 집어 먹은 시장은 주최측에 다음날 집회에는 웰드가 나오지 않도록 요구했다. 그 요구가 거절당하자 그는 문을 잠가버리고는 바깥 군중들에게 집회가 취소되었다고 알렸다.

승리에 도취한 군중들은 난폭하게 건물로 달려들어 불을 붙였다. 소방관이 도착했는데 그들은 주변에 있는 건물들만 보호하고 정작 펜실베이니아 홀에 난 불은 끄지 않았다. 펜실베이니아 홀의 불을 끄려하는 소방관은 오히려 물벼락을 뒤집어썼다.

노예제 폐지론자들은 기대했던 것만큼 큰 환영을 받지 못했지만 그 일로 대중적인 주목을 받게 되었다. 그래서 부유한 지지자들을 더 많이 모으게 되었고 그들에게 신문 발간과 연설, 교육, 법적 대응, 집회에 들어가는 비용을 지원받을 수 있었다. 그리고 북부인은 이 폭동으로 남부인을 비난했고, 근면과 자유로운 노동으로 살아가는 북부의 삶의 방식이 게으르고 타락한 것으로 느껴지는 남부 농장주의 욕망에 사로잡힌 삶보다 더 가치 있는 것이리고 생각하게 되었다.

JOSEPH CINQUEZ.

이 그림은 요셉 친케가 코네티컷에서 재판을 위해 대기하던 중에 그려졌다. 그는 아미스타드호에 올랐던 동료 아프리카인들에게 "백인의 노예로 사느니 차라리 죽겠다"고 말했다.

법정 투쟁

1839년 9월 6일, 서로 어울릴 것 같지 않는 두 사람이 코네티컷 뉴헤이번의 감옥에서 만났다. 아프리카인 친케와 미국노예제폐지협회 공동설립자인 부유한 루치스 태펀이었다. 태펀은 살인죄로 친케와 다른 42명의 아프리카인에게 걸린 소송이 미국 법정에서 미국의 노예제도는 불법임을 선언하게 될 좋은 기회라고 생각했다.

며칠 전 아프리카인들이 실려 있던 화물선 아미스타드호가 코네티컷 항에 입항했다. 그 배에 타고 있던 스페인 노예상인 두 명은 반란을 일으켜 선장과 요리사를 죽인 쿠바 노예들을 합법적으로 사서 데려온 것이라고 판사에게 해명했다. 폐지론자들은 그 말을 믿지 않았다. 그들은 아프리카인들이 불법적으로 노예가 되었다가 자기방위를 위해 행동했던 것으로 믿고 있었다. 태펀은 아미스타드호 아프리카인 우애협회를 설립했다.

태펀은 친케가 그가 살던 마을의 주요 지도자들 가운데 한 사람의 아들임을 알게 되었다. 그는 빚을 갚으려는 자들에게 붙잡혀 한 아프리카인 노예상인에게 팔렸다가 다시 포르투갈 노예상인들에게 팔렸다. 그들은 친케를 다른 수백 명의 아프리카인과 함께 쿠바행 노예선에 태웠다.

쿠바 아바나에 도착해서 그는 납치된 다른 52명의 아프리카인과 함께 스페인 노예상인들에게 팔린 다음 다시 아미스타드호에 실렸는데, 쿠바의 포르투프린시페에 가서 다시 팔릴 예정이었다. 그 배의 승무원들은 아프리카인들을 형편없이 대했는데, 아프리카인들이 앞으로 자신들이 어떻게 되냐고 요리사에게 묻자 죽임을 당해서 먹힐 것이라고 그가 손짓으로 대답했다고 한다. 그때 친케와 다른 아프리카인 몇 명이 반란을 일으키기로 마음먹었다. 친케는 느슨하게 풀린 못을 발견하고는 그것으로 족쇄를 풀고 다른 사람들도 풀어주었다. 그런 다음 사탕수수 수확용 칼을 구해 선장과 요리사를 죽였던 것이다. 친케는 스페인 선원들에게 아프리카 방향인 동쪽으로 항해하라고 강요했다. 선원들은 낮에는 그 말을 듣다가 밤이 되자 북쪽으로 방향을 틀었고 마침내 코네티컷에 닿게 되었던 것이다.

절차에 따라 진행되던 소송은 마침내 연방대법원까지 가게 되었다. 대편의 협회는 전 대통령이자 미국에서 가장 존경받던 시민인 존 퀸시 애덤스를 설득하여 변호를 맡게 했다. 하급법원에서 다른 변호사들은 스페인의 법에 따르면 노예무역은 불법이기 때문에 아프리카인들을 자유롭게 놓아주어야 한다고 변호했지만 애덤스는 더 높은 이상에 호소했다. 그는 재판부가 처음부터 유색인을 이해하려 하지 않았으며 재판이 "백인의 동정심과 흑인에 대한 혐오"로 얼룩졌다고 비판했다. 나아가 더욱 중요하게 고려할 것으로, "모든 인간은 생명과 자유에 대한 양도할 수 없는 권리를 가졌다는 독립선언문에 따르면 이 재판은 이미 결론이 나와 있다"고 주장했다. "나는 독립선언문 말고는 이 불운한 사람들을 위해 더 이상 발언할 필요를 느끼지 않는다"고 변론을 마쳤다. 연방법원은 이 아프리카인들이 합법적으로 노예가 되지 않았다는 하급법원의 판결에 동의했다. 그들은 납치되었고 그렇기 때문에 법의 집행으로 그들에게 자유를 주어야 한다고 판결했다.

고향을 떠난 지 약 1년 반 만에 이 아프리카인들은 다섯 명의 백인 선교사와 교사들과 함께 시에라리온으로 가는 배에 올랐다. 노예제 폐지론자들이 그곳에 포교소를 설치하려고 했던 것이다. 아미스타드 재판은 폐지론자들이 서로 협조하게 만들었고 많은 미국인이 노예제도에 반대하도록 결집시켰다. 그러나 법원은 미국에서 노예제도 자체가 불법이라고 못 박지는 않았다. 폐지론자들은 그들의 운동을 계속 해나가야 했다.

프레더릭 더글러스

프레더릭 더글러스, 주인이 읽기와 쓰기를 배우도록 허락하지 않았던 그는 1838년 탈출해 매사추세츠 뉴베드퍼드로 갔다. 노예사냥꾼에게 잡힐 위험이 덜한 그곳에서 프레더릭 더글러스는 윌리엄 로이드 개리슨이 이끄는 미국노예제폐지협회 사람들을 만났다. 1841년에 열린 모임에서 처음으로 그의 이야기를 들은 한 회원은 다음과 같이 표현했다. "딱딱하게 굳고 차가워진 마음에 서서히 금이 가더니 어느새 스르르 녹아내렸다."

4년 동안 더글러스는 노예로서의 삶에 대해 강연하고 자서전 《프레더릭 더글러스의 삶 이야기》를 출판하기까지 개리슨과 함께 일했다. 자서전 출판으로 신분이 공개되면서 그는 다시 잡힐 위험이 생겼다. 그런 위험을 피하기 위해 그는 미국을 떠나 영국, 스코틀랜드, 웨일즈, 아일랜드로 연설 여행을 떠났다. 그 과정에서 그는 한스 크리스티안 안데르센 같은 작가들을 만났을 뿐 아니라 인생을 살며 처음으로 인종주의가 없는 곳을 경험하게 되었다. 그는 개리슨에게 다음과 같은 편지를 보냈다. '나는 합승마차를 타고, 백인 옆에 앉아서, 호텔로 갔습니다. 나는 백인과 같은 문으로 들어가서, 같은 응접실로 안내되어, 같은 식탁에 앉아 식사를 했는데, 아무도 불쾌해하는 사람이 없었습니다. …… 교회에 갔을 때도 콧대를 높이 쳐들거나 나를 경멸하는 사람을 하나도 만나지 못했습니다.'

더글러스는 여러 면에서 자유인이 되어 미국으로 돌아왔다. 영국 노예제 폐지론자 단체가 주인에게서 대신 그의 자유를 사서 말 그대로 자유인이 되었기 때문에 이제 다시 잡혀 노예가 될 걱정을 하지 않아도 되었다. 또한 개리슨과의 관계를 끊고

프레더릭 더글러스의 강연에 참석하는 사람들은 대부분 노예제도를 반대했지만 많은 이들이 그 시대에 팽배했던 인종적 편견을 공유했다. 그래서 그들은 해방노예가 훌륭한 연설을 할 수 있으리라 기대하지 않았다. '그들은 내가 노예처럼 말하지 않는다고 하더군요. 노예처럼 보이지도 노예처럼 행동하지도 않는다고 말이죠.' 더글러스는 나중에 이렇게 회고했다.

자기 스스로 서게 됨으로써 마음의 자유도 느끼게 되었다. 그는 뉴욕 주 로체스터로 가서 직접 노예제 반대 신문 '북극성'을 창간하여 흑인들에게 자립의 목소리를 들려주었다.

흑인 폐지론자들이 항상 개리슨과 그의 동료들이 가졌던 관점을 공유했던 것은 아니다. 좀 더 실질적이고 기꺼이 타협하는 자세를 갖는 경우도 많았다. 더글러스는 미국 헌법을 다시 보기 시작했는데, 개리슨과는 달리 미국 흑인의 자유를 보장한다는 관점에서 헌법이 파악될 수 있다고 생각하게 되었다. 또한 개리슨은 동료들에게 투표를 하지 말 것을 종용했지만 더글러스의 신문은 때때로 정당에 지지를 보내기도 했다. 1895년에 77세의 나이로 죽을 때까지 프레더릭 더글러스는 미국 노예제 폐지 운동의 지도자로서, 19세기에 가장 존경받는 흑인 지도자로서 자신의 삶을 흑인을 위해 헌신했다.

소저너 트루스

1851년 오하이오 애크런에 있는 교회에서 한 흑인여성이 성큼성큼 걸어서 설교단으로 갔다. 여성의 권리를 위해 열린 모임에서 한 성직자가 흑인과 백인 대표자들을 소개하고 있었다. 그런데 연설자들 중에 "남자가 '월등한 지성'을 갖고 있으며, 예수도 남자였고 만약 신이 여성의 평등을 바랐다면 그 구세주 탄생과 삶, 죽음을 통해 그런 의지의 표시를 드러냈을 것"이라고 말하는 사람이 있었다.

그들의 연설이 끝나자 참관하러 왔던 소저너 트루스는 단상으로 다가갔다. 그때 모임을 주재했던 한 남자는 나중에 '모든 사람의 이목이 아마존 여전사 같은 모습의 여성에게 집중되었다. 그녀는 키가 180센티미터나 되었고 머리는 곧추 세우고 눈은 꿈꾸는 사람처럼 허공을 응시하고 있었다'고 묘사했다. 그녀는 당시 사람들에게 다음과 같이 말했다.

저쪽에 있는 저 남자가 말하기를, 여자는 탈것에 오르거나 도랑을 건널 때

I Sell the Shadow to Support the Substance.

SOJOURNER TRUTH.

20세기 여성운동가들은 자유를 쟁취하기 위한 소저너 트루스의 투쟁에서 많은 영감을 얻었다. 그녀의 감동적인 "나는 여자가 아니란 말입니까?" 연설이 특히 그랬다. 2009년에 미국은 인권에 대한 기여를 인정해 흑인 여성으로서는 처음으로 워싱턴DC 미국 국회의사당의 원형 홀 안에 그녀의 조각상을 안치했다.

도움을 받아야 하고 어디서든 좋은 자리를 배려 받는다고 합니다. 그런데 제가 탈것에 오르거나 진흙구덩이를 넘어갈 때 아무도 도와준 사람이 없으며 좋은 자리를 양보해준 사람도 없었습니다! 그럼 저는 여자가 아니란 말입니까? 저를 보십시오! 제 팔을 보십시오! 저는 쟁기질을 하고 곡식을 심고 수확한 것을 헛간으로 가져다 쌓아 두었습니다. 그런 일을 저보다 잘하는 남자를 보지 못했어요! 그럼 저는 여자가 아니란 말입니까? 저는 남자만큼 일도 많이 하고 먹기도 많이 먹을 수 있습니다. 그럴 만큼 음식이 있다면 말이죠. 그리고 매질도 잘 견뎌 냅니다! 그럼 저는 여자가 아니란 말입니까?

소저너 트루스는 1797년 무렵에 뉴욕 주의 농촌에서 노예로 태어났다. 그때 이름은 이사벨라였고 열 살이 되었을 때 경매장에서 팔려 어머니와 남동생과 헤어지게 되었다. 그 후에 결혼을 하고 아이도 낳았으며 또 몇 차례 팔리며 주인이 바뀌었다. 그러다가 마침내 1826년에 탈출하여 자유를 얻었다. 1827년까지 뉴욕 주는 사실상 주 안의 모든 노예를 해방시켰다. 이사벨라의 주인은 그녀의 다섯 살 난 아들 피터를 팔아버려 앨라배마의 노예가 되었다. 용기와 결단력이 있는 이사벨라는 법원에 소송을 걸어 피터를 되찾아 왔다. 그때 그녀는 남부의 노예제도가 얼마나 잔인한지 알 수 있었다. 주인에게 매질을 당해 피터의 몸은 헐어 있었고 온통 상처로 덮여 있었다. "엄마, 나는 가끔 현관 계단 밑으로 기어 들어갔어요. 온몸에 피가 흘러서 내 등이 판자에 붙곤 했어요" 하고 아이가 엄마에게 그때 경험을 들려줬다고 한다.

이사벨라는 소저너 트루스라는 새로운 이름으로 순회 전도자가 되었다. 그 이름은 신이 자신에게 이곳저곳 다니다 머무르는 곳에서 진실을 이야기하라고 요구했기 때문에 붙인 것이라고 한다.

1860년대에 북부와 남부 사이에 피비린내 나는 내전을 벌일 때 그녀는 전미자유민구제협회에서 일하며 해방노예들에게 일자리를 찾아주었다. 그녀는 에이브러햄 링컨 대통령을 만나기도 했다. 전쟁이 끝나고 나서는 흑인 출입금지 구역인 워싱턴의 시가전차에서 하차당하길 거부했고, 계속해서 여성의 권리도 주장해 나갔다. 그녀는 1872년 대통령 선거에서 자신의 생각을 알리기 위해 투표에 참여하려고 시도하기도 했다. 그녀는 결코 멈추지 않았다.

1850년의 도망노예법

해리엇 제이콥스는 노스캐롤라이나의 제임스 노컴 박사 집에 있던 어린 노예였다. 그녀가 매력 있는 10대가 되자 그녀의 주인이 그녀에게 점점 더 달갑지 않은 관심을 기울였다. 다른 이의 보호가 필요했던 그녀는 인정 많고 나이 많은 한 백인남자에게 의지했다. 그는 해리엇을 잘 챙겨주었음은 물론 그녀와의 사이에서 아이들 둘을 보게 되었다. 그러는 사이 노컴은 제이콥스를 추적했다. 노컴에게 잡히기 전에 그녀는 필사적으로 탈출하여 어디론가 숨었다. 그녀는 자유인인 자신의 할머니 집으로 가서 비좁은 은신처에 숨어 살며 7년을 보냈다. 벽의 갈라진 틈새로 아이들이 노는 모습을 볼 수는 있었지만 아무도 아이들에게 그녀가 어디 있는지 알려주지 않았다. 1842년에 스물아홉 살이 된 그녀는 은신처가 더 이상 안전하지 않게 되자 뉴욕 시로 피신했다. 노컴이 북부를 돌아다니며 그녀를 찾자 그녀는 다시 보스턴으로 갔다. 마지막으로 그녀는 로체스터로 가서 노예제 폐지론자들의 공동체에 결합했다. 그녀의 친구들과 할머니의 도움으로 아이들도 북부로 데려올 수 있었다.

1850년에는 도망노예가 자유주에 있는 것도 더 이상 안전하지 않게 되었다. 의회가 새 법을 통과시켰는데 연방보안관이 북부로 도망친 노예를 잡기 위해 어떤 시민에게라도 도움을 요구할 수 있게 한 법이었다. 더욱이 도망노예법은 도망친 노예로 고발된 이들에게 법적 소송을 허락하지 않았고 그가 진짜 도망친 것인지 증거를 제시할 필요도 없었고 도망노예로 여겨지는 이를 발견한 자에게는 보상을 해주게 되었다. 이것은 백인이라면 어떤 흑인이라도 도망노예로 몰아붙일 수 있게 되었음을 뜻했다. 도망노예를 도와준 사람은 길게는 6개월 동안 감옥에 갇히고 천 달러의 벌금을 물 수도 있게 되었다. 제이콥스에게 이 법은 '유색인에 대한 공포의 지배가 시작'된 것으로 받아들여졌다.

미국 안에서는 더 이상 안전하지 않게 되자 그 후 10년 동안 2만 명의 흑인이 캐나다로 탈출했다. 그곳에서는 안전한 거처를 마련할 수 있었는데, 캐나다 정부가 그들을 노예로 되돌리려 하지 않았기 때문이다. 《한 노예 소녀의 삶에 일어난 사건들》이라는 책에서 그녀는 다음과 같이 썼다.

20년간 그 도시에서 살았던 많은 가족들이 이제 그곳을 탈출하고 있다. 힘든 노동으로 안락한 가정을 꾸려왔던 많은 가련한 세탁부들이 가구도 다 버린 채 친구들과 허겁지겁 작별 인사를 하고는 캐나다의 낯선 이들 사이에서 행운을 찾기 위해 떠났다. 많은 아내들이 전에는 결코 알 수 없었던 비밀을 알게 되었다. 남편이 도망노예였으며 안전을 위해 아내 곁을 떠나야만 했다. 그보다 나쁜 일은, 많은 남편들이 자기 아내가 노예였는데 몇 해 전에 도망쳤음을 알게 되었다. 그리고 어머니의 신분을 따라야 하는 자신의 사랑스런 아이들은 이제 자칫하면 잡혀가 노예의 신분으로 살아야 할 수도 있었다. 그런 미천한 가정은 어디서나 당황과 분노가 일었다. 하지만 그들 '우성 인종'의 입법자들이 짓밟힌 이들의 가슴에서 흘러나오는 피에 아랑곳하기라도 하겠는가?

노예 신분에서 탈출하기

캐나다는 노예들이 가고자 하는 목적지가 되었는데 어퍼캐나다(지금의 온타리오)가 노예제도를 금지하는 법을 제정한 영국의 첫 번째 식민지가 되었기 때문이다. 노예제도를 점진적으로 폐지하는 법이 존 그레이브스 심코 부총독의 독촉에 따라 1793년 통과되었던 것이다. 즉각적인 폐지를 위한 법안을 통과시키지 못한 것은 행정위원회의 일부 국왕파 관리들이 노예주였기 때문이다. 하지만 그 법은 노예의 자식들이 25세가 되면 자유인이 되고 그들의 자식들은 태어나면서부터 바로 자유인이 되게 하는 법이었다. 1812년의 전쟁 기간에 영국군에 지원했던 흑인들은 그 보상으로 땅을 제공받았다. 이에 따라 캐나다는 흑인 인구가 점점 많아졌고 1830년대 무렵에는 남부 온타리오에 흑인 거류지가 형성되어 도망노예를 맞이할 준비가 되어 있었다.

1833년 6월의 어느 오후 성난 흑인 군중이 권총과 칼로 무장하고 디트로이트 구치소 밖으로 몰려들었다. 켄터키에서 도망쳐온 손턴 블랙번이 족쇄를 찬 채 감옥 밖으로 끌려 나왔다. 그는 아내 루시와 함께 디트로이트에서 평화롭게 살고 있던 중에 도망노예로 둘 다 체포되었다. 그가 군중에게 말하겠다고 허락을 받아 앞으로 나온 순간 누군가 그에게 권총을 건네주었고 그는 그것을 받아들고는 허공에 발사했다. 그러자 군중이 앞으로 밀려들어 블랙번을 잡아챘다. 그들은 나팔소리와 화재경보종을 울리며 추적하는 무장보안대를 따돌리며 블랙번을 앞을 못 보는 말이 끄는 한 나이 많은 흑인의 짐마차에 실어 루지 강으로 데려갔다. 그곳에 배 한 척이 기다리고 있었다. 뱃사공은 구경꾼 중 한 사람이 급시계에 건네주고 나서야 배를 저어 나섰고 얼마 후에 블랙번을 어퍼캐나다 쪽 기슭에 내려 주었다.

해리엇 스토의 소설을 바탕으로 한 상품들이 쏟아져 나왔다. 사람들은 톰 아저씨네 오두막 접시로 식사를 하고, 톰 아저씨네 오두막 노래를 부르고, 톰 아저씨네 오두막 직소퍼즐을 맞추며 여가를 보냈다.

그 전 일요일에 라이트풋 부인과 프렌치 부인 두 흑인 여성이 간수에게 루시 블랙번과 함께 기도하도록 허락해 달라고 요청했다. 그리고 그날 밤, 어느 기록에 따르면 다음과 같은 일이 벌어졌다. 세 여인은 '비 오듯 눈물을 흘리며 이별의 슬픔을 나누고' 나서 두 여인이 눈물을 닦기 위해 손수건으로 얼굴을 가린 채 감옥에서 나왔다고 한다. 다음날이 되어서야 간수는 루시의 방에 루시의 옷을 입고 앉아 있는 여인이 프렌치 부인임을 알았다! 루시가 탈출에 성공했던 것이다.

국경선을 무사히 건넌 뒤 블랙번 부부는 다시 만났다. 그들은 토론토로 가서 그 도시에 처음으로 합승마차 서비스를 도입하여 생계를 꾸리고 살며 다른 도망노예들이 정착하는 것을 도왔다. 루시의 탈출을 도왔던 라이트풋 부인은 벌금 25달러를 물었고 프렌치 부인은 법적 분쟁을 피하기 위해 어퍼캐나다로 이주했다.

지하철도

많은 노예들은 '지하철도'의 도움을 받아 캐나다로 빠져나갈 수 있었다. 그것은 진짜 철도는 아니고 흑백 가릴 것 없이 용감한 사람들이 짜 놓은 비밀 연결망이었다. 도망노예를 돕는 사람들은 열차의 '차장', 탈출로는 '철도'라 불렀다. 탈출하는 과정에서 몸을 숨길 수 있는 안전가옥은 '역'이었고 도망노예는 '짐'이나 '화물'이었다. 차장은 어떤 단체의 회원이거나 그냥 개인일 수 있었는데, 개인은 대부분 흑인으로 우연히 만나게 된 도망자에게 도움을 주었다. 노예들은 낯선 사람이라도 흑인을 더 선호했는데 배반당할 위험이 더 적었기 때문이다.

존 파커라는 흑인 차장이 있었는데 그는 오하이오 리플리에 있는 주물공장 주인이었다. 그는 켄터키에서 도망쳐 나오는 노예를 배에 태워 오하이오 강을 건네주곤 했다. 파커의 공장에는 백인 고용인이 있었는데 그의 아버지는 켄터키의 농장주였다. 그가 파커에게 자기 아버지의 노예를 탈출시키자고 제안했다. 파커는 그 제안을 받아들

탈출 시도는 대담하고 치밀하게 이루어졌다. 헨리 '박스' 브라운의 계획은 아마도 가장 기발한 시도였을 것이다. 1851년에 버지니아 리치몬드의 한 상점주인의 도움을 받아, 상자 안에 들어간 브라운은 화물로 필라델피아의 친구들에게 붙여졌다. 화차에서 짐마차로 또다시 기선으로 옮겨 실린 브라운은 때때로 뒤집어진 채 이동하기도 했지만 살아서 목적지에 도착했다. 그는 나중에 '자유인이 되었지만   그 박스의 좁은 공간에 갇혀 너무 긴 거리를 이동해 몸이 약해졌기 때문에 제대로 서지두 못한 채 그만 실신해 버리고 말았다'고 회고했다.

여 노예 거주지로 찾아가서 탈출을 원하는 흑인 부부를 만났다. 탈출은 쉽지 않아 보였다. 그들의 노예주는 촛불을 켜놓고 장전한 권총을 곁에 둔 채 흑인 부부의 아이를 자기 침대 발치에서 자도록 하고 있었다. 파커는 주인의 침실로 몰래 기어 들어가서 아이를 안고는 일부러 초와 권총을 엎어버리고는 냅다 뛰었다. 탈출자들이 강을 반쯤 건너왔을 때 총소리가 들렸지만 그들은 무사히 강을 건널 수 있었다. 그리고 그 주인이 오하이오에 도착하기 전에 다른 차장에게 인도되었다.

레비 코핀과 캐서린 코핀은 인디애나 뉴포트에 사는 백인 차장이었다. 그들은 약 3천 명의 노예가 자유를 찾도록 도움을 줬다고 알려졌다. 르비 코핀은 《회고록》에서 자신의 역을 지나는 교통이 얼마만큼 증가했는지 회고하고 있다.

1826~27년 사이의 겨울에 도망노예들이 우리 집으로 오기 시작했다. 그런데 예속에서 벗어나 도망치려는 노예들을 우리가 흔쾌히 맞아들여 은신처를 제공한 다음 안전하게 다음 탈출 과정을 밟을 수 있게 해준다는 사실이 다양한 경로를 통해 더 많이 알려지게 되었다. 그러자 그 수가 점점 늘어났다. …… 나는 그들을 실어 나르기 위해 사람들 한 팀과 마차 한 대가 항상 대기하고 있어야 함을 깨달았다. …… 반드시 밤에 이동해야 했고 종종 진창이나 좋지 않은 길을 통과해야 할 때도 있었다. …… 추적을 피하기 위해 온갖 대책을 마련해야 했는데 가끔 노예사냥꾼이 같은 길로 들어서는 경우가 있기 때문이었다. 때로는 그들이 아예 노예를 앞질러 가는 경우도 있었다.

해리엇 터브먼
한 차장은 '그들 민족의 모세'로 알려졌다. 성경의 모세처럼 많은 노예가 자유를 찾도록 인도했기 때문이다. 1849년 메릴랜드의 해리엇 터브먼은 자신이 팔려나갈 것이라는 소식을 접하고는 탈출을 시도했다. 호의적인 백인여성이 그녀를 안전가옥으로 데려가서는 그녀를 도울 두 사람의 이름을 알려줬다. 도망노예들은 대개가 지도도 없고 이정표를 읽을 줄도 몰라 항상 어둠을 틈타 도망쳐야 했다. 그들은 북극성을 의지해 방향을 잡아 나갔다. 터브먼도 그렇게 해서 마침내 필라델피아에 도착했다.

그녀는 여러 차례 남부로 갔는데 그 회수가 1860년까지 모두 19번이었다. 보통은 토요일 밤에 길을 떠났는데 노예주들이 월요일까지는 사라진 노예에 대한 신문광고를 낼 수 없음을 잘 알고 있었기 때문이다. 그녀는 남동생과 그의 아내를 포함해 한꺼번에 11명을 메릴랜드에서 캐나다로 구출해내기도 했다. 그녀는 교묘하게 신분을 숨겼다. 한번은 허약한 노파로 변장했는데, 어떤 남자가 자신의 현상금 포스터를 읽고 있었다. 거기에 글을 읽을 줄 모른다는 내용이 나오자 그녀는 재빨리 코를 책에 파묻고 읽는 척했다.

남북전쟁이 벌어지는 동안 터브먼은 요리사, 간호사, 안내원으로 일하며 북부를 도왔을 뿐 아니라 여성 최초로 공격을 주도해 7백 명 이상의 노예를 사우스캐롤라이나에 있는 강을 따라 구출해 내기도 했다. 탈출하는 노예들에게 용기를 주기 위해 그녀는 소형 포함의 갑판 위에 올라 노래를 불렀다. "자, 가자! 두려워하지 말고. 샘 아저씨는 우리 모두에게 농장을 줄 수 있을 만큼 부자란다."

해리엇 터브먼은 노예들이 자유를 얻을 수 있도록 성공적으로 안내하는 것으로 노예주들에게 악명이 높았다. 그녀는 3백 명이 넘는 노예가 자유를 찾도록 도왔기 때문에 그녀를 잡아오는 사람에게 4만 달러를 준다는 현상금이 걸렸다. "저는 한 번도 내 기차를 탈선시킨 적이 없습니다. 승객을 잃어버린 적도 결코 없지요." 하고 한 기자에게 자랑스럽게 말했다.

드레드 스콧 재판

드레드 스콧은 미주리 세인트루이스에 살던 노예였다. 그런데 주인이 그를 데리고 자유주인 일리노이로 갔다가 다시 위스콘신으로 갔다. 아직 주로 편입되지 않았지만 준 주로서 자유지역이었던 위스콘신에서 스콧은 해리엇 로빈슨을 만나 결혼했다. 따라서 그녀도 남편 주인의 재산이 되었던 것이다. 1843년 주인이 죽자 스콧과 해리엇은 그 부인의 재산이 되었다. 3년 뒤에 스콧은 자유를 얻기 위해 법원에 소송을 제기했다. 스콧의 변호사는 그 부부가 자유지역에 살았기 때문에 그들은 자유인이라고 주장했다. 세인트루이스 순회법원에서 그들은 승소했지만 그들의 주인이 판결에 불복하고 항소했다. 1857년 미국 연방대법원이 드레드 스콧 소송을 심리한 끝에 7:2의 결과로 주인의 손을 들어주었다. 오늘날 많은 법 전문가들에게 이 결정은 대법원에서 이루어진 가장 잘못된 판결로 받아들여지고 있다.

당시 연방대법원장 로저 B. 토니는 남부의 노예주로서 인종적 편견을 바탕으로 판결을 내렸던 것이다. 스콧은 흑인으로서 시민이 아니기 때문에 소송을 제기할 권리가 없다는 근거로 판결을 내렸기 때문이다. 로저 토니는 '흑인은 열등한 존재다. …… 열등하기 때문에 백인은 반드시 존중받아야 할 권리를 그들은 가질 수 없다. 또한 스콧은 소유물이고 모든 시민은 노예를 포함해 자신의 소유물을 운반할 권리가 있다'고 판결문을 읽었다. 이 판결은 남부인에게는 환희를, 북부인에게는 분노를 일으켰다.

전쟁이 시작되다

북부와 남부 사이에 점점 긴장이 커져갔다. 1854년에 연방의회는 캔자스-네브래스카 법을 통과시켰다. 두 지역에 거주하는 사람들이 자신의 지역을 노예지역으로 할지 자유지역으로 할지 투표로 결정하게 한다는 법이었다. 이 법은 노예제도를 반대하고 북부에서 캔자스로 이주한 자유토지주의자들과 노예와 함께 그곳으로 이주한 남부인들 사이에 무력 충돌을 불러일으켰다. 노예제 반대 진영에는 반백의 폐지론자 존 브라운이 있었다. 그는 신앙심이 매우 깊은 사람으로 성경에 따라 미국 노예제도의 범죄에 대항해 대담한 행동을 전개해야만 한다고 믿고 있었다. 아들 다섯과 함께 그들의 노예를 해방시켰지만 노예제도를 지지하는 이주자 다섯 명을 처형함으로써 잔인한 사람이라는 평판을 받게 되었다. 캔자스의 전투도 노예제도 문제를 해결하지 못했고 브라운은 그 후 몇 년간을 미국을 돌아다니며 지지자들에게 폭력적 봉기만이 노예제를 끝낼 수 있다고 설득했다.

전투를 시작할 표적으로 선택한 곳은 버지니아 하퍼스페리에 있는 연방 무기고였다. 그곳에는 무기와 탄약이 보관되어 있었다. 그곳에서 무기를 탈취한 다음 노예들을 무장시켜 대대적인 노예 반란을 일으킨다는 계획이었다. 그렇게 하면 미국 전역으로 반란이 퍼져나갈 것이라고 그는 생각했다.

하퍼스페리의 무기고에 대한 존 브라운의 습격은 남부인을 경악시켰다. 그들은 폐지론자들이 남부를 공격해올까 두려워했다. 이 그림은 브리온이 증기기관실에 인질을 삼고 있는 모습을 그리고 있다. 잠시 후 연방군이 들이닥쳐 그들을 진압하고 브라운을 체포했다.

1859년 10월 16일 밤, 브라운과 백인 열두 명, 흑인 다섯 명은 각기 소총 한 자루와 권총 두 자루로 무장한 채 무기고로 통하는 철교를 건너갔다. 그들은 밤사이에 무기고에 숨어 있었지만 그 지역 사람들이 곧 그들을 발견하고 경종을 울렸다. 연방 군대가 그곳에 도착했을 때는 술 취한 군중이 침입자들을 포위하고 있었다. 다섯 명이 그곳을 탈출했지만 브라운의 아들 둘이 살해당했고 나머지는 부상을 당했다. 브라운을 포함해 일곱 명이 감옥에 갇혔다.

습격에 참가한 흑인 두 명이 재판을 받고 처형되었다. 그 중 한 명인 존 안소니 코플랜드는 감옥에서 그의 부모에게 편지를 써서 다음과 같이 말했다. '성스런 행위였다고 기억해 주세요. …… 저는 틀림없이 죽겠지만, 그것은 나와 같은 노예 상태에 있는 가련하고 학대받는 이들을 해방시키려다 죽는 것임을 기억해 주세요.'

브라운은 버지니아 주에 대한 반역죄로 재판을 받았다. 그는 정신이상이란 소견으로 그를 변호하려 했던 변호사의 충고를 거부했다. 그는 '성전'을 행했던 것이며 자신의 처형은 노예제도에 대항한 더 큰 십자군을 만들어 낼 것이라고 믿고 있었다.

폭력에 반대하는 폐지론자들은 비록 브라운을 전폭적으로 지지하시는 않았지만 그를 순교자로 생각했다. 개리슨은 신문 〈해방자〉를 통해 그의 습격이 '현명하지 못했으며 매우 어리석고 무모한' 행위였다고 규정했다. 그러나 그 역시 '나는 남부의 모든 노예반란이 성공하기를 항상 바라고 있다. 그리고 나는 남부 농장의 모든 노예에게서 살아있는 존 브라운을 본다'고 브라운을 칭송했다. 흑인들은 브라운을 영웅으로 받아들였다. 그가 처형되던 날 그에게 경의를 표하기 위해 보스턴에 3천 명의 사람들이 모여들었다. 그리고 디트로이트에서는 '브라운 자유 가수들Brown Liberty Singers'이 '늙은 존 브라운

대장을 위한 송가'를 불렀다.

　브라운은 자신의 죽음이 사형집행인들에게 승리를 가져다주지 않을 것이라고 예언했다. 처형되기 전 그는 다음과 같이 썼다. '이 죄악의 땅에서 벌어진 범죄는 결코 씻을 수 없을 것이다. 피로써가 아니고서는.'

새로운 대통령

1860년에 미국 대통령 선거 후보자들 사이에서 노예제도에 관한 논쟁이 몇 달 동안 벌어졌다. 공화당 후보 에이브러햄 링컨은 그 몇 해 전에 독립선언문의 핵심원리를 침해하기 때문에 노예제도에 반대하는 뜻을 강하게 표명했었다. 하지만 링컨 역시 노예제도를 폐지하자고 주장하면 대통령에 당선될 수 없다는 사실을 알고 있었다. 그래서 다만 현재 노예주의 경계를 넘어서 노예제도가 확장되는 것에 대해 반대했다.

　링컨은 대통령에 당선되었다. 1861년 3월 4일 그는 미국 대통령으로서 취임선서를 했다. 그때 이미 남부의 일곱 개 주가 미연방에서 탈퇴해 아메리카 남부연합국을 결성했다. 그들의 헌법은 노예주의 권리를 보호했고 노예주가 노예를 데리고 어떤 주나 지역이든 갈 수 있다는 점을 강조했다. 이후에 네 개의 주가 더 연합국에 결합하기로 되어 있었다.

　링컨은 자신을 노예주든 자유주든 상관없이 미국 전체의 대통령으로 생각했다. 취임선서에서 그는 '노예제도가 존재하는 주들에 대해 그 제도를' 훼손시키려는 의도가 없음을 밝혔다. 그의 제1의 목표는 연방이 분열되지 않게 하는 것이었다.

　그러나 남부인은 링컨을 믿지 않았다. 6주 후인 1861년 4월 12일 남부연합군(일명 반란군)은 찰스턴 항구에 있는 연방의 섬터 요새를 공격하면서 남북전쟁은 시작되었다.

남북전쟁에서 활약한 흑인들

독립전쟁과 1812년의 전쟁에서 그랬던 것처럼 흑인들도 전투에 참가했다. 그들은 남부연합군에게 잡히면 벌을 받고 해방노예라 해도 다시 노예가 될 것임을 알았지만 기꺼이 그런 위험을 감수했다.

노예 로버트 스몰스는 찰스턴 항에 있던 증기선 플랜터호의 조타수였다. 그 배는 평화시에는 면화 운송에 쓰였지만 전쟁 동안에는 남부에서 포함으로 이용했다. 1862년 5월 12일 플랜터호는 남부군 요새에 무기를 운반하고 있었다. 그날 밤 백인 승무원들이 거처로 돌아가자 스몰스와 다른 노예들은 평상시처럼 배를 청소했다. 그들의 가족은 가끔 저녁식사를 배로 가져왔기 때문에 그날도 그들 가족이 왔을 때 갑판 순찰대원들은 별다른 주의를 하지 않았다. 새벽 3시 무렵이 되자 스몰스가 출항을 지시했고 배는 천천히 항구를 벗어났다. 배에서는 남부연합군의 기가 펄럭이고 있었고 길게 두 번 짧게 한 번 정확한 호각 신호를 내보내고 있었다. 항구를 완전히 빠져 나오자 배는 빠르게 섬터 요새로 나아갔다. 플랜터호가 연방군의 봉쇄선에 접근하자 한 승무원이 남부연합군의 기를 내리고 대신 백기를 올렸다. 투항한다는 표시였다. 스몰스와 승무원들은 연방군에 배와 중무기류뿐 아니라 남부군이 구축한 방어선과 수로에 대한 정보까지 제공했던 것이다. 그리고 스몰스는 미 해군에 입대하여 대령이 되었다.

연방군을 돕기 위해 위험을 무릅쓴 사람들은 스몰스 말고도 더 있었다. 윌리엄 A. 잭슨은 남부연합국 대통령이었던 제퍼슨 데이비스의 가내 노예이자 마부였다. 백인들은 마치 자

1862년 의회는 마침내 연방군이 흑인병사를 모집하도록 승인했다. 육군성은 흑인이 백인처럼 대우받을 것이라 약속했지만 그 역시 지켜지지 않았다.

기 노예들이 말을 알아듣지 못하기라도 한다는 듯 그들 앞에서 아무 말이나 하는 습관이 있었다. 제퍼슨 데이비스도 그랬다. 1862년 5월 3일 잭슨은 버지니아 프레데릭스버그 근처의 연방군 진영으로 넘어가서 데이비스가 군수뇌부와 나누었던 대화 내용에 대해 보고했다. 매우 중요한 정보였기 때문에 연방군 장군은 즉시 육군성에 전보를 쳤다. 그 구체적인 내용은 오늘날 전해지지 않지만 한 장교가 육군장관에게 보내는 편지에서 '제프 데이비스의 마부'가 큰 공을 세웠다고 전했다고 한다. 남부연합군 총사령관 로버트 E. 리조차도 '적에게 정보를 빼돌린 주요 정보원은 우리 흑인들 중에 있었다'고 쓴 바 있다.

전쟁이 시작된 이후 흑인들이 미 해군에 복무했지만 링컨은 흑인을 연방군의 보병으로 입대시키기를 꺼려했다. 그들을 보병에 입대시키면 메릴랜드와 같이 그때까지도 노예제도를 허용하고 있지만 연방에도 남아있기를 원하는 경계주들의 화를 돋구지 않을까 걱정했기 때문이다. 이런 상황은 1862년 7월이 되자 변했다. 연방군이 일격을 당하자 의회는 흑인 병사들이 필요함을 깨닫게 되었던 것이다.

마침내 자유를 얻다

1862년 9월 22일에 링컨은 새해 첫 날에 반란 주 안의 모든 노예를 해방한다는 포고문을 발표할 것이라고 자신의 뜻을 알렸다. 새해 첫 날은 관습적으로 노예를 사고파는 날로 되어 있었지만 1863년의 첫 날에는 링컨의 노예 해방령으로 수천 명의 노예가 즉시 자유의 몸이 되었다.

텍사스의 노예 애너 우즈는 어느 월요일 아침에 군인들이 농장으로 와서 노예들에게 그 소식을 전하던 때를 생생히 기억했다. 그녀는 다음과 같이 회고했다. "사람들이 환호성을 지르며 몰려들었어요. 그 중 한 여자가 아직도 기억나요. 그녀는 통 위로 올라가서 소리쳤어요. 그러곤 통에서 뛰어내려서 또 소리쳤어요. …… 그녀는 몇 번을 그렇게 뛰어올랐다 내렸다 하며 외쳤지요. 그러고는 한 동안 그저 뛰어오르고 내리기만을 반복했지요."

전쟁 초기에 프레더릭 더글러스는 링컨에게 격분했다. 노예해방을 이번 전쟁의 목표로 삼기를 그가 거부했기 때문이었다. 그러나 1863년에 노예해방령을 발표하고 흑인의 입대를 승인하자 더글러스는 링컨을 만났다. 그 후 더글러스는 링컨이 "노예제도에 반대하는 강한 도덕적 신념을 갖고 있음을 확인했는데, 과거에 그의 글이나 말에서는 볼 수 없었던 모습이었다"고 회고했다.

1863년 11월 19일, 링컨은 펜실베이니아 게티즈버그의 전쟁터에서 행한 연설을 통해 자유를 향한 더 큰 일보를 내딛었다. 그 연설은 남북전쟁이 일어난 후 네 달 동안 피로 물든 전쟁터에서 죽어간 병사들을 기리기 위해 마련된 것이었다. 링컨은 단지 3분 동안 연설했지만 그 짧은 연설은 이번 전쟁에 대한 사람들의 생각을 연방의 유지에서 모든 국민의 자유로 변하도록 만들었다.

링컨은 다음과 같은 말로 연설을 시작했다. "87년 전 우리 조상들은 자유 속에서 잉태되고 만인은 모두 평등하게 창조되었다는 정신으로 깃들인 새로운 나라를 이 땅에 탄생시켰습니다." 그는 평등에 관해 건국자들이 언급한 것과는 다른 맥락으로 자신의 뜻을 밝혔다. 자유란 국민 '모두'를 위한 자유가 되어야 하며 평등이란 전쟁터에서 '자신의 모든 것을 바쳐 싸웠던 사람들이 지켜내고자 했던 이상으로 정의되어야 함을 강조했던 것이다. 이 연설 이후로 북부인이든 남부인이든, 흑인이든 백인이든 사람들은 남북전쟁을 노예제도의 향방을 가르는 전쟁으로 바라보게 되었다.

1865년 4월 9일, 남북전쟁은 북부의 승리로 막을 내렸다. 며칠 후인 4월 14일에 링컨은 남부의 패배에 대해 복수하고자 했던 배우 존 윌크스 부스에게 암살당했다. 그로부터 몇 달이 지난 후 더글러스는 소포 한 꾸러미를 배달받았다. 영부인 메리 토드 링컨이 보낸 소포였는데 그 안에는 링컨이 '좋아했던 지팡이'가 들어 있었다. 메리 링컨이 생전에 링컨이 존경심을 표현했던 사람들에게 그의 유품을 나눠주었는데 그 중에 더글러스도 포함되어 있었던 것이다. 링컨은 자신의 두 번째 취임 축하연회에서 그를 '나의 벗 더글러스'라고 불렀다고 한다. 더글러스는 영부인에게 편지를 써서 '너무도 소중한 그분의 유품을 제가 살아있는 동안 소중히 간직하겠습니다. 내 모든 동족의 행복을 위해 보이신 인도적인 관심, 그 거룩한 관심의 징표로 말입니다'라며 감사의 뜻을 전했다.

더글러스는 나중에 링컨에 대해 '흑인의 마음을 편안하게 할 수 있는 몇 안 되는 사람 중 한 명이었으며 그와 대화할 때는 백인이란 호감을 느낄 수 없는 부류이겠구나 하는 생각이 한 번도 들지 않았다'고 회고했다. 또한 '인간으로서 흑인이 가져야 할 권리를 가장 처음 존중했던 사람이었기에 그는 흑인의 대통령'이었다고 평했다.

1865년 12월 6일 연방의회가 헌법 13조 수정조항을 통과시킴으로써 노예제도는 공식적으로 폐지되었다. 그 조항은 노예제도와 범죄에 대한 처벌을 제외한 강제 노동을 금지시켰다.

민권운동

전쟁이 끝난 뒤에도 흑인에 대한 편견이 사라지지 않았고 과거에 노예였던 사람들이나 그 자손의 삶이 크게 나아지지도 않았다. 남부에서는 1940년대까지도 '어슬렁거리기'를 법으로 금지하여 백인 경찰관들이 사소한 이유로 흑인을 체포하고 벌금을 물릴 수 있었다. 그들이 벌금을 내지 못하면 법원은 도로나 탄광, 벌목장, 농장 등지로 보내 백인을 위해 강제로 일을 하도록 시켰다. 그들 중 많은 수가 가족에게 소식도 전하지 못한 채 죽어갔다. 군대 역시 제2차 세계대전이 끝난 이후까지도 인종차별이 지속되었다.

이런 일들과 더해 아프리카계 미국인이 교육과 고용, 주거, 선거 등에서 받는 차별을 없애기 위해 1950년대와 60년대에 민권운동이 끈질기게 전개되었다. 이에 따라 1964년에 민권법, 1965년에 투표권법이 통과되면서 상태는 개선되었다. 2007년에 버락 오바마가 흑인으로서 대통령 후보로 발표되었을 때 많은 미국인들의 생각은 회의적이었다. 그러나 2008년 11월 4일 그는 미국의 대통령으로 당선되었다.

CHAPTER 11

유괴상인, 쿨리 그리고 노예소녀 : 아시아와 남태평양

아시아와 남태평양 지역은 광대한 면적에 걸쳐 다양한 종교와 문화, 역사를 지닌 사람들이 살아가고 있다. 땅과 바다에서 노예들이 잡혀서는 몸값을 주고 풀려나거나 다른 곳으로 팔려가는 등 여러 가지 형태의 노예제도가 번성해 왔다.

인도

불교와 힌두교는 그 신도가 세계에 퍼져 있는 유서 깊은 종교이다. 그들은 인도에서 기원했는데 몇천 년 동안 두 종교의 신도에게도 노예제도는 생활의 일부분을 이루었다.

　기원전 6~5세기 사이에 불교를 창시한 부처는 노예가 되는 것이 사람이 경험할 수 있는 불행 가운데 가장 고통스러운 것이라는 가르침을 주었다. 그는 자신의 추종자들에게 노예장사로 돈을 벌어 살아가지 말며 노예에게는 자비롭게 대하라고 충고했다. 즉, 할 수 있을 만큼 적당한 일을 시키면서 이따금 휴일도 주고, 음식과 보수를 줄 것이며, 아플 때는 잘 보살펴 줘야 한다는 것이었다. 이렇게 하면 그들이 충직한 일꾼이 되어 보답하리라는 것이었다. 그러나 이런 가르침도 노예제도 자체에 대해서는 문제를 삼지 않았다.

　초기 불교 문서에는 당시 노예의 삶에 대한 이야기가 언급되어 있는데, 그 이야기 속에는 학대와 고된 노동의 우울한 면모가 자주 나타난다. 노예소녀 푸니카에 대한 이야기도 그중 하나다. 푸니카는 새벽녘부터 해질녘까지 계속 물을 길어 날랐는데 이는 한겨울에도 마찬가지였다. 아이의 주인은 독실한 불교신자였지만 아이의 무거운 짐을 덜어주려 하지 않았다. 라수말라의 이야기도 있다. 라주말라의 여주인은 그녀의 머리채를 틀어잡는 것을 좋아했는데 그러면 손으로 때리거나 발로 차기가 편했기 때문이었다. 아이는 그것을 모면해 보려고 다른 사람에게 부탁하여 머리카락을 다 깎아버렸다. 이에 크게 화가 난 여주인은 아이의 머리를 줄로 묶고는 무지막지하게 때렸다고 한다. 아이는 가까스로 도망쳤지만 절망에 빠져 자살을 시도했다고 한다.

디가 니까야(長部)라는 초기 불교경전에는 어떤 노예가 자신을 왕과 비교하는 장면이 나온다.

> 그도 나도 사람이다. 하지만 왕은 오감을 만족시키는 온갖 즐거움 속에서 살아가니 그가 바로 신 아닌가. 나는 노예다. 그보다 먼저 일어나서 그를 위해 일하다가 그보다 늦게 쉬러 들어간다. 그의 표정을 살펴 가면서 나도 기분 좋은 척 꾸미며 그를 기쁘게 하기 위해서 여념이 없다.

힌두교 신자들 사이에서 살아가는 노예의 삶도 그리 크게 다르지 않았다. 한 힌두교도 가정의 칼리라는 노예는 자기 여주인이 온화한 성격을 가졌다는 세간의 평가는 잘못된 것이라고 생각했다. '음, 내 주인이 원래 성미가 급해. 하지만 내가 일을 너무 꼼꼼히 잘해서 그게 밖으로 드러나지 않는 거야.' 그녀는 주인을 시험하기로 했다. 칼리는 3일 내내 아침 늦게까지 잤다. 여주인의 인내심은 바닥이 나버렸다. 그녀는 칼리를 '버르장머리 없는 노예'라고 욕하며 얼굴을 찌푸렸다. 3일째 되던 날 마침내 여주인은 칼리에게 나무라듯 물었다.

"잘한다, 칼리. 왜 그렇게 늦게 일어나는 게냐?"

"별일 아니잖아요, 마님." 칼리가 성의 없이 대답했다.

노예의 건방진 행동에 화가 난 여주인은 문의 빗장을 집어 들고는 칼리의 머리를 내리쳤다. 칼리는 피가 흘러내리는 머리로 온 동네를 돌아다니며 자기 여주인이 어떤 사람인지 사람들에게 보여주었다.

인도는 노예 신분에도 등급이 있었다. 채무노예는 빚에 몰린 사람들이 지주에게 자신을 팔아 빚을 청산하는 대신 지주를 위해 일을 해주었다. 그런 채무노예는 신체에 벌을 줄 수 없었으며 특히 여자인 경우 성행위를 요구해서는 안 되었다. 그러나 종신노예는 그렇지 않았다. 그들은 더 낮은 계급으로 음식물 찌꺼기나 동물의 배설물, 시체를 다루는 것과 같은 '불결한' 일을 맡아 했다.

비록 힌두교와 불교 경전에는 인간을 사고팔아서는 안 된다고 나와 있지만 지방의 부족집단 출신 노예들은 인도 남부의 비옥한 계곡에 넓게 펼쳐진 토지에서 일했고 인도 서부의 말라바르 해안에 늘어 선 항구들에서 팔려 나갔다. 그런 노예무역은 근대까지 지속되었다.

8세기에 이슬람 군대가 인도를 침입했을 때, 새로운 종교와 함께 대부분이 에티오피아인인 아프리카 노예를 들여왔다. 이슬람교도 지배자들은 수세기 동안 계속 아프리카인을 들여왔는데, 그들을 군인이나 뛰어난 선원으로 소중히 여기며 인도양의 해적으로부터 배를 보호하는 데 도움을 받았다. 그런데 나중에 자유로운 몸이 된 아프리카인들은 서부 인도에서 왕국을 건설하고 큰 권력을 가진 위치로 올라서기도 했다.

13세기부터는 인도로 노예가 수입되기 시작했고 영국의 식민지가 되었던 19세기까지 노예제도가 잘 유지되었다. 1808년 이래로 서인도제도 식민지에서 노예무역을 불법으로 만들었듯이 영국은 인도에서도 노예무역을 억제하려고 했다. 1843년에 그들은 노예제도를 불법으로 하는 법을 통과시켰지만 공표시키지는 않았다. 종신노예는 차츰 줄어들었지만 빚으로 말미암은 예속은 오늘날까지 계속되고 있다.

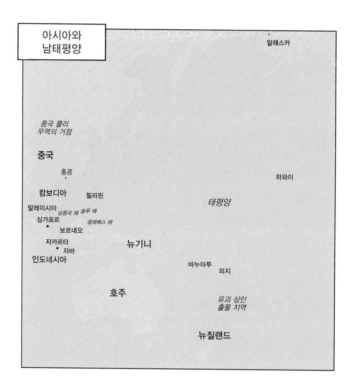

아시아와 남태평양

알래스카

중국 쿨리
무역의 거점

중국

홍콩

하와이

캄보디아   필리핀

말레이시아 남중국 해 술루 해

싱가포르   셀레베스 해

보르네오

자카르타

자바

인도네시아

뉴기니

태평양

바누아투

피지

호주

유괴 상인
출몰 지역

뉴질랜드

동남아시아

16세기부터 서양 나라들은 동남아시아의 지배권을 두고 서로 싸웠다. 그곳은 중국 남부에서 오스트레일리아 북부, 동쪽으로는 뉴기니까지 이르는 지역으로 중국 본토 일부와 많은 섬나라들을 포함하고 있었다. 스페인은 1898년까지 필리핀을 지배하에 두고 있었다. 네덜란드와 영국은 오늘날 인도네시아 영토의 일부를 놓고 수년 동안 지배권을 다투었는데 1824년 무렵에 결국 네덜란드의 승리로 끝났다. 영국은 1819년 싱가포르를 장악했고 1842년에는 한 조약을 통해 홍콩에 대한 지배권을 인정받아 통치하다가 1998년 다시 중국에 귀속되었다.

동남아시아에서는 채무노예든 재산노예든 노예와 주인 사이의 관계가 보통 아메리카에서보다 더 가까웠다. 이곳에서는 노예가 스스로 다른 사람에게 고용되어 돈을 벌 수 있었고, 그 자녀들에게는 상층계급으로 상승할 수 있는 기회가 주어지기도 했다. 하지만 그들도 자기 삶에 대한 통제권이 없는 노예이긴 마찬가지였다. 그들은 선물이나 매매를 통해서 멀리 떠나갈 수도 있다는 점을 항상 걱정했다. 그들은 또한 주인의 자식에게 상속되기도 했다.

노예들은 수많은 일을 맡았다. 주인의 집에서 청소와 요리를 하거나 논에서 쌀을 심어 수확하기도 했다. 특히 여자의 경우 첩이나 무용수, 가수 등의 역할을 맡기도 했다. 심지어는 도공, 필경사, 군인, 선원, 전령, 상인, 통역의 일을 노예가 맡아 하기도 했다.

이슬람교의 전래

1400년대에 동남아시아에 이슬람교가 전파되었다. 이슬람교도는 다른 이슬람교도를 노예로 삼는 것이 법적으로 금지되어 있기 때문에 그들 노예상인은 내륙으로 들어가거나 배를 타고 다니며 비 이슬람교도들을 잡아다가 일을 시켰다.

말레이 반도(오늘날의 말레이시아)에서는 보통 해안 지대에서 사는 사람들이 구릉이나 산, 내륙의 강 주변에 사는 오랑아슬리(말레이어로 최초의 인간을 뜻함)를 습격했다. 해안의 말레이족이 어떻게 그들을 습격했는지 한 세기 전의 묘사가 있다.

그는 몸을 숨길 작은 은신처를 만든다. 그리고 그들(오랑아슬리)이 밤을 보내는 곳을 발견할 때까지 그는 그곳을 떠나지 않는다. …… 해질 무렵에 그는 일행과 힘께 다시 그 상소로 찾아가서 어둠이 내릴 때까지 목을 숨기고 …… '산 사람들'이 잠들 때까지 기다린다. 이윽고 말레이인들이 소총을 몇

발 발사하여 그들 일족이 공포와 혼란에 빠져 뿔뿔이 흩어지게 만든다. 그러면 그들을 포획하기 쉬워지는데, 습격자들은 여자와 아이들이 비명을 지르는 그 장소로 재빨리 달려 나간다. 여자아이들은 대개가 바로 기절해 버리고 남자아이들은 노예로 팔기 위해 끌고 가버린다.

남자아이들을 더 선호하기는 했지만 성인 여자나 여자아이들도 노예로 팔았다. 성인 남자들은 보통은 그곳에서 죽였다. 말레이인에게 협조하는 오랑아슬리도 있었는데 아이들을 납치해 말레이인에게 팔았다. 몸값은 보통 얼마였을까? 조잡한 천 두 뭉치, 손도끼 하나, 식칼 하나와 철 냄비 하나가 고작이었다.

네덜란드인 오다

1600년대 초에 네덜란드인은 동남아시아에 식민지를 만들고 그곳에 네덜란드 동인도회사를 설립했다. 그 회사는 쌀, 소금, 고급목재, 비단, 자기, 후추, 육두구뿐만 아니라 인간도 무역 상품으로 삼았다. 그들은 자카르타(네덜란드인은 바타비아로 불렀다)에 교역소도 설치했는데, 18세기에 이르러서는 자바 전체를 지배하에 두게 되었다. 자바인도 노예를 두었지만 그들을 가족처럼 대했다. 그러나 네덜란드 노예주는 그렇지 않아서 그들의 노예는 덜 충실했고 도망가는 경우도 많았다.

1776년, 크리스티나는 네덜란드 동인도회사의 상인 아브라함 발부르그와 그의 아내 사라의 노예였다. 그녀는 사무엘 브란트라는 애인과 함께 살고 싶어 했다. 그리고 그것이 가능했다면 아마도 동남아시아의 전통 관례에 따라 혼인을 치렀을 것이다. 그녀는 발부르그에게 사무엘이 자신을 살 것이라 말하며 자유롭게 놓아달라고 흥정했다. 그리고 주인 부부를 설득하기 위해 사무엘을 소개시켜 주었다. 그러자 사라는 그를 개 목걸이 두 개와 금 머리핀,

다이아몬드 귀걸이, 다른 노예가 소유한 금단추를 수선하도록 고용했다. 하지만 사무엘은 발부르그 부부가 크리스티나를 팔도록 설득하지는 못했다. 어쩔 수 없이 사무엘은 자신에게 크리스티나를 임대해 주면 수놓기와 면사포 만드는 방법을 가르쳐 주겠다고 제안했는데, 발부르그 부부는 그녀가 돈을 벌어다 줄 수 있음을 알면서도 그 제안을 거절했다.

결국 크리스티나는 도망쳤다. 그녀를 찾아오도록 여주인이 사무엘의 집에 다른 노예를 보내자 사무엘은 그녀를 찾는 척하다가 함께 도망을 쳐버렸다. 1년 7개월 동안 둘은 사무엘의 형제 집 근처에 있는 오두막에서 몰래 함께 살았다. 사무엘은 크리스티나를 숨기기 위해 문을 막아 버렸고 그녀는 가끔 밤에만 밖으로 나올 수 있었다. 그러나 수상하게 생각한 한 이웃이 당국에 귀띔을 해주자 그들이 들이닥쳤다. 크리스티나와 사무엘이 어떤 처벌을 받았는지 기록이 남아 있지는 않다. 그러나 다른 경우를 보면 도망노예는 남자는 아홉 꼬리 고양이로 채찍질을 당하고 낙인을 찍히고 25년 동안 중노동을 해야 했으며, 여자는 매를 맞은 후 1년 동안 쇠사슬에 묶인 채 주인의 시중을 들어야 했다. 크리스티나와 사무엘도 이런 운명을 겪어야 했을까?

말레이 바다의 세계

네덜란드인 가운데는 노예주만 있는 게 아니었다. 노예가 되는 이들도 있었다. C. Z. 피테르스는 네덜란드 배 페트로넬라의 선장이었다. 1838년 6월 그 배가 셀레베스 해를 항해하고 있을 때 다른 배가 접근해 왔다. 피테르스는 그 배의 선원에게 소리 질렀지만 아무도 대답을 하지 않았다. 그가 다시 외쳤지만 대답이 없는 가운데 그 배는 더 가까이 근접해 왔다. 마지막으로 피테르스는 소리를 질렀다. 하지만 때는 이미 늦어 그 배 위에서 바랑깅지 해적들이 그를 잡으려는 태세를 갖추고 있는 모습이 눈에 들어왔다. 술루 제도에서 온 바랑깅지는 인신약탈을 업으로 삼고 있는 자들이었다.

해적선은 대포를 발사하고 등을 비추며 신호를 하여 다른 배들도 불러 들였다. 곧 보트 10대가 페트로넬라를 에워싼 채 밤새도록 추격했다. 아침에 해적들은 총을 쏘아 선원 두 명을 죽이고 또 두 명에게 중상을 입혔다. 결국 피테르스 선장은 노예로 끌려가게 되었다.

오늘날의 필리핀이 있는 술루 해와 셀레베스 해에서 해적 행위는 엄청나게 큰 사업이었다. 그곳에는 노예무역이 이미 존재했지만 노동자에 대한 수요가 커짐에 따라 더욱 크게 성행하게 되었다. 서양 사람들은 중국 차를 원했지만 그것과 교환할 수 있는 것이 값비싼 은밖에 없었다. 만일 유럽과 미국의 상인들이 술루 제도에서 진주층, 계피, 새 둥지(수프 요리 재료) 등 좀 더 싼 산물을 얻을 수만 있다면 그것으로 중국 차와 교환할 수 있을 것이었다. 문제는 그 귀한 산물을 채취할 노동자들이었다. 18세기 말부터 19세기 중반까지 바랑깅지와 이라눈 두 부족은 그 노동자들에게 아무것도 지불하려고 하지 않았다. 그들은 오늘날의 필리핀, 인도네시아, 말레이시아의 수로와 바다를 통해 거주민을 습격하여 사람과 보급품을 약탈했다.

술루까지 가는 항해는 두 달이 걸리는 경우도 있었다. 포로들은 항해하면서 잘 먹지도 못한 채 등나무 줄기로 묶여 배 위의 힘든 작업을 해야 했다. 다음은 어떤 사람의 목격담이다.

타는 듯한 태양 아래에서 또는 비를 맞으며, 그들은 바람을 정면으로 받으며 거기에 앉아 있었다. 어떤 이는 갑자기 노 위로 엎어지면서 죽었다. 어떤 이는 기절 직전에 풀려서 정신을 차린 다음 다시 노에 묶였다.

가라이는 속도가 빠르고 품이 넓은 인신약탈선으로 많게는 백 명을 태울 수 있었다. 커다란 돛과 두 겹으로 늘어선 60개의 노를 저어 물 위에서 10노트 이상, 그러니까 시속 약 18km 속도로 나아갈 수 있었다.

　바랑깅지들은 때때로 포로를 자신들의 습격에 함께 참여하도록 강요했다. 프란시스코 토마스는 바랑깅지가 자기 형과 아버지를 죽이고 자기를 잡아갔을 때 열두 살이었다. 몇 주 후에 그들은 프란시스코를 인신약탈선인 가라이garay의 노를 젓게 했다. 그 배에는 프란시스코의 아버지를 죽인 남자도 있었다.

　약탈자들은 술루 제도와, 멀게는 아주 운 나쁜 이들은 제물 바치기의 희생양이 되는 보르네오까지 항해하고 다니며 노예무역을 했다. 술루에 도착한 노예들은 농장이나 숲, 어장, 염전에서 특별한 기술이 필요 없는 일을 했다. 교육을 받은 노예는 노예주가 그들의 능력을 이용하고자 했기 때문에 관리나 필경사, 통역, 가정교사 등의 일을 했다. 페드로벨리의 선장인 피테르스는 중노동의 쓴맛을 보지 않아도 되었는데 그에게는 의

학 지식이 있었기 때문이다.

어느 날 내 주인과 그 아내가 어떤 일을 잘하느냐고 나에게 물었다. 나는 일은 할 수가 없고 이전 주인은 그의 상품이나 장부, 돈을 관리하거나 아픈 사람들을 치료하는 일을 시켰다고 대답했다. 그들은 내 이야기를 듣고는 사람들에게 모든 병을 고칠 수 있는 노예를 가졌다고 떠벌렸다.

사람들은 피테르스의 도움을 매우 받고 싶어 했다. 그는 답례로 쌀과 고구마를 받아서 다른 노예들과 함께 나눠 먹었다. 한 여자가 자기 남편을 치료해 주면 그에게 자유와 노예 둘을 주겠다고 약속했다. 남편은 회복되었지만 자기 아내의 약속을 지키지 않았다.

노예 중에는 그 수가 많지는 않지만 부자가 되거나 일을 잘한 보상으로 자유를 얻는 이들이 있었다. 어떤 이들은 노예가 되기 전과 지금의 삶을 비교하면서 썩 나빠지지 않았다고 생각하기도 했다. 코코넛을 파는 한 말레이인은 한 여행자에게 그는 잡혀왔지만 지금의 삶에 만족한다고 말했다.

나는 그에게 기회가 있는데도 왜 도망쳐서 고향으로 돌아가지 않느냐고 물었다. "왜 그래야 되죠?" 그가 대답했다. "어느 곳에나 불만은 있기 마련입니다. 나는 여기서 잘 지내고 있어요. 내 주인은 나를 동족처럼 대해 주죠. 나는 보수도 잘 받고 마음만 먹는다면 돈도 모을 수 있어요. 고향에서는 이렇게 잘 해나가지 못할 거예요. 그러니까 그냥 여기 남아 있을래요."

잘 무장한 이라눈 해적이 빨간색으로 누빈 면 조끼를 입고 있다. 또한 단검과 창, 사람 머리카락으로 장식된 칼을 들고 있다.

그렇지만 노예로 살면 어느 때고 팔려갈 수 있고 그러다가 잔인한 주인을 만나기라도 하면 학대받을 수도 있었다. 따라서 죽음을 무릅쓰고 탈출하려는 것이 그리 놀라운 일은 아니었다. 통나무배를 타고 외국의 배로 도망가서 그곳을 피난처로 삼거나 이웃 섬으로 도피하는 경우도 많았다. 아니면 친구나 가족이 몸값을 주고 데려오는 경우도 있었다. 유럽 선박의 선장들이 돈을 주고 데려오는 경우도 있었다. 선원으로 들이면 충분히 그 값어치를 하기 때문이었다.

피테르스 선장도 필사적으로 탈출했다. 그는 한 무역선 위에서 우호적인 여자를 만났고, 그녀에게 자신의 사정을 설명한 편지를 써줘서 다른 배의 선장에게 전달하게 했다. 회신을 기다리는 동안 그는 주인에게 자신을 팔 것을 협의했다. 주인은 그가 보낸 편지에 대해서는 알지 못했지만 돈을 벌기를 원했기 때문에 피테르스가 편지를 보낸 바로 그 선장에게 그를 팔려고 했다. 흥정은 거의 실패로 돌아가는 듯했다. 피테르스의 몸값으로 천 달러라는 높은 금액을 원했기 때문에 그 선장은 거절할 수밖에 없었다. 피테르스는 자기 몸값을 낮출 방법을 찾아야 했다. 그래서 그는 병에 걸린 척하기로 했고 그때부터 모든 음식을 거부했다. "셋째 날부터는 진짜 몸이 아파왔다. 하지만 전혀 후회되지는 않았다. 나를 자기 마음대로 할 수 있는 사람들 틈에서 사느니 차라리 죽는 게 낫기 때문이었다." 다음날 아침 그 선장이 자신을 3백 달러라는 타협 가격으로 샀다는 소식을 들었다.

1770~1870년까지 이라눈과 바랑깅지들은 30만 명이나 되는 사람들을 잡아갔다. 그러나 1870년대부터 스페인 해군이 그 지역을 항해하기 시작했는데 그들이 상대하기에는 너무나 강했다. 그들의 노예장사는 그렇게 끝을 맺었다.

그러나 해적행위와 노예제도가 영원히 끝난 것은 아니었다. 1970년대 무렵부터 해적과 다른 범죄자들이 그 바다에 다시 나타났다. 그 바다는 어선과 인도차이나 반도에서 난민을 태우고 빠져나온 보트, 유조선 그리고 다른 여러 상업용 선박이 빈번히 다니는 곳이었다. 오늘날에도 약탈자들은 배를 나포하고 사람들을 잡아가고 있다.

남태평양의 섬들에서는 노예제도가 유럽인이 도착하기 훨씬 전부터 존재했다. 타이티에서 전쟁포로는 노예로 삼았다. 오늘날 뉴질랜드가 된 곳에서도 마오리족이 전쟁에서 승리하면 패배자들을 노예로 만들어 그중 일부는 제물로 바치고 나머지는 잡아먹었다. 하와이에서는 노예들이 카우와라는 분리된 계급을 형성했다. 다른 사람들과 떨어져 살았는데 보통 이마에 문신을 해서 쉽게 구별되게 했다.

유괴 상인

유럽인이 도착한 후 노예시장은 변화했다. 피지 섬의 사탕수수와 면화 농장에는 더 많은 노동자가 필요했다. 그런데 오스트레일리아의 모험가이자 의사인 제임스 패트릭 머리는 돈을 벌고 싶었다. 1871년에 그는 칼이라는 배 한 척을 사서 뉴헤브리디스(지금의 바누아투) 군도로 항해해 갔다. 섬의 주민들이 통나무배를 타고 그 배로 다가가자 선원들은 구슬목걸이와 담뱃대, 다른 미끼로 유혹하여 그들을 더 가까이 오게 했다. 그러나 머리는 그런 사소한 물건의 매매에 관심이 있는 게 아니었다. 그는 사람을 원했다. 선원들이 재빨리 철 분동을 통나무배 안으로 던졌다. 배가 뒤집히거나 가라앉으면 놀라서 허둥대는 주민들을 더 쉽게 잡아들일 수 있기 때문이었다.

원하든 원하지 않든 뉴헤브리디스 사람들은 피지에서 노동자가 될 것이었다. 어느 날 밤 이들이 반란을 일으켰다. 칼호의 무자비한 선원들은 총과 단검으로 이들을 진압하여 70명 이상을 살해하고 부상당한 반역자들은 바다

오스트레일리아의 영토인 퀸즐랜드는 사탕수수 플랜테이션에 필요한 노동력을 남태평양 사람들에게 의존했는데 1860년대에 그들을 적극적으로 흡수했다. 이 사진을 찍은 1895년에도 많은 인력이 필요했는데 법의 규제로 유괴행위는 점차 근절되고 있었다.

에 던져 버렸다. 살아남은 20명은 피지에 데려가 팔았다.

머리는 노예 유괴상인이었다. 태평양 섬 주민들을 유괴해 피지, 오스트레일리아, 하와이나 다른 섬들로 데려가 일을 시켰다. 어떤 유괴상인은 일자리를 준다고 속여서 꾀어냈다. 그러나 그들을 일컫는 블랙버더blackbirder라는 말은 그들이 사용하는 고약한 술책에서 나왔다. 그들은 완전히 검은색 옷을 입고 밤에 습격했기 때문에 그들이 들이닥치기 전까지는 섬 주민들 눈에 띄지 않았다.

1800년대 중반에 상인들의 유괴가 절정에 다다랐는데 그들은 해안을 따라 늘어선 마을들을 목표로 삼았다. 약탈자들은 어리고 건강한 남자들을 잡아갔기 때문에 남는 주민들은 힘센 일꾼들 없이 생존해 나가야 했다.

쿨리: 노예의 다른 이름?

1850년경 두 젊은이가 포경선을 타고 매사추세츠 뉴베드퍼드를 떠났다. 그들은 나중에 자신들의 모험담을 썼는데 거기에는 페루에서 온 노예상인이 중국인 노동자들을 비참한 광산에서의 삶이 기다리고 있는 남아메리카로 데려가는 모습을 묘사하고 있다. 중국인들이 부유한 나라에서 좋은 보수의 일자리를 얻을 수 있다는 약속을 받고 그곳으로 갔지만 사실은 그렇지 않았다고 한다.

그들이 배에 오르자마자 반항하는 기색이 보이면 누구든 한 명을 골라 사살하라는 명령과 함께 감시인 하나가 배치되었다. 그렇게 죄인이나 다름없는 취급을 받으면서 변변치 않은 음식으로 때우며 항해하다 육지가 시야에 들어오자 그들은 특유의 낙천성으로 즐거워했다. 그리고 기쁜 마음으로 배에서 내렸지만 그들을 기다리고 있던 것은 페루 광산에서 노예로 일해야 하는 운명이었다. 이런 종류의 노예장사는 우리 땅에서 벌어진 아프리카인 노예무역이 그랬듯이 법으로 금지되었지만 당국의 묵인과 공모 아래 은밀히 지속되고 있다.

이 중국인 노동자들은 쿨리라는 이름으로 알려졌다. 그 단어는 한자로 고역(苦役)으로 표기되는데 견디기 어려울 만큼 힘든 노동을 뜻한다.
쿨리들은 대부분 1840~1870년대 사이에 라틴아메리카로 이송되었는데 그때는 대서양 노예무역이 금지되어 값싼

유괴 상인 재판

영국 정부는 영국 뱃사람들이 원주민을 납치하는 것에 제재를 가하려고 노력했다. 그들은 로사리오호의 선장 조지 팔머를 파견해 조사하게 했다. 1869년 그가 바다를 순찰하고 있을 때 피지로 향해 가는 다프네호를 발견했다. 팔머는 서아프리카에서 일했기 때문에 노예선을 분간하는 법을 알고 있었다. 다프네호는 수상해 보였고 로사리오호는 그 배를 멈추게 했다. 다프네호는 58명의 승객을 태우기로 되어 있었지만 뉴헤브리디스에서 사람들을 더 태워 모두 백 명을 넘어선 상태였다. "그들은 완전히 벌거벗고 있었다. 잠자리에는 매트도 없고 침대는 물론 적당하게 구획된 칸막이도 없어서 마치 한 떼의 돼지들을 위해 급조한 것처럼 보였다." 팔머는 이렇게 보고했다.

팔머는 그 배의 미국인 선장과 오스트레일리아 소유주를 시드니 수상경찰 즉결재판소로 데려갔다. 그러나 그들을 해적행위로 재판에 회부하라고 설득했지만 판사는 받아들이지 않았다. 사람들이 강제로 끌려왔다는 것을 보여주는 증거가 충분하지 않다는 이유였다. 그래서 팔머는 다프네호가 노예선임을 입증하려고 노력했지만 판사는 노예무역을 금지하는 법이 남태평양에서는 적용되지 않는다고 판결했다. 팔머는 나중에 《남태평양에서 횡행하는 납치행위》라는 책을 써서 사람들에게 그곳에서 일어나고 있는 폭력행위를 폭로했다.

피지에서는 카피타니라는 사람에 대한 재판으로 여론이 들썩이고 있었다. 카피타니는 아킬레스 언더우드라는 미국인에게 납치되어 장시간 강제노동을 해왔다. 언더우드는 카피타니를 매질하고 심하게는 달궈진 쇠로 살을 그슬리고 화상을 입혔다고 한다. 그 뿐만 아니라 카피타니와 다른 사람들을 작은 방에 몰아넣고 감금하여 누울 자리

도 없는 좁은 공간에서 하루에 두 번 주는 물만으로 견뎌야 했다고 한다. 나흘이 지나서 카피타니는 그곳에서 빠져나와 도끼로 언더우드를 살해했다.

그 재판에서 아무도 죽은 언더우드를 동정하지 않았다. 그의 아내조차 "그렇게 잔인하게 대하면 노동자들이 앙갚음을 할 것"이라고 남편에게 경고했다고 한다. 카피타니는 계획적인 살인보다 죄가 덜한 우발적 살인죄로 판결을 받았다. 그는 1년의 중노동을 선고받았지만 몇 달 지나지 않아 풀려났다.

1871년에 카피타니가 언더우드를 살해했을 무렵, 여론은 유괴상인에 반대하는 쪽으로 반전하고 있었다. J. C. 패터슨 주교는 그런 종류의 장사를 적극적으로 비판했지만 태평양 섬 주민들은 그의 얼굴을 알지 못했다. 그해 9월 20일 솔로몬 제도의 원주민들이 백인이 자신들에게 행하는 핍박에 대한 복수로 그와 또 다른 선교사를 살해했다. 그들의 죽음은 뉴질랜드에 사는 영국 이주민들을 공포에 몰아넣었고 뉴스는 원주민 납치 문제로 관심을 돌리게 되었다. 뉴질랜드 수상 윌리엄 폭스는 유괴를 혐오스러운 '노예장사'로 규정했고 영국은 1872년에 태평양 원주민 보호법을 통과시키며 영국인의 원주민 납치를 불법으로 만들었다. 1875년에 피지가 자국의 영토가 되자 영국은 태평양의 광활한 영역을 감시하기 시작했고 그곳에서 벌어지던 유괴행위는 점차 사라지게 되었다.

중국

남태평양에서 노예제도는 종말을 고했지만 중국에서는 계속되었다. 고대 중국의 저작을 보면 아주 오래 전부터 노예가 중요한 역할을 했

노동력이 부족했기 때문이었다. 일부는 납치되었지만 많은 이들이 고용을 빙자한 속임수에 걸려들었다. 가난과 전쟁, 기근에서 필사적으로 탈출하려 했던 중국인들은 중국 남부의 항구들에서 출발하여 사탕수수 플랜테이션이나 광산으로 끌려가서 일을 했다. 아프리카 노예와는 다르게 그들에게는 보수가 지불되었지만 그 지역 노동자가 받는 것보다 훨씬 적은 액수였다. '태평양 항로'로 알려진 바닷길을 항해하는 과정은 대서양을 건너는 중간항로만큼이나 끔찍했다. 1850년대에 페루로 향했던 중국인의 40%가 항해 도중에 죽었다. 5~8년 기간의 노동 계약을 맺었기 때문에 엄밀히 말하면 쿨리는 노예가 아니었지만 많은 사람들이 그 기간을 채우지 못하고 목숨을 잃었다. 예를 들면 쿠바 사탕수수 플랜테이션에서는 비참한 노동조건으로 계약이 종료되기 전에 70%의 쿨리가 사망했다. 이런 사정이 중국에 알려지자 중국 정부가 개입하여 1874년에 쿨리의 고용은 금지되었다.

음을 알 수 있다. 노예는 특별한 종류의 사람, 즉 천민으로 치부되었다. 이 비천한 신분은 자식들에게 세습되었다. 천민임을 확실히 표시하기 위해 사람들은 그들에게 문신을 새기거나 코를 자르거나 신체를 불구로 만들었다.

때로는 정부가 한 가족 전체를 노예로 만들었다. 반역죄를 저질렀다고 판결된 사람은 본인은 물론 그의 친족까지 처형했다. 반역자의 친족 가운데 여자와 아이들은 노예가 되었다. 하지만 대부분은 전쟁과 가난이라는 불행으로 말미암아 노예가 되었다.

2천 년도 더 전에 살았던 중국의 한 철학자가 전쟁포로가 어떻게 노예가 되는지 묘사한 것이 전해온다.

> 대국의 수군과 전차부대가 죄 없는 나라를 공격하기 위해 진을 친다. …… 저항하는 자들은 참수되고 저항하지 않은 자들은 몸을 묶여 끌려온다. 남자는 마부로 말을 돌보거나 마차를 끌고 여자는 옥수수 가는 일을 맡게 된다.

메이짜이

다른 곳과 마찬가지로 중국에서도 기근으로 굶주림에 시달리는 사람들은 자신을 노예로 팔았다. 많은 중국인들은 수년 동안 지주에게 예속되어 그의 땅을 경작하는 소작농이 되었다. 그중 일부는 더욱 오랫동안 지속되는 예속 상태에 빠졌다.

극심한 가난에 찌든 이들이 암울한 선택을 해야 하는 경우가 많았다. 사랑하는 가족이 굶주림에 죽어가는 모습을 그저 지켜보고 있거나 아니면 다른 사람에게 자식을 팔아야 했다. 가난한 집 아이들, 특히 남자아이들보다 덜 귀하게 여겨지던 여자아이들은 노예로 팔려나갔다. 그러면 여자아이들에게는 재앙 같은 일이 닥쳤다. 메이짜이(어린 누이)라 불리던 그들은 부유하거나 가난한 집의 하녀로 살았다. 여자아이가 십대가 되면 보통은 결혼시킬 것을 염두에 두게 되지만 많은 노예주들은 그들을 남의 집 첩살이를 하거나 내춘부 일을 하도록 돈을 받고 팔았다.

재닛 림은 1923년에 홍콩에서 태어났다. 그녀의 아버지는 그녀에게 치우메이, 즉 '가을의 아름다움'이란 뜻을 가진 이름을 지어주었다. 그리고 그 시대에는 흔치 않게도, 크리스트교도였던 아이 아버지는 아이에게 교육을 시켜주기로 약속을 했다.

그러나 곧 불행이 닥쳤다. 재닛이 여섯 살이 되던 해에 아버지가 죽었던 것이다. 혼자 가족을 부양할 수 없었기 때문에 그녀의 어머니는 근처 마을에 사는 한 남자와 재혼을 했다. 그렇지만 그들은 가난에 빠져들었고 어머니와 의붓아버지는 여덟 살 난 치우메이를 상인에게 팔기로 했다. 그 가련한 아이는 몹시도 괴로워했다. 어머니는 돈을 벌어 그녀를 다시 사오겠다고 약속했지만 그런 일은 결코 일어나지 않았다. 그녀는 그 뒤로 다시는 어머니를 만나지 못했다.

재닛은 어떤 여자 집으로 들어가게 되었다. 그 여자 역시 자식들을 팔았는데 제일 어린 자식이 네 살이었다. 그녀는 그곳에서 꺼림칙한 일을 해야 했다. 뚱뚱하고 게으른 여자를 마사지하고 그녀가 잠들 때까지 차 심부름을 하는 일이었다. 어느 날 문이 열려 있는 틈을 타 재닛은 도망을 쳤다. 그녀는 도시가 있는 방향으로 철로를 따라 걸어갔는데 그곳에 어머니가 있다고 생각했기 때문이다. 그러나 마주 오는 기차에 타고 있던 승객 한 명이 그녀를 알아보고는 매정한 주인에게 데려 갔다. 그 다음 일어난 일은 악몽과도 같았다.

주인이 그렇게 난폭해지는 것을 한 번도 본 적이 없었다. 그녀는 암컷호랑이 같았는데 나한테 달려들면서 배은망덕한 기라고 소리쳤다. 그리고 내 머리채를 쥐어 삽고는 나들 마루에 내붕냉이지너니 내 배 위도 올타잇아시 그 끼디닌 손돕으로 내 봄을 쪼십었나. 살 심숙이 파고들었나. …… 기질했던 거 같은데

1930년대 사진의 소녀처럼 메이짜이는 자주 누더기 옷을 입었다. 중국에서 딸을 메이짜이로 파는 관습은 고대부터 1940년대 공산주의 혁명이 일어날 때까지 지속되었다.

그 다음은 기억에 없고 깨어나 보니 내 몸이 문에 쇠사슬로 묶여 있었다. 그렇게 한 달을 지냈다.

그레텔의 계략으로 풀려나기까지 헨젤을 가둔 마녀처럼 여주인은 잔인했다. 재닛은 자신이 죽은 자의 영혼과 교신할 수 있는 영매라고 설득했다. 그 말을 믿은 주인은 마침내 그녀를 쇠사슬에서 풀어 주었다.

얼마 후 주인은 재닛과 다른 아이들을 영국 식민지인 싱가포르 섬으로 데려갔다. 그곳의 어떤 노부부가 그녀를 샀다. 재닛은 다른 메이짜이와 함께 지내게 되었는데 그들에게는 침대도 없었고 먹을 것이라고는 먹다 남은 밥밖에 없었다. 재닛은 집안일과 가끔 치는 일을 했다.

정말로 거위들이 나의 좋은 친구였다. 내 슬픔과 불안을 그들에게 이야기했는데, 거위들이 머리를 이리저리 움직이는 게 꼭 내 말을 알아듣는 것 같았다. …… 나는 매우 외로웠기 때문에 하루 일을 마치고 나면 뜰로 가서 내 친구 거위들한테 위로를 받곤 했다.

그러나 재닛은 자신을 탐하는 호색의 노인 때문에 밤마다 공포에 떨어야 했다. 어느 날 밤 그녀는 나무 위에 올라가 숨었다. 또 어느 밤에 그녀는 거위들 틈에 숨었다. 그한테서 도망칠 수 있다면 어디든 좋았다. 그녀는 자살할 생각도 했다.

여주인의 숙모에게 잠시 가게 되면서 재닛에게 안심의 순간이 찾아왔다. 여주인의 숙모라는 사람은 '부드러운 목소리를 가진 매우 상냥한 여자'였다. 재닛과 음식도 나눠 먹고 집안일도 함께 하면서 우애를 쌓았다. 그러나 재닛은 바로 그 집에서 자신에게 닥쳐올 미래에 대해 알게 되었다. 그녀는 나이 많은 그 집 주인의 첩으로 들어갔던 것이었다. 그녀는 그 사실을 알고는 몸서리를 쳤다.

영국은 1800년대 중반에 중국의 일부를 식민지로 만들었는데 영국의 식민지 이주자들은 이런 노예소녀들과 그들의 삶에 대해 전해 듣고는 마음이 편치 않았다. 싱가포르는 영국의 영토였고 영국의 법에 따르면 노예제도는 불법이었다. 1920~30년대에 영국 의회와 국제연맹(유엔의 전신)은 메이짜이 관행을 노예제도의 일종으로 규정했다. 그렇다고 그 관행이 중지된 것은 아니었지만 그때부터가 시작이었다.

영국의 식민정부가 1932년에 법 하나를 통과시킴으로써 재닛에게 구원의 희망이 생겼다. 메이짜이는 모두 등록을 해야 한다는 법이었다. 재닛의 여주인이 그녀와 다른 메이짜이와 함께(한 번도 입어본 적이 없던 예쁜 옷을 입고) 관청으로 갔을 때 '푸른 눈의 여성'이 재닛 옆에 앉아서 그녀의 손을 잡고는 자주 찾아와도 되고 만약 주인이 함부로 대하면 그 이야기를 해달라고 말했다.

이제 보호받을 곳이 생긴 것이기 때문에 두 메이짜이는 도망치기로 작정했다. 다음날 아침 재닛의 메이짜이 친구가 빠져나가 경찰에게 가서 그 동안 있었던 이야기를 했다. 그러자 '푸른 눈의 여자'가 재닛이 지내던 집으로 찾아와 그녀가 자유를 되찾도록 도와주었다.

망신당한 주인은 그동안 지불하지 않았던 노동의 대가를 재닛에게 주어야 했다. 그 후 재닛은 전도학교에 다녔는데 그곳에서 자신의 영어 이름을 갖게 되었다. 그녀는 어머니를 찾을 수는 없었지만 아버지가 약속했던 교육을 받은 후 간호사가 되었다. 제2차 세계대전이 끝나고 나서 그녀는 모든 교육을 마치고 싱가포르에 있던 세인트앤드루 선교병원에서 아시아인으로서는 처음

딸에 대한 판매증서, 1927년

중국인 부모가 딸을 메이짜이로서 양도하는 것은 합법적 거래였다. 다음의 문서는 1927년에 열 살인 아무이의 부모와 그 아이의 구매자 찬이쿠 사이에서 이루어진 계약의 개요이다. 만약 아무이가 불행해 하거나 주인에게 순종하지 않는다 해도 그녀에 대한 매매계약이 확실히 종결되었기 때문에 부모가 대금을 반환하며 아이를 되찾아 갈 수 없게 되어 있다.

이 매매증서는 막 씨 집안의 푼시에 의해 작성되었다.
가족의 생계를 꾸릴 자금이 긴급히 필요했기 때문에 나는 1918년 음력 11월 23일 오후에 태어난 열 살 된 나의 딸 아무이를 중개인을 통하여 찬이쿠에게 자진하여 판매한다. 세 당사자가 입회하여 상호동의 하에 매매가격이 141 달러로 결정되었다. 이 계약이 성사된 후, 찬이쿠는 이 소녀의 이름을 바꿀 수 있는 권리를 가진다. 만약 이 소녀가 복종하지 않을 경우, 찬이쿠는 소녀를 타인에게 되팔 수 있으며 그녀의 어머니는 상환청구권을 갖지 않는다. 소녀에게 불행한 일이 생길 경우에 양쪽 당사자에게는 아무 책임이 없다.
이 계약은 양쪽 매매 당사자가 직접 한 것으로서, 구두계약으로 무효가 되는 것을 피하기 위해 매매 사실의 증거로서 계약서를 찬이쿠에게 인도한다.
막 씨 집안의 푼시는 판매가격 141달러를 차감 없이 전액 지불받았음을 이 문서에 의하여 인정한다.

지문 날인: 막 씨 집안의 푼시, 중개인, 찬이쿠
날짜: 1927년 6월 13일, 중화민국

으로 수간호사가 되었다. 그녀는 오스트레일리아인 의사와 결혼해서 세 아이를 가졌다. 1958년에 재닛 림은 또 하나의 용감한 시도를 했다. 자신의 이야기를 《돈에 팔린 몸이 되어》라는 책을 통해 세상에 알렸던 것이다. 많은 해방노예처럼 자유인이 된 메이짜이는 자신의 과거에 대해 이야기하는 것을 꺼려했다. 심지어는 같은 메이짜이였던 사람들 사이에서도 마찬가지여서 재닛이 다녔던 학교의 메이짜이들은 서로 옛 이야기를 나누면서 위안을 받으려고 하지 않았다. 재닛 림이 중국 역사의 슬픈 한 시기를 폭로하며 그 침묵을 깨뜨렸다.

아시아와 남태평양 지역에서 메이짜이와 유괴 관행 등의 노예제도를 끝내기 위한 싸움은 성공했다. 그러나 법이 항상 그대로 실행되는 것은 아니기 때문에 이곳에서 노예제도는 오늘날까지 계속되고 있다.

CHAPTER 12
노예제도는 역사가 아니다 : 현대의 세계

영국과 미국에서 노예제 폐지론자들이 승리하자 그들은 모든 사람들이 자유롭게 사는 세상을 만들겠다는 꿈이 실현되었다고 생각했다. 그러나 안타깝게도 자유를 위한 싸움은 아직 끝나지 않았다. 오늘날에도 수백만 명의 사람들이 과거의 노예들과 매우 흡사하게 예속된 삶을 살아가고 있기 때문이다. 어떤 이들은 노예 신분으로 태어나고 또 어떤 이들은 살아가는 과정에서 몇 년간 또는 영구적으로 노예가 된다. 그들은 일에 대한 보수를 전혀 받지 못하거나 받아도 아주 적게 받는다. 그리고 어떤 일을 할지, 어디서 살지, 앞으로 어떻게 살지에 대한 선택권이 전혀 없다.

알류산 열도
미국은 1867년에 러시아로부터 알래스카를 사들임으로써 알래스카 남서부 해안 근처의 프리빌로프 제도를 획득하게 되었다. 그 제도는 세인트폴 섬과 세인트조지 섬으로 이루어져 있다. 그 섬들은 가죽 산업으로 큰 돈을 벌어들이고 있었지만 그곳에 사는 알류트족 원주민은 거의 그 혜택을 받지 못했다. 1910년이 지나자 미국 정부는 그곳 산업을 관리하기 시작했다. 다시 말하면, 알류트인은 정부의 고용인이 되어 바다표범과 여우를 도살하고 가죽을 벗기는 일을 하게 되었던 것이다. 그것 말고는 다른 생계수단이 없었기 때문에 굶어죽지 않으려면 어쩔 수 없이 그 일을 해야 했다.

정부에 고용된 사람은 일한 대가로 돈으로 보수를 받고 또 다른 수당을 받는 것은 당연한 일일 것이다. 그러나 알류트인은 현금으로 지불받지도 못하고 또 다른 수당도 받지 못했다. 그 대신 국영상점에서 물건을 신용 구매할 수 있는 권리만이 주어졌을 뿐이다. 그것도 식품을 구입할 수 있는 단한 군데의 상점으로서 식품 가격이 비쌀 뿐만 아니라 물건이 자주 바닥나 거의 무용지물인 곳이었다.

멀리 떨어진 워싱턴DC의 사무실에서 정부는 알류트인의 일상적인 삶을 통제했다. 그곳 사람들은 허가 받지 않으면 섬을 떠날 수 없었다. 모국어를 사용할 수도 없었고 심지어 결혼을 하려면 그 시기를 통보받아야 했다. 그들 지도자는 정부의 통치 방식에 어떤 의견도 말할 수 없었다. 결정적으로 정부는 1924년까지 그들에게 미국 시민권을 주지 않았다.

그곳에서 일하면서 주민들의 고통을 직접 목격하는 국가 공무원 중에는 정부의 통치 방식에 대해 문제를 제기하는 이들도 있었다. 1910년에 한 정부 요원이 워싱턴에 있는 그의 상관에게 다음과 같은 보고를 했다.

세인트폴 사람들이(세인트조지 사람들도 마찬가지고) 실제 노예와 같은 삶을 살고 있으며 더욱이 이런 상태가 미국 정부의 직접적인 통제와 지시 아래 지속되고 있다는 점은 부정할 수 없는 사실입니다.

그로부터 31년 후에 프리빌로프 제도에서 간호사로 근무하던 미국인 프레더리카 마틴은 정부에서 알류트인에게 공급하는 음식만으로 지내보는 백인 모임을 만들었다.

나는 일주일 정도 그 실험을 하려고 계획했다. 그러나 하루로 충분했다. 아니 오히려 넘쳤다. 우리는 곤두서고 뒤집어지는, 소홀히 취급된 위를 달래고 나서야 잠자리에 들 수 있었다. 그것은 음식이라고 말할 수 없었을 뿐만 아니라 양도 적어 우리는 바로 실험을 끝냈다. 나는 왜 아이들이 쓰레기통을 뒤지면서 불결한 음식 쓰레기를 찾아 먹는지 더 이상 놀라워하지 않았다.

프리빌로프 주민의 힘든 삶이 더욱 악화되는 상황이 왔다.
1941년 12월 미국이 제2차 세계대전에 참전하고 몇 달 후에
미 해군이 알류트인의 가옥을 사용할 필요가 생기사 그들을
2천4백 킬로미터나 떨어진 알래스카 동남부 지역으로 이주시
켰다. 그들이 새로 거주하게 된 집은 황폐하게 버려진 생선 통
조림 공장이었는데 침대와 매트리스도 없고 250명에게 단 두 개의 난로
만 공급되는 등 위생설비가 매우 열악했다.

전쟁이 끝나고 정부가 알류트인을 다시 고향으로 돌려보냈을 때 그들
은 미국인으로서의 권리를 주장하기 시작했다. 프레더리카 마틴은 그들
의 지지자가 되었다. 그녀는 잡지에 기사를 기고하거나 정치인들에게 편
지를 보내 알류트인에게 노예와 같은 신분을 강요한 부끄러운 처사에 대
해 알렸다.

1951년 알류트인은 미국 정부에 대해 체불임금을 지불하라는 소송을
제기했다. 1959년에 알래스카가 미국의 주로 편입되었지만 그 후로도 계
속 소송은 판결이 나지 않았다. 이윽고 1978년 정부의 인디언청구위원회
에서 정부는 지금까지 알류트인의 노동으로 얻은 수익을 그들에게 반환
해야 한다고 발표했다. 하지만 안타깝게도 당시에 고통을 겪었던 사람들
대부분은 이미 세상을 떠나고 없었다.

알류트인 스스로 또는 프레더리카 마틴과 같은 사람들이 그들에 대한
학대를 폭로했기 때문에 마침내 자유가 찾아왔다. 그러나 러시아를 통치
했던 경직된 공산주의 징권이나 히틀러의 나치 정권 같은 선세구의 권력
은 자신에게 저항하는 사람들을 처벌하고 때로는 노예화했다.

알류트인 어부는 바다사자, 바다표범,
물개, 고래의 내장으로 만든 가볍고
방수가 되는 '거트 파커(gut parka)'
를 입었다. 창자를 깨끗이 씻어 말린
후 배를 가르고 작은 조각들로 만든 다
음 여우나 고래 힘줄로 만든 실로 꿰
매 붙였다.

소련

세계 최초의 공산주의 나라 소비에트 사회주의 공화국연방(약칭 소련)은 1930년대에 정부에 대해 비판적인 사람들을 수용하는 수감제도를 구축했다. 무자비한 독재자 요시프 스탈린이 만든 굴락이라는 수용소는 종교, 언론, 예술 등에서 표현의 자유를 억압하기 위한 수단으로 이용되었다. 굴락은 주거지에서 멀리 떨어진 장소에 설치되어 수용자들에게 강제로 힘든 육체노동을 시켰다.

　알렉산더 솔제니친은 제2차 세계대전에서 용감하게 싸운 공으로 소련군 표창을 두 번이나 받은 포병장교였다. 그러나 스탈린을 비판하는 편지를 친구에게 보내 체포되었을 때 그런 무훈은 아무런 도움이 되지 않아 그는 8년간의 징역형을 선고받았다. 그는 굴락에서의 경험을 바탕으로 소설 《이반 데니소비치의 하루》를 썼는데 그때는 스탈린 사후였기 때문에 출판이 가능했다.

소련 독재자 요시프 스탈린은 사진에 보이듯 백해와 발트해를 잇는 운하 건설을 비롯해 많은 건설 계획에 노예 노동자를 강제로 동원했다.

이 소설은 시베리아 북부 지역의 혹한 속에서 운영되고 있던 강제노동수용소의 잔인성에 대해 세계인의 눈을 뜨게 했다. 수용자들은 고기와 야채가 거의 없는 멀쑥한 국물, 아주 적은 할당량의 빵, 귀리 가루로 만든 곤죽으로 생존해야 했다. 그 곤죽은 '그가 소년이었을 때 말들에게 먹이던 양만큼의 귀리로 만들었는데 그로서는 한줌의 귀리를 그토록 갈망할 날이 올 줄은 전혀 생각하지 못했다.' 요리사들은 수용자의 음식을 속여 빼돌려 자신들이 먹거나 다른 사람의 환심을 사기 위해 이용했다. 솔제니친은 그곳 사람들의 모습을 묘사했는데, 물이 새 천으로 틀어막은 장화를 신고 시베리아의 매서운 바람을 막으려고 얼굴 주위에 헝겊조각을 두른 채 벽돌담을 쌓는 일을 하거나, 얼어붙은 모르타르를 녹이기 위해 사용하는 난로 주위에 모여들어 차가워진 몸을 녹이곤 했다. 10~24년까지 사람마다 징역형의 기간은 달랐으나 그 기간을 다 채우고 석방된 사람들 중에 많은 수가 고향으로 돌아가도록 허락받지 못했다.

나치 독일

제2차 세계대전에서 나치 독일은 유럽 대부분 지역을 침공하여 점령했다. 그들이 점령지를 더 크게 넓혀감에 따라 문제가 발생했다. 농작물을 경작하고 무기와 군수품을 생산하고 광산에서 일할 노동자를 어떻게 구할 것인가? 답은 점령지 사람들을 노예화하는 것이었다. 나치는 이탈리아인, 프랑스인, 폴란드인을 비롯해 다양한 국적의 사람들을 모아 독일로 끌고 가서 일을 시켰다. 남자건 여자건 어린아이건(6세 아이도 포함) 가리지 않고 끌고 갔는데 가족을 생이별시키는 것에 개의치 않았다.

노예로 만든 사람들 중에는 러시아 민간인만 3백만 명이나 되었다. 어떤 이들은 독일 가정으로 끌고 가 그들이 원하는 대로 집안일을 시키기도 했다. 러시아 전쟁포로도 네러가 일을 시켰는데 이는 독일이 제1차 세계대전이 끝

이 굶주리고 시력을 거의 잃은 러시아 수용자는 제2차 세계대전이 끝나갈 무렵 나치의 노예 노동수용소 가운데 하나인 노르트하우젠에서 미군에 의해 풀려난 사람이다. 그는 다행히 살아남은 사람들 중 하나였다.

난 뒤 서명한 제네바 협정에도 위배되었다.

나치가 노예 노동자를 대하는 태도는 인종에 대한 그들의 뒤틀린 인식과 연결된 것이었다. 그들은 독일인이 '우수한' 인종이기 때문에 슬라브인같이 인간 이하의 존재들을 노예화하고 잔인하게 다룰 권리가 있다고 생각했다. 탱크와 군수품을 제조했던 크루프 공장 밖에는 '노예는 노예다'라는 간판이 걸려 있었다. 그리고 감독자들은 아주 사소한 잘못에도 노동자들을 채찍과 몽둥이로 때리기 일쑤였다.

나치의 궁극적 목적이 유대인을 포함하여 그들이 열등하다고 믿는 종류의 인간을 멸종시키는 것이었지만 그들은 유대인에게 노예 노동을 시켜 착취했다. 그들은 동유럽 유대인을 게토라는 곳에 빽빽이 몰아넣고는 삼엄하게 감시하며 강제노동을 시켰다. 예를 들면 폴란드 바르샤바 게토의 공장에서는 독일 공군의 모든 제복을 생산했다. 죽음의 수용소로 바로 보내지 않은 유대인은 강제노동 수용소에 보냈는데 그곳에서 일하다가 죽은 사람도 많았다. 무기와 폭발물을 제조했던 폴란드의 하삭Hasag 공장에서는 수용자들의 피부가 그들이 다루던 화학물질 때문에 노랗게 변하다가 끝내는 죽었다고 한다.

중국

삼루는 1999년 중국 정부가 금지한 팔룬공Falun Gong 수행자였는데 그 믿음 때문에 감금되었다. 어떤 평가에 따르면, 10만 명의 팔룬공 추종자들이 라오가이laoga(노동개조)라는 강제노동 수용소에 감금되어 있다고 한다.

수용소에서 석방된 삼루는 1996년에 대학원생으로 있었던 조지아 애틀랜타로 갔다. 미국의 자유로움 속에서 그는 두려움 없이 자신의 이야기를 할 수 있었다. 그는 "사람들이 중국의 일부 생산물이 어떻게 생산되며 왜 그렇게 값이 싼지 알려주고" 싶다고 밝혔다.

2000년 6월 7일 나는 팔룬공에 대한 나의 견해를 표명하기 위해 베이징의 탄원국에 편지를 제출했다는 이유로 체포되었습니다. 팔룬공은 '참됨, 연민, 관용'을 바탕으로 하는데 중국에서는 박해받고 있죠. 나는 광둥성의 감옥에 거의 두 달 동안 갇혀 있었습니다. …… 그곳에서 나는 장난감이나 쇼핑백 같은 수출품을 제작하는 일을 보수도 없이 강제로 해야 했고요. …… 감방은 고작 28평방미터밖에 되지 않았는데 그곳에서 20명의 수용자가 화장실 하나로 지내야 했습니다. 우리는 감방에서 일도 하고 잠도 잤습니다. 때로 일정을 맞추기 위해 새벽 2시까지 일하기도 했지요. 하루 두 끼에 고기는 일주일에 한 번밖에 주지 않았습니다. 다시 말하면, 배고픔 속에서 하루 15시간 이상을 일했던 거죠. 일을 잘 하지 못하거나 일정을 맞추지 못하면 경찰은 전선 채찍으로 때렸습니다.

삼루는 아내를 걱정했다. 그녀는 팔룬공 전단지를 배포했다는 이유로 강제노동 수용소 3년형을 선고받았다. 그녀는 수출용 직물에 수놓는 일을 했다. "고된 노동과 영양실조, 고문으로 내 아내는 거의 실명했습니다."

오늘날 중국 전역에 천 개가 넘는 라오가이가 있다. 중국 정부는 팔룬공 수행자뿐만 아니라 크리스트교도와 반체제 인사 같이 권력을 유지하는 데 위협이 된다고 생각하는 사람들을 가두고 있다. 노동수용소에서는 크리스마스 전구, 봉제 동물인형, 뜨개 스웨터, 장갑 같은 상품을 제조하여 낮은 가격에 전 세계로 수출하고 있는데 사람들은 그 '특가품'에 매료되고 있다

북한과 쿠바

북한과 쿠바 역시 공산주의 독재정권이 통치하는 가운데 자신에게 동의하지 않는 이들을 억압하고 있다. 예를 들면, 북한의 한 여성이 가정집에서 남한의 대중가요를 불렀다는 이유로 체포되었다. 남한은 자유국가이고 북한은 전체주의 국가이기 때문에 그 여성의 행위는 북한 정부에게 체제를 위협하는 것으로 여겨졌고 그녀에게 죄를 물어 구속했던 것이다. 북한에서는 정치범들이 산악지대 깊숙이 있는 강제노동 수용소로 보내졌다. 경우에 따라서는 3대에 걸친 가족들을 함께 보내기도 했다. 그들은 종종 종신노동형을 선고 받고 광산과 농장, 공장에서 강제노동을 해야 했다.

쿠바에서는 반정부 인사들이 강제노동에 처해졌다. 루이 알베르토 페랑디즈 알파로는 교도소 공장에서 보석과 가구를 디자인하는 일을 하게 되었는데 그의 '죄'는 반정부 우표와 전단지 제작이었다.

노예노동과 전쟁에 내몰리는 아이들

전쟁으로 피폐한 나라들에서 군사집단은 아이들을 노예로 만들어 일을 시키거나 전쟁터로 내몬다. 그런 아이들은 어떻게든 살아남은 후 노예 신분에서 벗어나더라도 그들이 경험했던 공포 때문에 오랜 시간 동안 괴로움을 겪는다.

수잔이 우간다의 이른바 신의 저항군에게 붙잡혀 전쟁터로 내몰렸을 때는 열여섯 살이었다. 그녀는 나중에 국제인권감시단Human Rights Watch에 다음과 같이 증언했다.

한 소년이 반군에게서 도망치려다 잡혔어요. …… 그 애는 손이 묶여 있었는데 반군은 새로 잡혀온 우리에게 그를 몽둥이로 때려죽이라고 시켰어요. 나는 속이 메스꺼워졌어요. 이 아이를 전부터 알았거든요. 우리는 같은 마을에 살

있어요. 내가 그 애를 죽이기를 거부하자 그들은 나를 쏴죽이겠다고 협박했어요. 나한테 총을 들이대니 난 시키는 대로 할 수밖에 없었어요. 그 애가 나한테 물었죠. "너 왜 이러는 거니?" 나는 어쩔 수 없지 않냐고 그 애한테 말했죠. …… 나는 아직도 내가 죽였던 같은 마을 아이 꿈을 꿔요. 그 애가 꿈에 나타나서 왜 자기를 죽였냐고 원망하죠. 난 그냥 울고만 있어요.

어떤 아이들은 달리 살아갈 방도가 없기 때문에 군대에 자원해서 입대한다. 이스마엘 베아는 열세 살 때 시에라리온의 병사가 되었다. 그러지 않으면 적군에게 죽임을 당하거나 아니면 굶어죽을 거라고 생각했다. 그와 다른 아이들은 군인으로 살아가는 현실에서 도피하기 위해 약물을 복용했다. 몇 년이 지나서 베아는 자기가 한 행동들 때문에 영혼이 '타락한' 것처럼 느꼈다고 말했다. 그는 자신이 겪은 시련에 대한 책을 쓰고 세계를 돌아다니며 아동 병사 문제를 세상에 알렸다.

유엔의 보고에 따르면, 2009년에 25만 명이 넘는 아이들이 군사집단에 노예로 묶여 있었다. 아프리카에만 10만 명의 아동 병사가 있었는데 그 중에는 일곱 살밖에 되지 않은 아이들도 있었다. 버마, 체첸 공화국, 콜롬비아, 인도, 인도네시아, 이라크, 팔레스타인 자치구, 페루, 스리랑카 같은 분쟁 지역에서도 아이들을 군인으로 이용했다.

이에 대해 유엔 총회는 단호한 입장을 취하면서 2000년 5월 25일에 아동 병사 의정서를 만장일치로 통과시켰다. 정부와 군대, 무장단체들이 열여덟 살 이하 아이들을 입대시키는 것을 금지하는 내용이었다. 하지만 안타깝게도 유엔의 포고는 효력을 보이지 못했다.

카카오 농장에서

가난은 아이들을 무보수의 고된 노동으로 내몬다. 아마두가 어렸을 때 한 남자가 아이보리코스트(코트디부아르)에 가면 좋은 일자리를 소개해 주겠다고 약속했다. 그 일자리란 플랜테이션에서 카카오를 비롯해 다른 농작물을 재배하는 것이었다. 그것도 아프리카의 가난한 나라 말리에서 가족들과 멀리 떨어져 가서 해야 하는 일이었다. 아마두는 거기서 동틀 무렵부터 해질녘까지 카카오 꼬투리를 모아 커다란 자루에 담은 후에 힘겹게 끌고 오는 일을 했다. 얼굴 주위로 파리가 날아다니고 발밑으로는 뱀이 기어 다니는 곳에서 그렇게 일을 하다가 돌아와 다른 열여덟 명의 소년들과 한 방에 갇혀 잠을 자야했다. 게다가 화장실은 양철통 하나였다. 항상 배가 고팠던 아마두는 농장주가 보기에 일을 빨리 하지 못하면 매를 맞았다. 같이 일했던 몇몇 아이들은 목숨까지 잃었다.

마크 콰두는 다섯 살 때 부모가 이 어부에게 그를 팔았다. 미주리의 한 여성이 미국 신문에 보도된 기사를 보고 그를 구해냈다.

아마두가 5년 넘게 노예로 일하고 있을 때 같은 농장에서 일하던 한 아이가 가까스로 도망을 쳤다. 그 아이는 말리 정부의 관리 압둘 마코에게 자기가 겪은 이야기를 전했고 마코는 경찰의 도움을 받아 아이들을 구해낸 다음 자기 집으로 데려왔다. 그들을 씻기고 밥을 주고 옷을 갈아입힌 후에 영국의 영화제작진이 그들을 인터뷰하도록 허락했다. 아마두는 그때서야 초콜릿을 처음 맛보았고 자기가 수확했던 카카오 열매로 그것을 만든다는 사실을 알았다. 아마두는 초콜릿을 먹는 사람들에게 다음과 같은 자신의 뜻을 전했다. "내가 그들에게 뭔가 말을 해야 한다면, 좋은 말은 안 나올 거 같아요. 내가 힘들게 일한 것으로 무언가를 만들어 먹고 좋아하는 거잖아요. 나는 아무것도 얻지 못하면서 그들을 위해 일한 거네요. 그들은 내 살을 먹고 있는 거예요." 그 영화는 영국 TV에 처음으로 방송되면서 많은 카카오 플랜테이션의 환경에 대해 세상 사람들을 눈 뜨게 했다.

우리가 일상으로 먹는 초콜릿이 노예 노동을 통해 만들어진다는 사실은 매우 큰 충격을 주었다. 하지만 많은 사람들은 그 문제를 쉽게 해결할 수 있을 거라고 생각했다. 노예들이 카카오를 수확하는 아이보리코스트 같은 나라들에서 초콜릿을 구입하지 않으면 될 게 아닌가. 그러나 전문가들은 문제가 그리 간단치 않다고 조언한다.

세계에 유통되는 초콜릿의 절반 정도는 아이보리코스트에 있는 60만 개의 소규모 농장에서 만든 재료로 생산된다고 한다. 그 중에서 노예를 이용하는 농장은 일부이다. 그곳에서 수확된 카카오 열매는 한데 모여 섞어서 초콜릿 공장으로 간다. 만약 아이보리코스트 산의 초콜릿을 모두 거부한다면 선량한 농장주와 그 노동자들에게도 큰 타격을 주게 된다. 그 농장들이 망하면 그들은 물론 가족들까지 가난에 빠져들 것이고 심지어는 노예가 될 것이다.

초콜릿을 생산하는 세계 대기업들은 영화가 보여준 아동 노예를 이용한 생산은 예외적인 것이라고 주장하고 있다. 그러나 미국의 두 의원 엘리엇 엔젤과 톰 하킨은 그것이 흔하게 일어나고 있기 때문에 모든 초콜릿 제품에 노예 노동을 통해 생산하지 않았다는 인증 표시를 해야 한다고 생각했다. 2001년에 초콜릿 회사들과 의원들이 카카오 의정서를 공표했다. 초콜릿 대기업과 노예제 반대단체, 각국의 정부들이 아동 노동을 금지하고 카카오 플랜테이션들에 대한 감시 기능을 향상시키기 위해 함께 노력할 것을 요구하는 내용이었다. 역사상 처음으로 산업 당사자가 노예 노동을 통한 제품 생산을 배격하는 데 동참했던 것이다.

그들은 국제카카오계획을 만들고 카카오 농장에서 어린이들이 겪는 위협에 대해 사람들의 주의를 환기시키고 인신매매 상인을 색출하기 위해 경찰을 훈련시키는 등의 실천계획을 제출했다. 여기서 인신매매 상인이란 속임수나 강압으로 사람들을 보수 없는 노동을 하도록 유도하는 사람들을 말한다. 국제카카오계획은 노예 신분에서 구출된 아이들을 위한 보호시설도 마련했다.

많은 사회단체들은 카카오 농장에서 학대를 금지하는 법을 통과시키도록 노력했고 가나, 말리, 아이보리코스트 정부는 노예 상태에 빠져 있는 일부 아동들을 구해냈다. 이런 긍정적인 징후에도 불구하고 아직 할 일은 많이 남아 있다. 어떤 전문가들은 수천 명의 어린이와 어른들이 카카오 농장에서 노예로 남아 있다고 추정하고 있다.

오늘날의 노예제도를 끝내기 위한 싸움

오늘날에도 자신이 노예이거나 노예의 삶에 대해 알고 있는 사람들이 노예제도에 반대하며 싸우고 있다. 그들은 모두 노예제도의 부당성에 대한 분노의 감정을 공유하고 있다.

모리타니아

압델 나세르 울드 예싸는 모리타니아의 지배계급 출신으로 아버지가 그 나라 대법원장이었다. 압델은 이미 열여섯 살에 자신의 나라가 뭔가 잘못 되어 있다고 느꼈다.

> 나는 고등학교에서 프랑스혁명에 대해 읽었다. …… 모든 인간은 자유롭고 평등하게 태어난다는 사상이 나를 사로잡았다. 나는 우리나라에서 벌어지고 있는 일들이 정상이 아니라는 생각이 들기 시작했다. 내가 학교에서 돌아오면 노예들이 내 시중을 들었다. 마실 것을 가져다주고 내 손을 씻겨주고 발을 마사지해 주고 음식을 차려줬다. …… 어느 날 나는 "그만!" 하고 단호히 말했다. 노예가 시중을 들기 위해 오면 그를 뿌리쳤다. 내 일을 내가 하기 시작했던 것이다. 어머니는 언짢아하시면서 나에게 "고상하지 못한 행동이란다" 하고 말씀하셨다. 노예들은 어떻게 해야 할지 당황해 했다. 그들은 모든 사람들은 자유롭게 태어난다는 내 말을 이해하지 못했다.

8백 년도 더 전부터 모리타니아에는 노예 신분으로 태어나는 사람들이 있었다. 아프리카의 서북부에 있는 이 나라는 인구가 310만 명밖에 되지 않는데 그 지배계급은 흰 피부를 지닌 아랍-베르베르인으로 구성되어 있고 대내로 아프리카 흑인 원주민이 노예가 되었다. 어떤 평가에 따르면, 인구의 6분의 1인 50만 명 이상이 노예로 살아가고 있다.

지배계급은 모든 형태의 육체노동은 그들의 위신을 떨어뜨린다고 생각했고 노예에게 모든 천한 일을 떠맡겼다. 모리타니아의 경제는 일주일에 7일 일하는 스무 살의 빌랄 같은 노예들이 거의 전적으로 지탱했다. 그는 날이 밝기 전에 일어나서 여자 노예가 차려준 쌀밥이나 남은 음식으로 아침을 먹고 주인의 당나귀 수레를 끌고 우물로 간다. 거기서 커다란 통 두 개에 물을 가득 채우고는 주인의 고객들에게 물을 배달하러 간다. 태양이 내리쬐는 한낮에도 일을 했는데, 매일 일고여덟 번은 우물로 왔다 갔다 해야 한다. 그렇게 왕복하며 수도가 없는 사람들에게 배달하는 물의 양은 모두 800리터나 된다. 물 배달을 마친 후 판매대금을 주인에게 건네고 나서도 고된 집안일을 밤까지 해야 한다.

여자 노예는 청소와 요리를 하고 주인의 아이들을 돌보는데 정작 자기 아이들은 다른 곳으로 팔려 나가기 일쑤다. 또한 성적 학대를 당할까 항상 두려움에 떨며 살아간다.

1995년에 압델은 파리에서 살았는데 그때 자신의 나라에서 보아왔던 노예의 삶을 변화시키기로 결심했다. 그는 같은 모리타니아인으로서 노예의 아들이자 노예제 반대 활동가였던 부바카르 메사우드와 접촉하여 불법조직 SOS 에스끌라브(노예를 뜻하는 프랑스어)를 결성한 뒤 은밀히 활동을 전개했다.

모리타니아는 1901년부터 네 차례나 노예제 폐지를 위한 법을 통과시켰지만 하나도 실행되지 못했다. SOS에스끌라브는 2007년에 노예주를 처벌하는 법을 입안했다. 노예를 부려 유죄를 선고받은 사람은 최고 10년을 감옥에서 지내게 하고 노예제도를 조장하거나 옹호하는 사람 역시 처벌할 수 있도록 한 법이었다. 그러나 정부는 아직까지 범법자를 한 명도 기소하지 않았고 그 법은 교육받지 못한 노예를 대신하여 인권단체가 소송을 제기하는 것을 허락하지 않고 있었다. 아직까지 할 일이 많이 남아 있기는 했지만 SOS에스끌

어린이를 돕는 어린이들

1995년 아침, 캐나다의 토론토에 사는 12살의 크레이그 킬버거는 시리얼을 먹으며 신문을 보다가 다음과 같은 기사를 발견했다.

'카펫마피아에 대항해 싸우던 12세 소년 노동자 살해되다'

카펫을 만들기 위해 베틀에 앉아 작은 매듭을 매는 일을 무보수로 6년간 해 왔던 자신과 같은 나이의 한 파키스탄 소년인 이크발이 라호르 시 외곽에서 자전거를 타고 가던 중 총에 맞아 죽었다는 것이었다. 이 기사는 다음과 같이 끝을 맺고 있었다. '사람들은 그 어린 활동가를 침묵시키기 위해 위협을 일삼아 왔던 카펫 산업의 일부 종사자들이 분개하여 그를 살해했다고 믿고 있다.'

크레이그는 '카펫 마피아'란 누구이며 왜 열두 살짜리 소년을 죽였는지 궁금했다. 그의 호기심은 아동노동이라는 전혀 새로운 세계로 눈을 돌리게 했다.

이크발 이야기

이크발의 가족은 가난했고 많은 돈을 빚지고 있었다. 그의 부모는 이크발이 4살이 되던 해에 카펫 공장 주인의 채무노예로 보냈다. 아이는 일주일에 6일, 하루에 12시간이 넘도록 베틀에서 노예노동을 하며 부모의 빚을 갚아나가야 했다. 주인은 아이를 잘 먹이지 않았고 때때로 베틀에 묶어 놓거나 때리기도 했다.

어느 날 이크발은 우연히 한 노예제반대 단체의 집회를 구경하게 되었다. 그들은 파키스탄 정부가 채무노동을 금지하는 법을 통과시키고 채무노예 노동자의 모든 빚을 탕감하기로 결정했다고 설명하고 있었다. 다만 공장주들은 그 사실을 알면서도 법을 따르지 않고 있다는 내용이었다. 그 단체는 이크발이 자유를 되찾을 수 있도록 도왔고 소년은 자신의 경험을 공개적으로 알리기 시작했다.

이크발 마시는 사망 후에 어린이 권리를 위한 세계 어린이상을 받았다. 벽돌 만드는 채무노동을 했던 쉬네즈라는 한 여자아이가 이크발의 장례식에 참여하여 "이크발이 죽은 날 천 명의 새로운 이크발이 태어났다"고 말했다.

이크발은 음식을 제대로 먹지 못했을 뿐 아니라 해를 쬐지도, 운동을 하지도 못했기 때문에 키가 130센티미터도 되지 않았다. 어린이의 권리를 용감하게 외치고 다니는 이 작은 소년의 모습에 전 세계 사람들은 분노하기 시작했다. 이크발은 리복 청년인권상을 수상하게 되었다. 1994년 그 상을 받기 위해 미국에 갈 때 그는 카펫 제조에 쓰이는 연장을 가지고 갔다. 주인은 아이가 무언가 실수를 했을 때 이 연장으로 때렸던 것이다. 이크발은 다음과 같이 설명했다.

"불행하게도 내가 일했던 곳의 업주는 자신이 아이들을 노예처럼 부리게 만든 것이 바로 미국이라고 우리에게 말했습니다. 미국인은 우리가 만든 값싼 카펫과 깔개, 수건을 좋아합니다. 그래서 그 업주들은 채무노동을 계속 이용합니다. 그래서 저는 그들이 어린이에게 채무노동을 시키지 않도록 여러분이 막아주길 호소합니다. 어린이는 아동노동을 위한 도구보다는 펜을 드는 것이 마땅하기 때문입니다."

크레이그 이야기

이크발의 이야기에 크레이그 킬버거는 분노했다. 아동노동과 노예에 대해 더 많이 알수록 그에 대항해 싸우겠다는 의지는 커져갔다.

크레이그는 학교에서 모임을 하나 만들었는데 그것은 곧 '어린이에게 자유를'이라는 단체로 빠르게 성장했다. 그와 동료들은 제일 먼저 아동노동에 대해 자세히 알아보는 것부터 시작했다. 예를 들면, 국제노동기구(ILO)의 자료를 통해 세계를 통틀어 모두 2천5백만 명의 어린이가 노동을 하고 있음을 알게 된 것이었다. 그들은 이런 사실을 어린이에게 알리는 일에 착수했다. 그래서 학교에서 설명회를 개최하여 어린이들이 직접 나서서 회사나 정부 지도자들에게 이 문제를 알리도록 권했다.

'어린이에게 자유를'은 계속 성장했지만 그 목표는 한결같았다. 부유한 나라의 청소년들이 가난한 나라의 청소년들을 돕자는 것이었다. 젊은 자원봉사자들이 학교에서 연설을 하여 바다 건너 어린이를 돕기 위한 모금을 하자고 제안했다. 또한 그들은 가난한 마을에 찾아가 함께 보내며 아동노예를 없애는 실천적 방법을 고안하기도 했다. 예를 들면, 그 단체는 중국의 레이윙에서 학교를 짓는 사업에 아버지들이 참여하도록 만들었다. 자신의 아이를 밭에서 일을 시켜야 한다고 생각하는 부모들에게는 새끼돼지를 기부했다. 더 많은 가계 수입을 기대할 수 있게 되자 마을 어린이 중 98퍼센트가 학교에 갈 수 있게 되었다.

라브는 2009년에 모리타니아에서 노예제를 타파하기 위한 획기적인 노력을 인정받아 국제노예제반대연대로부터 노예제반대운동상을 받았다.

레바논

베아트리스 페르난도는 스리랑카에서 세 살짜리 아들과 살고 있었다. 그녀는 아이와 떨어지기를 끔찍이도 싫어했지만 너무도 가난해 일자리가 꼭 필요했다. 한 직업소개소가 그녀에게 멀리 떨어진 레바논에서 보수가 후한 일자리를 알선해 주기로 약속했다. 거처와 여행경비도 무료로 제공하겠다는 말에 그녀는 2년간 가정부로 일하기로 합의한 후 아이를 부모에게 맡기고 그곳으로 떠났다.

그녀는 비행기를 타고 가면서야 그 일자리가 자신이 생각하는 것과 다를 거라는 낌새를 차렸다. 뒷좌석에 앉은 한 남자가 다음과 같이 말하며 그녀에게 가지 말라고 경고했던 것이다. "레바논에 하녀로 가는 여자들이 어떤 일을 당하는지 모르나요? 그들은 혹사당하고 강간당해요. 누구는 죽는 경우도 있답니다." 그러나 그녀는 그 말을 듣지 않았다.

레바논의 직업소개소에서 한 남자가 그녀의 여권을 받은 뒤에 다른 여자들과 함께 줄을 서게 했다. "여러 명의 레바논 남녀가 우리 앞으로 와서는 우리 몸을 마치 진공청소기마냥 이리저리 조사했습니다." 나중에 그녀는 그때 일을 이렇게 회고했다. 청소용 기계, 그녀는 고용주에게 그런 취급을 당할 운명이었다.

그녀는 호화로운 아파트 4층에서 세 아이들과 함께 살고 있는 부유한 부부의 집으로 보내졌다. 그녀는 그 집에서의 생활을 다음과 같이 회고했다. "일이 끝이 없었어요. 창문과 벽을 닦고 목욕탕을 청소했어요. 그러고는 카펫을 빨고 가구와 마루를 닦았지요. 스무 시간을 일했는데 일이 끝나지 않았어요." 어느 날 아침 절망 속에서 깨어난 그녀는 소리 내어 울었다. 여주인이

그녀 방에 들어와 솔로 그녀를 때리기 시작했다. "살 곳도 마련해주고 밥도
줬는데 뭣 때문에 우는 거야!" 여주인은 고함을 질렀다. 얼마 후 주인이 집을
나가자 그녀는 도움을 요청하기 위해 경찰서에 전화를 하려 했다. 그러나 전
화기는 통화할 수 없도록 잠겨 있었다. 발코니로 나가 거리를 지나는 사람들
을 향해 소리를 쳐 도움을 구했지만 아무도 쳐다보지 않았다.

날이 갈수록 폭력이 심해졌고 그녀는 여주인이 자기를 죽일지도 모른다는
생각이 들었다. 그녀는 발코니로 나가 4층의 높이를 어림해본 후 그대로 뛰
어내렸다. 자살하려고 한 것이 아니라 그저 도망치고 싶었다.

그녀는 죽지 않았고 병원에 실려 간 뒤 깨어났다. 의사는 그녀가 다시 걸을
수 없을 거라 진단했지만 그렇지는 않았다. 병원 사람들의 도움을 받아 직업
소개서가 그녀를 다시 스리랑카로 돌려보내도록 조처를 취했다. 그녀는 자
유를 되찾은 후 노예제 반대 단체에서 일했고 그녀의 경험을 담은 《치욕의
나날들》이라는 책을 출판했다.

인신매매

베아트리스 페르난도는 인신매매의 희생자였다. 그녀는 4층에서 뛰어내리는
모험을 감행했는데, 노예 신세에서 탈출하기 위해 흔치 않은 방법을 택했지
만 그녀와 같은 처지에 놓인 사람은 흔했다. 많은 사람들이 더 나은 삶을 위
해 빈곤국이나 개발도상국, 분쟁지역을 떠나 부유한 곳으로 떠난다. 그러나
그들 중 많은 수가 인신매매의 희생자가 된다.

2008년에 미국 정부는 매년 80만 명의 사람들이 국경선을 넘는 과정에서,
또한 백만 명이 넘는 사람들이 나라 안에서 인신매매를 당한다고 발표했다.
국경을 통과하는 인신매매 희생자 대부분은 여성이고 또 그 중 반은 아이
들이다. 어떤 이들은 집안일을 하는 노예가 되지만 또 다른 많은 이들은 매
춘을 강요당한다.

2000년에 미국 대통령 빌 클린턴은 "이것은 분명하고도 간단히 말해 노예 제도이다"라고 말하면서 인신매매와 폭력 희생자 방지법에 사인했다. 이 법은 인신매매를 불법화하고 어긴 자에게는 종신형을 비롯해 엄한 벌을 주도록 했다.

그러나 인신매매가 모든 나라에서 불법인 것은 아니다. 레바논에서 베아트리스 페르난도의 고용주가 했던 행위는 범죄가 아니었다.

미국

수세기 동안 미국은 더 나은 삶을 찾고 가난에서 벗어나고자 하는 이민자에게 희망의 등불과도 같은 곳이었다. 훌리아 가브리엘도 그런 사람 중 하나였다. 1992년 열아홉 살이었던 그녀는 일자리를 구하기 위해 과테말라를 떠나 미국으로 떠났다. 어머니가 한 달에 55달러밖에 벌지 못해 자신이 도와드리고자 했기 때문이다. 그러나 그녀는 합법적으로는 미국에 갈 수 없어서 몰래 들어가기로 결심했다.

멕시코인과 과테말라인 두 명이 누추한 트럭에 그녀와 다른 노동자들을 빽빽이 싣고 국경을 넘었다. 애리조나에 갔을 때 그녀는 사우스캐롤라이나에 일자리가 있다는 소식을 들었다. 이틀 동안 두 남자는 음식을 먹으러 심지어는 화장실에도 가지 못하게 했다. 그들이 사우스캐롤라이나에 도착하자마자 두 남자는 밀입국 요금을 요구했다. 며칠이 지나자 숙박비와 빈약하게 제공된 음식비용 지불을 강요하면서 못 내면 일을 해서 갚아야 할 빚이 된다고 말했다. 무장 감시원이 밀입국 노동자들을 감시했고 도망치는 사람은 사살될 것이라고 협박했다.

분위기는 더욱 험악해져 갔다. 가브리엘은 그때 상황에 대해 다음과 같이 말했다. "그 장소에서 그냥 밖으로 나가려는 사람도 그들은 때렸어요. 우리를 끊임없이 조롱하고 허공을 향해 총을 쏘면서 겁을 주었고 '너흰 우리 거다'와

'이 나라에 데려다준 것만도 감사해야 할 거다' 같은 말을 했습니다."

가브리엘은 새벽 4시에 총소리에 깨어나 일을 시작했다. 일주일에 7일, 하루에 12시간을 오이 따는 일을 했다. 그들 두목이 빚을 공제한다며 빼고 준 나머지 돈은 일주일에 겨우 20달러였다. 한 시간에 24센트였던 셈이다.

하루는 두목이 한 노동자가 하는 말을 엿들었다. "미국에서는 강제로 일을 하지 않아도 되는데 말야." 그들은 그 노동자에게 달려들어 무자비한 폭력을 가했고 그를 돕자고 나서는 사람도 때렸다. 심지어는 그곳을 떠나고자 했던 한 노동자를 총으로 쏴 죽이기까지 했다.

세 달이 지났을 때 가브리엘은 한밤중에 탈출하여 세 시간 거리에 있는 한 토마토 농장으로 갔다. 그곳에서 일자리를 얻은 가브리엘은 나중에 "그럭저럭 살아갈 수 있을 만큼밖에는 돈을 벌지 못했지만 거기서는 자유롭게 지낼 수 있었고 때리는 사람도 없었어요. 상점이나 빨래방 등 원하는 곳은 어디든 갈 수 있었죠" 하고 말했다.

그 농장에 있을 때 농장 노동자들의 처우개선을 위해 활동하는 이모칼리 노동자연대의 활동가들이 찾아와서 노동자들에게 그들의 권리에 대해 설명했다. 이모칼리는 많은 이주노동자가 고용되어 있는 플로리다의 한 마을이었다. 가브리엘은 그들에게 자기가 겪은 이야기를 했다. 그리고 그들은 함께 미국 정부에게 그런 상황에 대해 조사하도록 압력을 넣기 시작했다.

미국 법무부와 노동자연대는 가브리엘에게 강제노동을 시켰던 무리들이 플로리다, 사우스캐롤라이나, 조지아 등지에서 4백 명 이상의 사람들을 노예 상태로 잡아두고 있음을 알아냈다. 정부는 그들을 이민자들을 노예처럼 부린 것과 다른 범죄에 대해 고발했고 1997년에 그들은 재판을 받았다. 가브리엘은 판사에게 이렇게 말했다. "저 사람들에게 동정심을 보여선 안 됩니다. 저들 손아귀에 있던 사람들에게 저들은 일말의 동정심도 보이지 않았기 때문입니다." 그들은 엄중한 선고를 받게 되었다. 이주노동자들을 노예로 잡아두면서 강제로 일을 시킨 죄는 15년의 금고형이었다.

홀리아 가브리엘은 현재 미국에서 합법적으로 일을 하고 있다. 그러면서 노동자의 권리를 알리고 인신매매 상인들을 법정에 세우려고 활동하는 노동자연대를 계속 도왔다. 1997년부터 노동자연대는 천 명이 넘는 농장 노동자들에게 자유를 찾아 주었고, 범죄행위를 자행한 고용주를 10명도 넘게 유죄 선고를 받아냈다.

노동자연대는 자유로운 노동자가 수확한 토마토를 사용하는 것을 보증하지 않는 식당에 대해 불매운동을 전개했고 많은 젊은이들이 그들의 활동을 도왔다. 이제 많은 식료품점과 식당들은 노동자를 잘 대우하는 농장의 수확물만을 구입할 것이다.

아직도 많은 농장 노동자들은 협박과 학대, 테러 행위를 당하고 있다. 그러나 미연방수사국FBI은 인신매매와 강제노동을 없애기 위해 적극적으로 법을 적용하고 있다. 노예 소유자들이 교도소에 있는 한 그들은 선량한 노동자들을 괴롭힐 수 없을 것이다.

에필로그

노예의 상황은 옛날보다 크게 달라지지 않았다. 빚더미에서 헤어 나오기 위해 아이들을 팔았던 고대 수메르인처럼 가나에서도 제임스 코피 아난의 부모는 그를 팔았다. 고대 로마의 여자 노예가 끝나지 않는 가사 일을 했던 것처럼 베아트리스 페르난도는 레바논에서 거의 하루 종일 일을 했다. 동아프리카에서 이라크로 끌려와 염습지에서 일했던 9세기의 잔지 노예처럼 훌리아 가브리엘은 애리조나에서 인신매매 상인에게 끌려가 사우스캐롤라이나의 오이 밭에서 일했다. 목화 따는 노예 솔로몬 노섭이 미국 남부에서 매를 맞았듯이 아마두 역시 아이보리코스트에서 카카오 열매를 따면서 매를 맞았다. 그리고 성패트릭이 고대 아일랜드에서 양을 쳤듯이 지엠마의 어린 노예 프랜시스도 염소, 양, 소, 낙타를 쳤다.

프랜시스를 기억하는가?

머리말에서 봤던 프랜시스는 지엠마에게 끌려가 노예가 되기 전까지는 수단에서 가족과 함께 살았던 프랜시스 보크란 사람이다. 그는 부모에게 돌아가기로 마음먹었고, 열네 살이 되던 해 어느 날 숲에서 풀을 뜯던 소를 내버려 두고 큰 길을 따라 도망을 쳤다. 프랜시스의 자유는 20분을 넘지 못했다. 말을 탄 한 남자가 그를 발견하고는 지엠마에게 데려간 것이었다. 지엠마는 프래시스를 채찍으로 때리며 다시는 도망가지 말라는 다짐을 받아냈다. 그러나 채찍으로도 프랜시스를 막을 수는 없었다. 이틀 후에 그는 다시 도망쳤다. 풀밭에 소와 함께 있던 프랜시스는 해가 지기를 기다렸다 이번에는 숲으로 들어가 달아났다. 하지만 이번에도 멀리 가지는 못했다. 강에서 물을 마시고 있을 때 프랜시스의 눈에 지엠마가 들어왔다. 프랜시스를 다시 집으로 끌고 온 주인은 생가죽 끈으로 그의 손과 발을 묶었는데 너무 세게 묶어 손발이 붓고 피가 나왔다. 지엠마의 아내는 다시는 그러지 못하게 프랜시스를 죽여 버리자고 했다. "왜 그를 죽이지 않는 거예요?" 그러나 지엠마는 일 잘하는 목동을 잃고 싶지 않았다. 다시 도망치지 않겠다는 약속을 받아내고 지엠마는 그를 믿기로 했다. 그러나 얼마 지나지 않아 프랜시스는 그 약속을 깰 수밖에 없음을 느꼈다. 하지만 이번에는 좀 더 시간을 두고 보자고 생각했다.

열일곱 살이 되자 프랜시스는 몸이 더 크고 강해졌을 뿐 아니라 들키지 않고 도망칠 수 있는 방법을 강구해낼 수 있게 되었다. 어느 날 이른 아침 소들과 함께 풀밭으로 온 프랜시스는 소를 풀어놓고는 바로 숲속으로 달려 도망쳤다. 몇 시간을 달리자 곧 시장이 선 도시가 눈에 들어왔다. 프랜시스는 경찰을 찾아갔지만 그들은 돕기는커녕 그를 보수도 주지 않고 부엌일을 시켰다. 그는 다시 도망쳤다. 이번에는 친절한 트럭 운전사를 만났는데, 그가 몇 달 동안 숨을 곳을 마련해준 뒤 수도 하르툼으로 가는 버스비를 주었다. 하르툼까지 간 프랜시스는 다시 난민수용소로 갔고 거기서 고향 사람들을 만날 수 있었다. 다시 그들의 도움을 받아 위조여권을 구해 이집트로 갔다.

지엠마에게서 탈출한 지 2년만에 미국은 프랜시스에게 입국을 허락했고, 1999년 8월 그는 예전에는 전혀 들어본 적이 없던 노스다코타에서 새로운 삶을 시작하게 되었다.

프랜시스는 자유를 만끽했다. 태어나서 처음으로 일해서 보수를 받아보기도 했다. 그는 학교에 입학하기 위해 돈을 모았고 친구도 사귀었으며 좋을 땐 '그래', 싫을 땐 '아니' 하고 말할 수 있었다. 노예의 삶과는 얼마나 천지 차이인가!

미국에 도착하고 채 일 년이 못 되어 프랜시스는 미국노예제반대단체의 제시 세이지에게서 초청을 받았다. 자신의 이야기를 공개해달라는 요청에 그는 머뭇거렸다. 이미 너무 많은 일을 겪었고 어렵게 새로 정착한 고향을 떠나기도 싫었다. 그러나 예전에 수단에서 노예였던 사람들의 사진을 보고 마음이 흔들렸다. 어떤 이들은 주인에게 학대당해 몸이 상처투성이거나 불구였다. 반면에 미국노예제반대단체의 도움으로 구출된 사람들은 밝게 웃고 있었다. 그는 아버지가 해준 말이 생각났다. "너는 12 사도란다." 그리고 아버지가 어떻게 하길 바라는지도 알 수 있었다.

과거를 다시 기억해내는 것은 고통스러운 일이었지만, 프랜시스는 그들의 요청을 받아들이기로 했다. 그는 미국 연방의회와 유엔에서 수단의 노예제도에 대해 설명했다. 그리고 《노예에서 탈출하다》라는 책을 써서 자신이 겪은 일들을 세상에 알렸다.

'나는 밤에 잠들지 못하고 누군가 와서 나를 자유롭게 해주지 않을까 생각하곤 했습니다. 그래서 지금 나는 자기 자신을 위해 발언하지 못하는 수백만 명의 사람들을 위해 내 인생의 경험을 바치고 있습니다.'

프랜시스의 부모는 그가 잡히던 날의 습격에서 살아남지 못했다. 그러나 프랜시스는 고향 마을로 찾아가 한 자선구호단체와 함께 학교를 짓고 있다.

어떻게 도울 수 있을까?

노예제도를 완전히 없애기 위해서는 정부와 기업, 일반 시민이 함께 힘을 모아야 한다. 우리는 무엇을 할 수 있을까?

질문을 하자. "우리가 사는 샌드위치에 들어간 토마토는 누가 수확한 것입니까? 자유로운 노동자입니까 아니면 노예입니까?" 이런 질문으로 기업을 압박할 수 있다.

'공정무역'이나 '굿위브(GoodWeave)' 표시가 되어 있는지 확인하자. 이것은 노예제반대 단체들이 농장과 공장들을 조사해 자유로운 노동자가 일하는 것을 확인했다는 표시이다. 소비자들은 노예 노동이 들어가지 않은 제품이 더 큰 사업성과를 올릴 수 있다고 상인들이 믿게 만들 수 있다.

정부가 제 역할을 할 수 있도록 압력을 넣을 수도 있다. 각국 정부는 노예가 생산한 제품이 나라 안으로 수입되지 않도록 엄격한 노예제반대법을 만들 수 있다. 정부는 경찰이 노예일 가능성이 있는 사람을 탐지할 수 있도록 교육하고 노예제반대법을 적극적으로 적용하도록 요구할 수도 있다.

배우고 가르치자. 많은 사람이 노예제도는 오래 전에 없어졌다고 생각하기 때문에 그것을 없애는 좋은 방법은 오늘 날 세계의 노예제도에 대해 사람들에게 교육하는 것이다. 학생과 사회단체들은 노예제반대단체에서 연사를 초청할 수도 있고 그 단체를 위해 모금을 할 수도 있다. 그리고 모금된 돈은 가난한 나라들의 노예제 반대 활동가들이 노예나 채무노동자를 해방시키는 활동을 하는 데 큰 도움을 줄 수 있다.

다른 많은 방법들은 노예제반대단체의 웹사이트에 올라와 있다. 몇 군데를 소개하면 다음과 같다.

American Anti-Slavery Group, www.iabolish.org

Anti-Slavery International, www.antislavery.org

Free the Children, www.freethechildren.com

Free the Slaves, www.freetheslaves.net

사진 출처

14쪽: 우르의 패널 '전쟁' ⓒ The trustees of the british museum

18쪽: 어느 노예의 얼굴. Saint Louis Art Museum 제공

19쪽: 하가르와 사막의 천사. 그림 James Tissot. The Jewish Museum, NY 제공 / Art Resource, NY.

20쪽: 히브리인이 건설한 도시. Eric Lessing 제공 / Art Resource, NY.

22쪽: 원형경기장 모자이크: 표범과의 싸움. Snark 제공 / Art Resource, NY.

24쪽: 스파르타쿠스의 죽음. 그림 Hermann Vogel. Picture Collection, New York Public Library 제공

30쪽: 노예 미용사와 함께 있는 폼페이 여성. Schomberg Center 제공 / Art Resource, NY.

31쪽: 손잡이 둘 달린 도자기 ⓒ 2011, Museum of Fine Arts, Boston

35쪽: 성 패트릭 동상 ⓒ 2003, Bernd Biege

43쪽: 투르네 지역 흑사병 사망자의 매장. Gilles Le Muisit의 연간 기록 중에서. Snark 제공 / Art Resource, NY.

46쪽: 물라토 여성 카트린. Scala 제공 / Ministero per I Beni e le Attivita culturali / Art Resource, NY.

48쪽: 가죽 채찍 형벌. Jean Chappe D'Auteroche & Stepan Petrović의 '시베리아 여행' 중에서, 371p. 1770.

50쪽: 잔지 노예 반란. Bernard Lewis의 '이슬람 지역의 인종과 노예제도' 중에서, 24p.

54쪽: 카이로의 노예시장. Library of Congress 제공

55쪽: 바르바리 지역의 크리스트교 노예제도. Schomburg Center 제공 / Art Resource, NY.

57쪽: 잔시바르의 노예제도 ⓒ National Maritime Museum, Greenwich, London.

59쪽: HMS Undine호에 의해 구출된 노예들. Library of Congress 제공

66쪽: 유리 복장을 친 아프리기인 장례용 소각품 ⓒ National Maritime Museum, Greenwich, London.

68쪽: 카누에 실려 끌려가는 아프리카 노예, 1880년대, 콩고. Making of America Collection, Cornell University 제공

69쪽: ≪손 잘린 두 어린이. http://revcom.us/i/172/Amputated_Congolese_youth.jpg 제공

71쪽: 콜럼버스의 상륙. Library of Congress 제공

75쪽: 제물 바치기. Library of Congress 제공

79쪽: ≪바르톨로메 데 라스 카사스. 그림 Constantino Brumidi. the Architect of the Capitol, Washington, DC. 제공

81쪽: 마옴마 바카카에 대한 기사. New York Public Library 제공

85쪽: 배 위의 노예들 모습. Mary Evans Picture Library 제공

88쪽: 물 긷는 노예들. Library of Congress 제공

92쪽: 처벌받는 여자노예. Library of Congress 제공

96쪽: 자메이카에서 발로 돌리는 기구로 체벌 받는 장면. Library of Congress 제공

98쪽: ≪영적 치유자. John Carter Brown Library, Brown University, Rhode Island 제공

100쪽: 유명한 노예 콰시. John Carter Brown Library, Brown University, Rhode Island 제공

101쪽: 그랜빌 샤프. Library of Congress 제공

104쪽: 토마스 클라크슨. Wisbech and Fenland Museum, Cambridge, UK 제공

107쪽: 노예선 브룩스의 도표. Library of Congress 제공

108쪽: 노예제 폐지 메달, 사진 Josiah Wedgwood, c. 1787 © The trustees of the british museum; Uncle Tom's Cabin Historic Site 제공

110쪽: 설탕 광고. The Religious Society of Friends in Britain 제공

112쪽: 필리스 위틀리. Library of Congress 제공

112쪽: 철제 입마개를 쓴 노예. Hill Collection of Pacific Voyages, University of California, San Diego 제공

114쪽: 투생 루베르튀르. Library of Congress 제공

125쪽: 흑인들의 제임스타운 상륙. Library of Congress 제공

127쪽: 벤처 스미스의 묘비 © Eric Rennie.

129쪽: '매물' 표시. Library of Congress 제공

132쪽: 존 커누의 턱뼈 악단. Yale Center for British Art / Paul Mellon Collection 제공

134쪽: 농장주 조지 워싱턴의 삶. 그림 Junius Stearns. Library of Congress 제공

137쪽: 흑백 혁명군. 출처 http://americanrevolution.org/blk.html.

146쪽: 끔찍한 학살. Library of Congress 제공

152쪽: 요셉 친케 기사. Library of Congress 제공

154쪽: 프레더릭 더글러스. Library of Congress 제공

156쪽: 소저너 트루스. Library of Congress 제공

160쪽: 톰 아저씨네 오두막 직소퍼즐. Mary Schlosser, collector 제공. 120쪽: 헨리 '박스' 브라운의 부활. Library of Congress 제공

163쪽: 해리엇 터브먼. Library of Congress 제공

165쪽: 하퍼스페리 습격. Library of Congress 제공

168쪽: 흑인병사 모집 포스터. Library of Congress 제공

181쪽: 바랑깅지의 가라이 배. Rafael Mouleon, Construccion Navales: bajo un aspecto artistico por el restangador del Museo Naval, Catalogo descriptivo dos tomos. 3권. Madrid, 1890.

182쪽: 이라눈 전사. Frank Marryat, '보르네오와 말레이제도', 1848.

185쪽: 1895년, 번더버그에 도착한 배의 갑판에 있는 남해 섬주민들. State Library of Queensland 제공

190쪽: 메이짜이. Anti-Slavery International, London 제공

195쪽: 거트 파커: 카약에서 낚시하기, 1872. Alaska Native Collection, Smithsonian National Museum of Natural History 제공

196쪽: 소련의 강제 노동수용소인 백해-발트해 운하에서 일하는 노예노동자들. Central Russian Film and Photo Archive 제공

198쪽: 나찌 노예 노동수용소의 수용자. Library of Congress 제공

202쪽: 가나의 볼타 호수에서 일하는 마크 콰두. 사진 Joao Silva ⓒ The New York Times

207쪽: 이크발 마시. Corbis Canada 제공

FIVE THOUSAND YEARS OF SLAVERY

노예의 역사

마조리 간·재닛 윌렛 지음 | 전광철 옮김

초판1쇄 발행일 | 2012년 12월 10일
개정판1쇄 발행일 | 2019년 04월 19일
발행인 | 이영남
발행처 | 스마트인
출판등록 | 2014년10월28일 (제2012-000192호)
주소 | 서울시 마포구 상암동 월드컵북로400 문화콘텐츠센터 5층 11호
전자우편 | thinkingdesk@naver.com
전화 | 02-338-4935 (편집), 070-4253-4935 (마케팅)
팩스 | 02-3153-1300

ⓒ 마조리 간·재닛 윌렛 2012
ISBN 978-89-97943-64-7 03190

이 도서의 국립중앙도서관 출판예정도서목록(CIP)은 서지정보유통지원시스템 홈페이지(http://seoji.nl.go.kr)와
국가자료종합목록시스템(http://www.nl.go.kr/kolisnet)에서 이용하실 수 있습니다. (CIP제어번호 : CIP2019013094)